ГОРДОН РАМЗИ
КУРС ЭЛЕМЕНТАРНОЙ КУЛИНАРИИ

GORDON RAMSAY'S
ULTIMATE COOKERY COURSE

ГОРДОН РАМЗИ
КУРС ЭЛЕМЕНТАРНОЙ КУЛИНАРИИ

УДК 641(084)
ББК 36.997(4Вел)
Р21

Gordon Ramsay
ULTIMATE COOKERY COURSE

Книга впервые опубликована в 2012 году издательством
Hodder & Stoughton, Hachette UK Company

Перевод с английского Екатерины Костиной

Школа перевода
В. Баканова

Издание для досуга

Гордон Рамзи
КУРС ЭЛЕМЕНТАРНОЙ КУЛИНАРИИ

Ответственные за выпуск *Е. Чевкина, Е. Тарусина*
Редактор *А. Питчер*
Корректоры *Н. Соколова, С. Луконина*
Технический редактор *Л. Синицына*
Компьютерная верстка *И. Лысова*

В новой книге знаменитого британского шеф-повара Гордона Рамзи собраны простые рецепты фантастических блюд для дома. Гордон уверяет, что приготовить их сможет любой, даже самый неискушенный повар. Он собирал эти рецепты много лет, сам опробовал, усовершенствовал, избавив от ненужных сложностей,
и теперь предлагает их нашему вниманию. «Я научу вас быть хорошими поварами», – обещает Рамзи, а он всегда выполняет свои обещания.

ООО «Издательская Группа «Азбука-Аттикус» —
обладатель товарного знака «Издательство КоЛибри»
115093, Москва, ул. Павловская, д. 7, эт. 2, пом. III, ком. № 1
Тел. (495) 933-76-01, факс (495) 933-76-19
E-mail: sales@atticus-group.ru
www.azbooka.ru; www.atticus-group.ru

Подписано в печать 14.06.2018. Формат 60×84 ¹/₈.
Бумага мелованная. Печать офсетная. Усл. печ. л. 36,0.
Доп. тираж 5000 экз. B-VSK-13919-04-R. Заказ № 4990/18.

Знак информационной продукции
(Федеральный закон № 436-ФЗ от 29.12.2010 г.) **16+**

Отпечатано в соответствии с предоставленными материалами
в ООО «ИПК Парето-Принт». 170546, Тверская область,
Промышленная зона Боровлево-1, комплекс № 3А
www.pareto-print.ru

ISBN 978-5-389-05939-9

© Текст. Gordon Ramsay, 2012
© Фотографии. Anders Schønnemann, 2012
© Дизайн. One Potato Two Potato Limited 2012
© Е. Костина, перевод на русский язык, 2013
© Издание на русском языке.
 ООО «Издательская Группа «Азбука-Аттикус», 2018
 КоЛибри

СОДЕРЖАНИЕ

С ЧЕГО НАЧАТЬ	**10**

НЕСКУЧНАЯ КЛАССИКА — **20**

Паста с помидорами, анчоусами и чили — 26
Фриттата с беконом, зеленым горошком и козьим сыром — 28
Ризотто с помидорами — 30
Фаршированная курица, запеченная в духовке — 31
Мисо-суп с лососем — 32
Острая тушеная баранина — 34
Говядина «Веллингтон» — 36
Куриный пирог-запеканка с осенними овощами — 38
Окорок, глазированный патокой — 40
Тарт с лимонным кремом и патокой — 41
Яблочный крамбл — 42
Кокосовые оладьи с ломтиками манго и лаймовым сиропом — 44
Печеный чизкейк — 46

РЫБА И МОРЕПРОДУКТЫ — **48**

Запеченная треска в панировке из грецких орехов с лимоном и пармезаном — 57
Гребешки, жаренные на сковороде, с хрустящим яблочным салатом — 58
Мелкая рыба с чили и приправами — 60
Морепродукты на гриле с соусом из сладкого перца — 62
Запеченная скумбрия с чесноком и паприкой — 64
Блинчики с крабами и маскарпоне — 66
Фирменный кеджери Гордона — 67
Дорадо с сальсой из помидоров и зелени — 68
Сибас с фенхелем, лимоном и каперсами — 70
Барабулька со сладким соусом чили — 72
Рыбный пирог-запеканка — 74
Мидии с сельдереем и чили — 76

МЯСО — **78**

Свинина со сладким перцем — 88
Куриные бедрышки по-сычуаньски — 90
Жареные утиные грудки под соусом из черной смородины — 91
Копченые свиные котлетки под соусом барбекю — 92
Курица, фаршированная чесноком и каштанами — 94
Сэндвичи с говядиной — 96
Свинина, фаршированная сыром манчего и айвовой пастилой мембрийо — 98
Боллито мисто на скорую руку — 100
Тушеная фаршированная ягнятина — 102
Курица с эндивием под соусом из марсалы — 104
Говяжья грудинка с пикантным салатом из молодого картофеля — 106
Запеченная цесарка с яблоками — 107

ОСТРЫЕ И ПРЯНЫЕ БЛЮДА — **108**

Суп-карри со сладкой кукурузой — 115
Пикантные блинчики — 116
Жареная кукуруза в мексиканском стиле — 118
Хумус из печеной тыквы — 120
Лапша с чили, имбирем и лемонграссом — 122
Острый салат с говядиной — 125
Багет с говядиной во вьетнамском стиле — 126
Лапша дан-дан по-сычуаньски — 127
Курица по-ямайски — 128
Острая куриная шаурма в лепешках — 131
Говядина с чили в салатных листьях — 132
Карри из свиной шейкой с манговой сальсой — 134
Шоколадный мусс с чили и манго — 135
Пикантный рисовый пудинг — 136

ВКУСНО И НЕДОРОГО   **138**

Пикантная черная фасоль с фетой и авокадо	145
Североафриканская яичница	146
Курица в воке с жареной лапшой	148
Домашние ньокки	150
Рёшти с луком-пореем и грюйером, с яичницей-глазуньей	152
Спагетти с чили, сардинами и орегано	154
Ароматный жареный рис на скорую руку	155
Суфле с тремя видами сыра	156
Несложные аранчини	158
Ягненок с крутонами	161
Пикантный рис с колбасками	164
Фрикадельки из свинины с креветками в ароматном бульоне	166
Кюфта из нута с кумином и шпинатом, с заправкой из тахини	168
Шарантская дыня с крем-фреш	169
Сливочный хлебный пудинг	170

ГОТОВИМ ЗАРАНЕЕ   **172**

Острый суп с фрикадельками	177
Фрикадельки из говядины с орекьетте, листовой капустой и кедровыми орешками	179
Фрикадельки в ароматном кокосовом бульоне	180
Сэндвич с фрикадельками из говядины, тающей моцареллой и томатной сальсой	182
Острый чатни	184
Тушеные баклажаны	186
Томленая свинина с фенхелем	188
Курица с кинзой, имбирем и чили	190
Ягнятина по-мароккански со сладким картофелем и изюмом	191
Тушеная говядина с апельсиновой гремолатой	192
Томленые говяжьи ребрышки	194
Блонди	196
Карамелизованный инжир с рикоттой	198

БЛЮДА НА ОДНОГО ИЛИ ДВОИХ   **200**

Брускетта с чесноком, помидорами, каперсами и пекорино	206
Кростини с белой фасолью, анчоусами и оливками	208
Фарфалле с рикоттой, панчеттой и зеленым горошком	209
Лепешки с фенхелем и фетой	210
Кукурузные оладьи с йогуртовым соусом	212
Лазанья с грибами и луком-пореем	214
Тальятелле под соусом болоньезе из колбасного фарша	216
Острые котлетки из тунца	218
Хот-доги с чили	219
Такос с говядиной и майонезом с васаби	220
Ананас на гриле с пикантной карамелью	222
Оладьи из черники и рикотты, с йогуртом и медом	224

ГОТОВИМ ДЛЯ БОЛЬШОЙ КОМПАНИИ   **226**

Салат с зеленой папайей	232
Салат с печеным красным перцем, чечевицей и травами	234
Овощной салат с сыром и салями	236
Салат из стручковой фасоли с горчичной заправкой	237
Свежие спринг-роллы с креветками	238
Свиные ребрышки	240
Ягнятина, фаршированная шпинатом и кедровыми орешками	242
Паэлья	244
Ростбиф	246
Сабайон с пошированными зимними фруктами	247
Мильфей с малиной	248
Тарт с абрикосами и миндальным кремом	250
Желе с «Пиммс»	252

ВЫПЕЧКА	**254**
Фокачча с оливками, помидорами и розмарином	262
Содовый хлеб	264
Пицца с моцареллой и розмарином	266
Киш с луком-пореем и панчеттой	269
Эмпанады с говядиной	270
Марокканская бастийя с курицей	272
Лепешки с лимонно-тимьяновой рикоттой	274
Бисквит со свежим имбирем	275
Домашние пышки	276
Лимонный кекс из поленты	278
Песочное печенье с тимьяном	279
Роскошные шоколадные мини-тарты с арахисовым грильяжем	280
Солодово-шоколадные пончики	282

БАЗОВЫЕ НАВЫКИ	**284**
Суфле «Сент-Клементс»	293
Суп-лапша с яйцом-пашот	294
Макаронная запеканка с цветной капустой и тремя видами сыра	296
Омлет с креветками и фетой	298
Острый суп с чечевицей	300
Салат из стручковых бобов с соусом винегрет из печеного красного лука	302
Фритто мисто с чесночно-шафрановым майонезом	305
Спаржа с голландским лимонно-эстрагоновым соусом	306
Заварной крем с лемонграссом	308

АЛФАВИТНЫЙ УКАЗАТЕЛЬ	**310**
ОТ АВТОРА	**320**

С ЧЕГО НАЧАТЬ

ЛЕТ ДЕСЯТЬ НАЗАД ПОВАРА, ПОЛУЧИВШИЕ МИШЛЕНОВСКИЕ ЗВЕЗДЫ, ВЗЯЛИ МОДУ ВЫПУСКАТЬ НЕВЕРОЯТНО СЛОЖНЫЕ КУЛИНАРНЫЕ КНИГИ.

Вы знаете, о чем я: чтобы приготовить блюдо по какому-нибудь рецепту, необходимо выполнить подготовительные работы как минимум еще по пяти рецептам, прежде чем приступить к готовке того самого. Безумие! К тому же при этом никто не учитывал, что готовка дома или в ресторане – это совсем разные вещи.

Первым делом замечу, что в этой книге все иначе. Я не собираюсь воспитать из вас мишленовских поваров. Не жду, что вы часами будете торчать на кухне, колдуя над тарелками в стремлении к совершенству. Мне просто хочется научить вас готовить и получать удовольствие от хорошей еды дома. Освободив рецепты от путаницы и сложностей, я покажу, что любой может готовить вкусно из самых простых продуктов. Проще говоря, я научу вас быть хорошими поварами.

Впрочем, я вовсе не отбрасываю собственный опыт. За прошедшие четверть века мне довелось работать с лучшими шеф-поварами мира – от Альбера и Мишеля Ру в Лондоне до Ги Савуа и Жоэля Робюшона в Париже. Я получал мишленовские звезды в крупнейших городах планеты, включая три звезды, которыми вот уже более десяти лет гордится лондонский «Restarant Gordon Ramsay». Как все повара, я научился очень многому в процессе работы: технологиям, приемам, даже фокусам, которыми интуитивно пользуюсь в своей готовке каждый день. Чаще всего я применяю их, сам того не осознавая, но именно они придают мне уверенность на кухне.

Уверенность на кухне – это самое главное. Я искренне считаю, что именно она отличает хороших поваров от посредственных. Конечно, необходимо развить вкус, овладеть основами мастерства, но главный секрет заключается именно в способности действовать уверенно и решительно – к примеру, не бояться экспериментировать с приправами или прибавить жару в духовке или на плите. Именно так кулинария поднимается на новый уровень.

Некоторые утверждают, будто не умеют готовить: у них якобы и вода подгорит, только пусти их к плите. А я не верю, и все тут. По-моему, им просто пробовать неинтересно. Имеют право. Мне и самому неинтересно шить или вышивать, и я вам скажу, что этого не умею. А на самом-то деле тот, кто искренне хочет учиться, обязательно научится и после некоторой тренировки сможет стать неплохим поваром. Может быть, не каждый дорастет до профессионального уровня, но любой сможет вкусно готовить дома и получать от этого удовольствие. А что, если вы и так уже хороший повар? Так это же и есть самое приятное в кулинарии – всегда есть чему поучиться: новым методам, новым вкусовым сочетаниям, которые могут полностью изменить тот или иной рецепт.

Итак, с чего начнем? Конечно, с азов. Прежде чем включать плиту на новой кухне, самым-самым первым делом нужно осмотреться, освоиться, расположиться поудобней. Легко ли доставать кастрюли? Где у нас сито? Я не предлагаю все перевернуть вверх дном, не призываю к перепланировке кухни. Нужно просто запомнить, где что лежит и висит, чтобы не пришлось перед самой подачей ризотто тратить десять минут на поиски терки для сыра. Именно такие мелочи могут спутать вам все планы, и останется только доделывать блюдо наспех.

Время, выделенное для подготовки, не будет потрачено впустую. Достаньте необходимые ингредиенты и посуду. Это необходимый этап, который французы называют «миз-ан-плас», или «все на своем месте»: он дает возможность сосредоточиться и дальше готовить без нервотрепки. На профессиональной кухне без него не обойтись, да и на домашней кухне это нелишнее. Правильное начало – девяносто процентов успеха.

КУХОННОЕ ОБОРУДОВАНИЕ

Что вам понадобится из посуды и техники? Меньше, чем вы думаете. Люди, скупающие все существующие в мире кухонные приспособления и оборудование, вызывают у меня подозрение: может, таким образом они компенсируют недостаток времени, проведенного у плиты? Подобно футболисту, избегающему атаки, только бы не упасть и не выпачкаться в грязи, выстраивают они ряды блендеров, соковыжималок и машинок для пасты… и те превращаются в пылесборники. Лучше уж готовить с тем, что есть, чем притворяться, покупая все-все-все.

Необходимое кухонное оборудование – это в первую да и, пожалуй, в последнюю очередь хороший набор ножей, кастрюль и сковородок. Если они у вас есть, вы справитесь почти с любой задачей. Нож заменит вам и кухонный комбайн, и пресс для чеснока, в сковороде можно и мясо пожарить, и пирог испечь. Покупать их следует самого лучшего качества: не обязательно самые дорогие (как в любой другой сфере, иногда мы переплачиваем просто за модные бренды), но обязательно надежные. Разумно вложите деньги сегодня, и эти рабочие лошадки прослужат вам на кухне много лет, экономя кучу денег в будущем.

КАК РЕЗАТЬ ЛУК

1. Разрежьте луковицу вдоль пополам, от кончика до донца. Очистите шелуху, но хвостик не обрезайте, а то луковица пустит сок, от которого слезятся глаза.

2. Сделайте несколько параллельных вертикальных надрезов по всей луковице, чуть не доходя до донца.

3. Крепко придерживая луковицу рукой, прорежьте ее горизонтально насквозь в двух местах, снова не доходя до донца.

4. Теперь сожмите луковицу, как теннисный мяч (указательным, средним и безымянным пальцами сверху, а большим пальцем и мизинцем — с боков), чтобы она не распалась на сегменты. Средний палец поставьте чуть впереди других и, выставляя его костяшку как ограничитель для тупой стороны лезвия ножа, нашинкуйте луковицу поперек, аккуратно сдвигая пальцы назад.

5. Теперь у вас должна получиться горка аккуратно нарезанного лука и отдельно — донце, которое можно сохранить для бульона.

НОЖИ

Ножи — первое, что покупает всякий начинающий повар. До сих пор помню тот день, когда еще прыщавым подростком я заявился домой, крепко зажав под мышкой свой первый набор. Ножи остаются с поваром навсегда, переходят с ним вместе с одной кухни на другую, как самое ценное сокровище. В кулинарной школе меня учили проверять качество ножа по тому, как он сбалансирован. Кованое лезвие должно проходить через всю рукоятку; хороший нож держится на весу, если подставить указательный палец в место соединения клинка и рукоятки.

Обычно ножи делают из нержавеющей стали. Французская сталь мягче — следовательно, ножи из нее легче точить, но при этом они более хрупкие. Немецкая сталь тверже, и для заточки требуется навык, зато такие ножи дольше не затупятся. Японские ножи, которые тоже делают из очень твердой стали, обычно более легкие и элегантные. Мне нравится немецкая марка Wüsthof. Но самое главное — подобрать ножи, которые удобно лягут в руку именно вам, тогда они станут вам лучшими друзьями.

В основной набор ножей должны входить нож длиной 5–7 см — для чистки фруктов и овощей; 20-сантиметровый шефский нож — для шинковки и резки продуктов; 12-сантиметровый обвалочный нож с достаточно гибким лезвием — для разделки мяса, и 25-сантиметровый зубчатый (хлебный) нож. Кроме того, понадобится брусок для заточки. Тупой нож гораздо опаснее, чем острый, — им можно серьезно порезаться, если он соскочит. Заведите привычку точить ножи всякий раз перед использованием. Крепко возьмите брусок в левую руку (или в правую, если вы левша), как теннисную ракетку, сверху, ближе к основанию бруска положите нож (острой стороной лезвия, в месте соединения с ручкой). Теперь одним плавным движением проведите всей поверхностью лезвия вдоль бруска под углом 20 градусов. Переместите нож под брусок и заточите лезвие с другой стороны. Повторите движение пять-шесть раз, то сверху, то снизу, поочередно, пока нож не станет острым. Через некоторое время вы почувствуете ритм быстрой и плавной заточки, но скорость в этом деле не главное – важнее, чтобы нож двигался вдоль бруска под определенным углом, соприкасаясь с ним всей поверхностью лезвия до самого кончика.

Если нож совсем затупился, никакой брусок не поможет. В таком случае нож придется приводить в порядок либо с помощью домашнего точильного станка, либо в мясной или скобяной лавке.

Режьте обязательно на твердой поверхности, например на разделочной доске. Стеклянные и мраморные доски выглядят очень красиво, но на кухне им не место, потому что из-за них ножи быстрее тупятся. Тяжелые деревянные доски, которыми дома пользуюсь и я, не так сильно портят ножи и хорошо смотрятся. Их можно мыть в горячей воде с небольшим количеством моющего средства, но нельзя замачивать надолго. Время от времени такие доски следует смазывать растительным маслом (любым, хотя, конечно, не оливковым первого отжима). Очень практичны пластиковые доски, которые можно мыть в посудомоечной машине. В ресторанах мы используем пластиковые доски разного цвета для мяса, рыбы и овощей. На домашней кухне можно обойтись и меньшим количеством – только не забывайте о гигиене и на доске после сырого мяса режьте лишь то, что будете подвергать серьезной термической обработке. Не забывайте, что при необходимости доску всегда можно перевернуть на другую сторону.

Постарайтесь, чтобы доска не скользила (например, положите ее на влажное полотенце), а то, что будете на ней резать, хорошо прижмите к поверхности. Режьте только от себя, нажимая весом ножа. Нож достаточной остроты не должен громко стучать о доску. Режьте покачивающими движениями, стараясь не отрывать кончик ножа от поверхности доски.

КАСТРЮЛИ И СКОВОРОДКИ

И опять советую покупать лучшее из того, что вы можете себе позволить. Важнее всего правильная конструкция: такие сковороды не только прослужат дольше, но чем они тяжелее, тем лучше держат тепло, не давая подгореть приготавливаемой еде. Выбирайте тяжелые сковороды с медным или алюминиевым основанием и внутренним покрытием из нержавеющей стали, чтобы легче было мыть. Большинство шеф-поваров предпочитают медь, ведь она не только быстро нагревается, но и быстро остывает, обеспечивая лучшую степень контроля над процессом готовки. Хотя, конечно, и ухода она требует более тщательного. Обязательно проверяйте надежность крепления ручек – длинных и жаропрочных.

Почти всегда достаточно иметь кастрюли трех размеров: на 2 литра, 3–4 литра и 6–8 литров, все с плотно прилегающими крышками. Еще имеет смысл обзавестись сотейником с плавно изогнутыми стенками – идеальная посуда для уваривания бульонов за счет более равномерного выпаривания жидкости. Кроме того, в таком сотейнике удобно готовить ризотто и любые блюда, требующие постоянного помешивания. Большая глубокая чугунная форма с крышкой, которую можно использовать как на плите, так и в духовке, будет бесценна, особенно для тушения и зимних рагу.

Еще понадобится несколько сковородок: диаметром 20 см для омлетов и 30 см для жарки всего остального. Сковородки должны выдерживать температуру до 200 °С, чтобы можно было начинать готовить на плите, а затем доводить блюдо в духовке: скажем, каре ягненка или тарт-татен.

Если у вашей сковороды нет антипригарного покрытия, ее следует присыпать солью и хорошо прокалить на плите. Прокаленную соль выбросьте, а дно сковороды смажьте небольшим количеством растительного масла без ярко выраженного вкуса и запаха (например, арахисового). Такой защитный слой поможет избежать пригорания. После готовки еще горячую сковороду достаточно протереть промасленной бумажной салфеткой. Мыть с использованием специальных средств не нужно, иначе придется снова прокаливать.

Кроме того, я использую сковороду-гриль – для жарки стейков. Ребристая поверхность позволяет не только добиться профессионального внешнего вида куска мяса (особенно если в середине обжарки повернуть стейк на четверть оборота – для крестообразных полосок), но и придает стейку аромат настоящего гриля, «с дымком».

Итак, с основным разобрались. Вдобавок на кухне может пригодиться кое-что еще.

БЛЕНДЕР – ПОГРУЖНОЙ ИЛИ СТАЦИОНАРНЫЙ
Для пюрирования супов, соусов, взбивания фруктовых коктейлей-смузи и быстрого приготовления кляра или жидкого теста.

ВЕНЧИК И МИКСЕР
Электрические миксеры годятся для взбивания белков для меренг или теста для бисквита, однако простой механический венчик позволяет контролировать степень взбивания, чтобы не перебить сливки.

КУЛИНАРНАЯ ГОРЕЛКА
Мы, повара, горелку обожаем. С ее помощью можно не только карамелизовать сахар – к примеру, на крем-брюле, – но и легко вытащить из формы замороженный десерт.

КУХОННЫЙ КОМБАЙН
Для замешивания теста для пасты, выпечки и крошки для крамблов. Выбирайте комбайн, который может работать и на небольшой скорости, а то бывают такие мощные, что мука с сахаром в первую же секунду разлетаются по всей кухне.

МОРОЖЕНИЦА
Мороженое можно приготовить и без специального приспособления, но консистенция получится не такая гладкая. Мороженицы бывают двух видов: у более массивных и дорогих охлаждение встроенное, а у других приходится заранее замораживать чашу. Выбирайте в зависимости от того, как часто собираетесь использовать.

ОВОЩЕЧИСТКА
Овощи с помощью овощечистки чистить не сложно… хотя, признаться честно, готовя дома, я частенько оставляю овощи в кожуре. Ведь именно в ней содержится столько витаминов, полезных веществ и вкуса, так зачем же это все выкидывать?

ПРЕСС ДЛЯ КАРТОФЕЛЬНОГО ПЮРЕ
Пресс для картофеля напоминает огромный чесночный пресс и незаменим в приготовлении гладкого и шелковистого картофельного пюре. Отварной картофель продавливают через такой пресс тонкой стружкой, а затем взбивают со сливочным маслом, молоком или сливками. Похожего результата можно добиться с помощью мули-легюм (ручной мельницы, которая протирает отварные овощи через перфорированные диски из нержавеющей стали).

СИТА
Сито необходимо для процеживания бульонов или соусов и для откидывания овощей. Выбирайте сито с длинной ручкой и крючком на противоположной стороне, чтобы закрепить на бортике глубокой миски или кастрюли. Коническое сито, называемое шинуа, особенно удобно для протирания пюре: мякоть в нем можно придавить ложкой и хорошенько нажать.

СТУПКА С ПЕСТИКОМ
Незаменима для растирания приправ и специй. Текстура при этом получается более грубая, чем при использовании электрического блендера, – то, что нужно для азиатской кухни. А еще в ступке удобно давить чеснок в пасту. Выбирайте широкую и глубокую ступку с тяжелым пестиком.

ТЕРКА ДЛЯ ЦИТРУСОВЫХ
Подойдет не только для натирания цедры с лимонов и апельсинов, но и для чеснока или свежего имбиря.

ТЕРКА-МАНДОЛИНА
Как бы замечательно вы ни обращались с обычным ножом, с помощью мандолины (металлической, деревянной или пластиковой доски со встроенным острым лезвием) овощи можно нашинковать гораздо быстрее и тоньше. Выбирайте максимально безопасную для пальцев.

ЭЛЕКТРОННЫЙ ТЕРМОМЕТР-ЩУП
Удобный приборчик, позволяющий готовить мясо не наугад. Бывает двух видов: одни показывают температуру сразу, а другие, как таймеры, срабатывают по достижении заданной температуры. Это очень удобно при запекании мяса, когда нужно определить, готов ли кусок внутри.

ЭЛЕКТРОННЫЕ ВЕСЫ
Самое замечательное в электронных весах – это не только возможность взвешивать продукты с точностью до грамма (что важно для выпечки), но и возможность все взвешивать в одной и той же миске, если обнулять показания весов перед добавлением очередного ингредиента, – так быстрее и посуды меньше мыть придется.

Я начал с того, что вам на кухне понадобится совсем немногое, а на самом деле перечислил кучу всяких приспособлений. Пожалуй, удобнее всего не закупать все сразу и заранее, а докупать ту или иную посуду и оборудование по мере надобности. Тогда вы точно будете знать, что каждый предмет пригодится вам хотя бы раз. Только, пожалуйста, никаких новомодных приспособлений для отделения яичных желтков или лущения чеснока. Уж это можно сделать и вручную.

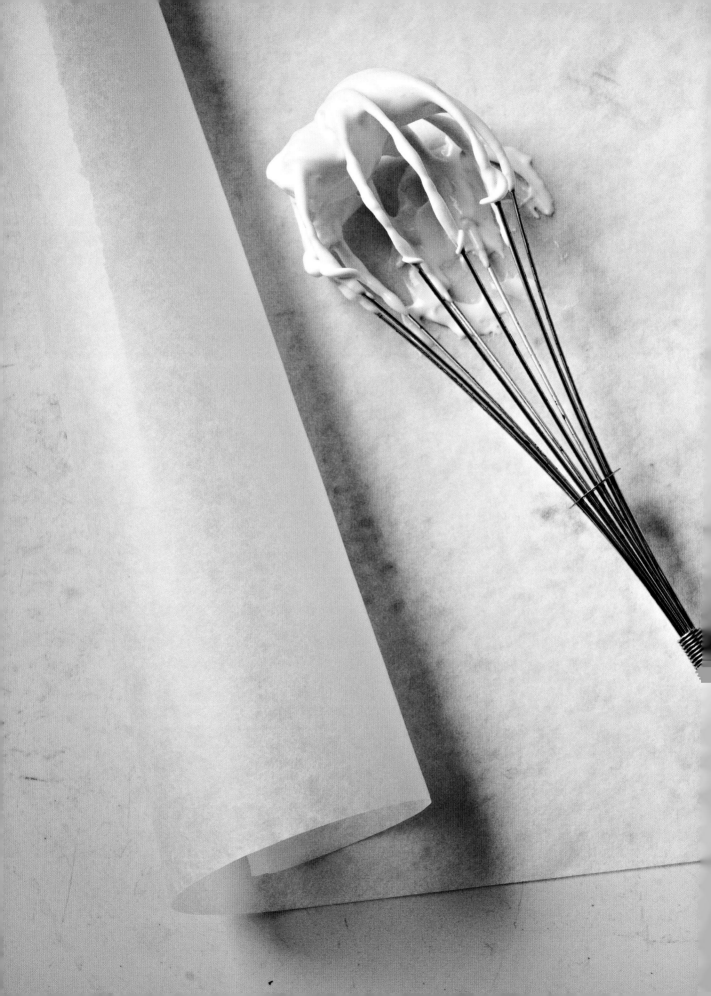

НЕСКУЧНАЯ КЛАССИКА

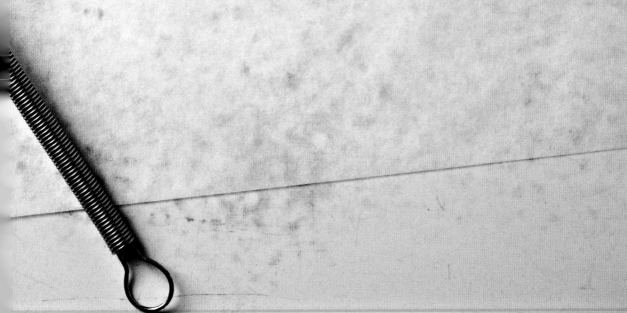

КОГДА-ТО МЫ ПРЕДПОЧИТАЛИ ВСЕ ТРАДИЦИОННОЕ.

Людям нравилось определенное меню на каждый день недели: стейк по средам, четверг – рыбный день, ростбиф в воскресенье. Если нет никаких перемен, то в мире все хорошо и спокойно. Горе тем, кто пытался изменить привычные блюда – десятка проверенных рецептов хватало для полного счастья.

В каком-то смысле это было даже хорошо: полноценную еду готовили дома, причем отрабатывали несколько привычных блюд до настоящего профессионализма. Повторенье – мать ученья, а уж этого-то было вдоволь. Однако мир изменился. Жизнь стала быстрее, мы испорчены разнообразием во всем, что делаем: от похода в кино до покупки машины. А уж рестораны сейчас даже в небольших городах – на любой вкус: от примелькавшихся итальянских, китайских или индийских до мексиканских, тайских или даже камбоджийских. Мы привыкли к новым вкусам, полюбили новые блюда. А дома все равно продолжаем готовить одно и то же... Признайтесь, для скольких из вас готовка – неприятная домашняя работа?

Именно это отношение я и хочу изменить, показать вам, что готовить можно весело и интересно. Я предлагаю вам по-новому взглянуть на знакомые ингредиенты и добавить кое-что непривычное. Ведь чем больше вы будете готовить, тем большую уверенность обретете и тем больше удовольствия получите на кухне.

Как правило, открыв холодильник или шкафчик с припасами, вы видите привычные ингредиенты и автоматически начинаете готовить по привычным рецептам. Увидели банку помидоров в собственном соку и пару луковиц – готовите пасту с томатным соусом. Увидели десяток яиц – готовите омлет с сыром. В этом нет ничего плохого. Однако стоит чуть-чуть изменить обыденный список покупок, включив в него несколько новых продуктов, и ваше меню совершенно преобразится.

Лучше всего вводить новшества на основе уже знакомых вам блюд. Если вы привыкли запекать курицу в духовке, ее совсем не сложно начинить колбасками чоризо и фасолью, а ведь вкус получится совершенно новый. Добавьте немного сушеных хлопьев перца чили, каперсы и анчоусы в ваш обычный томатный соус – и готов прекраснейший, насыщенный и острый итальянский соус путтанеска. Если вы часто делаете ризотто, почему бы не попробовать поджарить его квадратиками (стр. 30), получится очень необычно. Я не заставляю вас отказываться от обычных блюд, просто предлагаю кое-что новенькое.

Начать лучше со списка покупок. Разумеется, закупки через интернет экономят очень много времени, но они же делают нас рабами привычки. Постоянно заказывать по одному и тому же списку – проще простого, но тут же не до творчества! Я всегда за то, чтобы пройти по рынку или заглянуть в окрестные лавки и купить то, что захочется. Спросите продавца, что лучше взять сегодня. Посоветуйтесь, как бы это приготовить. Вы даже не представляете, сколько всего узнаете.

ПРОБУЙТЕ

Я всегда настоятельно советую пробовать то, что вы готовите. Именно этому в первую очередь я учу всех начинающих поваров в моих ресторанах, и только так можно научиться сочетать новые вкусы. Кулинария требует гораздо больше интуиции, чем кажется, и каждому повару необходимо развивать вкусовые ощущения, чтобы сразу почувствовать, если чего-то не хватает.

Зачастую все сводится к последовательному добавлению пяти основных вкусов: сладкого, кислого, соленого, горького и умами. С первыми четырьмя все понятно.

Сладость дает сахар, а также патока, кленовый сироп, мед, фрукты и так далее, причем вкус готового блюда в каждом случае будет немного отличаться. Сладость помогает не только выправить кислоту, но и притушить излишнюю остроту блюда. Если вам покажется, что вы переборщили с чили, добавьте немного сахара. Я даже в обычный томатный соус обязательно добавляю щепотку, чтобы подчеркнуть яркий вкус помидоров.

Кислоту обычно добавляют с помощью сока лимона или лайма, тамаринда или уксуса, а соль – с помощью таких характерных для азиатской кухни ингредиентов, как соевый, рыбный или устричный соус.

Соленый вкус следует рассматривать как основной, на который можно нанизывать все остальные. Соль прекрасно проявляет все другие вкусы: к примеру, чуточка соли еще больше подчеркнет сладость карамели.

Горечь есть в пиве, оливках, цедре цитрусовых, кофе, какао и некоторых овощах, таких как эндивий. Этот вкус следует использовать с осторожностью, потому что замаскировать его сложно и он не всем по нраву.

Умами выделили в качестве самостоятельного вкуса только в прошлом веке. Само слово переводится с японского как «вкусный, аппетитный» и означает возбуждающие аппетит вкусовые ноты, свойственные главным образом соевому соусу, даси и другим ферментированным или выдержанным продуктам. Кроме того, он присутствует в дрожжевой пасте «Мармайт», пармезане и помидорах.

В азиатской кухне очень важно добиться баланса вкусов, особенно первых трех: сладкого, кислого и соленого. Научившись этому, вы станете экспериментировать гораздо увереннее. Пробуйте то, что готовите. Чего не хватает? Соли? Капните немного соевого или рыбного соуса. Хочется чуть больше кислоты? Подойдет сок лайма или уксус. Сладости? Поможет мирин или пальмовый сахар. Со временем вы научитесь полагаться на чутье и будете приправлять еду все смелее.

ПАСТА С ПОМИДОРАМИ, АНЧОУСАМИ И ЧИЛИ

НА 4 ПОРЦИИ

Паста с томатным соусом – дежурный вариант на будний день в любой семье. Мы возьмем традиционный соус к этому классическому итальянскому блюду и совершенно преобразим его, добавив кое-что из припасов, имеющихся на кухне: чили, анчоусы, оливки и каперсы. Получается невероятно вкусно и готовится одновременно с пастой.

400 г сухих спагетти или лингвини
Оливковое масло для жарки и сбрызгивания
3–4 зубчика чеснока, очистить и мелко порубить
1 стручок сушеного перца чили, разломить на мелкие кусочки или мелко порубить
1 банка (50 г) консервированных анчоусов в масле, масло слить, анчоусы мелко порубить
200 г черных маслин без косточек, крупно порубить
3 ст. л. каперсов, рассол слить, промыть
250 г помидоров черри, нарезать половинками
Морская соль и свежемолотый черный перец
Зелень базилика для украшения

1. Отварите пасту до готовности аль-денте в кипящей подсоленной воде, как указано на упаковке.

2. Тем временем разогрейте большую глубокую сковороду или сотейник на среднем огне, налейте в нее немного оливкового масла. Обжарьте чеснок, чили и анчоусы в течение 1–2 минут, чтобы чеснок раскрыл аромат, а анчоусы начали таять в масле.

3. Добавьте в сковороду оливки, каперсы и помидоры и готовьте, помешивая, на среднем огне 4–5 минут, чтобы помидоры ужарились наполовину и все хорошо соединилось.

4. Откиньте пасту и выложите в сковороду к соусу. Попробуйте; если нужно, поперчите и досолите (возможно, соли и так будет достаточно от соленых анчоусов, оливок и каперсов).

5. Подавайте, сбрызнув оливковым маслом и присыпав базиликом.

КАК ВАРИТЬ ПАСТУ

Пасту не получится досолить позднее, поэтому варите ее в хорошо посоленной воде. Итальянцы всегда кладут 10 г (2 чайные ложки) соли на литр воды. Можно добавить в воду оливковое масло, но чтобы паста не склеилась наверняка, налейте побольше воды и покачайте кастрюлю сразу после закладки, чтобы раскрутить макароны в воде.

ФРИТТАТА С БЕКОНОМ, ЗЕЛЕНЫМ ГОРОШКОМ И КОЗЬИМ СЫРОМ

НА 4–6 ПОРЦИЙ

Омлет можно готовить не только с сыром или ветчиной. Этот итальянский вариант открытого омлета – самодостаточное блюдо, к тому же до готовности он дойдет под грилем, а значит, не придется мучиться с переворачиванием и неуклюжим подбрасыванием на сковороде. Подержите козий сыр в морозилке – так его легче будет натереть на мелкой терке.

Оливковое масло для жарки
8 полосок копченого бекона с прожилками жира, нарезать небольшими кубиками
1 красный сладкий перец, очистить от семян и нарезать кубиками
3 стебля зеленого лука, очистить и нарезать по диагонали
150 г замороженного зеленого горошка

1 пучок базилика, листья крупно порубить
2 кружка козьего сыра (всего около 120 г)
8 яиц, взбить
3–4 ст. л. тертого пармезана
Свежемолотый черный перец

1. Разогрейте духовку до 180 ºC.

2. Нагрейте немного масла в жаропрочной антипригарной сковороде диаметром 27 см и обжарьте бекон 2–3 минуты. Добавьте красный перец и готовьте еще несколько минут, чтобы бекон подрумянился. Добавьте зеленый лук и потомите 4–5 минут, до мягкости. Добавьте зеленый горошек, перемешайте и прогрейте. Присыпьте базиликом, слегка перемешайте с овощами. Один из кружков козьего сыра нарежьте произвольными кусками и присыпьте им смесь в сковороде.

3. Раскалите гриль до максимума.

4. В миске соедините взбитые яйца с пармезаном и щедро поперчите. Залейте овощи в сковороде яйцами и подержите на среднем огне, слегка встряхивая. Когда омлет начнет схватываться, натрите сверху оставшийся козий сыр и снова поперчите.

5. Поставьте сковороду под раскаленный гриль в горячую духовку на 4–5 минут и запеките омлет до золотистой корочки.

6. Выложите фриттату из сковороды, нарежьте на порции и подавайте.

РИЗОТТО С ПОМИДОРАМИ

**НА 4 ПОРЦИИ В КАЧЕСТВЕ ЗАКУСКИ ИЛИ
НА 2 ПОРЦИИ КАК ОСНОВНОЕ БЛЮДО**

Секрет хорошего ризотто: нужно очень постепенно добавлять бульон и перемешать, чтобы вся жидкость впиталась, прежде чем вливать еще половник. Так легче контролировать консистенцию блюда и снять рис с огня, когда он достигнет состояния «на зубок» – аль-денте, как это называют итальянцы. Это классическое ризотто достаточно гарнировать рукколой или молодым шпинатом. Для английской версии замените рис спельтой – у нее замечательный ореховый привкус.

2–3 ст. л. оливкового масла
200 г риса для ризотто
500 мл куриного или овощного бульона
50 г несоленого сливочного масла
250 г томатов черри, нарезать половинками
100 г маскарпоне
25 г пармезана, натереть
Морская соль и свежемолотый черный перец

1. Нагрейте масло в большой сковороде, добавьте рис и хорошо перемешайте, чтобы рисинки покрылись маслом. Вскипятите бульон и вливайте в рис по одному половнику, всякий раз хорошо перемешивая, чтобы вся жидкость впиталась, а рис сварился аль-денте (примерно 15–18 минут).

2. Тем временем в небольшом сотейнике растопите сливочное масло, добавьте помидоры и слегка потушите минут десять, до мягкости. Протрите через ручную мельницу (мули-легюм) или крупное сито.

3. Когда рис будет готов, вмешайте в него маскарпоне, пармезан и томатное пюре, попробуйте, достаточно ли соли и перца, и подавайте.

КАК ПРЕВРАТИТЬ РИЗОТТО В ЗАКУСОЧНЫЙ ПИРОГ

Чтобы в присутствии гостей не возиться с перемешиванием риса, ризотто можно подать в виде закусочного пирога. Приготовьте ризотто заранее, продержав на плите чуть дольше, чем нужно до состояния аль-денте (примерно 20 минут), затем добавьте маскарпоне, пармезан и помидоры. Распределите эту смесь в квадратной форме, выложенной бумагой для выпечки, накройте и уберите в холодильник на 2–4 часа. Перед подачей растопите 50 г сливочного масла в большой сковороде. Разрежьте ризотто на 4 порционных квадрата и быстро обжарьте – по 3 минуты с каждой стороны – до золотистой корочки (переворачивайте аккуратно). Подавайте немедленно.

ФАРШИРОВАННАЯ КУРИЦА, ЗАПЕЧЕННАЯ В ДУХОВКЕ

НА 4–6 ПОРЦИЙ

Очень простое, но несомненно впечатляющее изменение привычного блюда. Благодаря начинке из колбасок чоризо, фасоли и помидоров птица прожарится равномернее, а заодно пропитается ее ароматами. Подавайте начинку вместе с курицей, с отварными овощами или смесью листовых салатов.

1 свежая курица весом около 2 кг
1 лимон
Оливковое масло для сбрызгивания
1 ч. л. с горкой паприки (сладкой или копченой, по желанию)
400 мл белого вина

ДЛЯ НАЧИНКИ С ЧОРИЗО
Оливковое масло для жарки
150–200 г чоризо, очистить от оболочки и нарезать кубиками
1 луковица, очистить и мелко нарезать
2 зубчика чеснока, очистить и нарезать тонкими лепестками
пучок тимьяна
2 банки (по 400 г) консервированной белой фасоли, слить и промыть
200 г вяленых помидоров в масле
Морская соль и свежемолотый черный перец

1. Разогрейте духовку до 180 ºC.

2. Сначала приготовьте начинку. Нагрейте немного оливкового масла в большой сковороде, добавьте чоризо и обжарьте минуты три, до золотистости. Добавьте лук и готовьте еще 1–2 минуты, до мягкости, затем добавьте чеснок. Готовьте еще несколько минут, затем добавьте листья с трех веточек тимьяна. Добавьте фасоль, перемешайте, хорошо посолите и поперчите. Прогрейте 1–2 минуты. Добавьте помидоры и 1–2 столовые ложки масла, в котором они хранились. Перемешайте и снимите с огня.

3. Теперь подготовьте курицу. Натрите изнутри солью и перцем, начините смесью с чоризо, поместите туда же целый лимон и накройте краями кожи. Сбрызните курицу оливковым маслом, посыпьте паприкой, посолите и поперчите. Вотрите приправы в кожу.

4. Налейте в противень вино и около 200 мл воды, посолите. Выложите в противень курицу и оставшийся тимьян, накройте фольгой и запекайте в течение 1 часа в заранее разогретой духовке.

5. Час спустя снимите с курицы фольгу, полейте выделившимся соком и прибавьте температуру в духовке до 200 ºC. Запекайте еще 25–30 минут, до золотистой корочки (проверьте готовность, проткнув бедро, – сок должен быть прозрачным). Достаньте из духовки, дайте постоять 15 минут перед подачей.

6. Выньте из курицы лимон, сок выдавите к образовавшемуся в противне соку. Слегка взбейте венчиком, чтобы получился соус; если предпочитаете соус более густой, уварите на сильном огне.

КАК НЕ ПЕРЕСУШИТЬ КУРИЦУ ПРИ ЗАПЕКАНИИ

Запекание курицы под фольгой в противне с бульоном и водой – замечательный способ сохранить птицу сочной на первом этапе готовки. Через час после начала запекания просто удалите фольгу и подрумяньте курицу еще 30 минут. В результате курица получится гораздо более сочная, чем при обычном запекании.

МИСО-СУП С ЛОСОСЕМ

НА 4 ПОРЦИИ

Мисо – традиционная для японской кухни соленая паста, изготавливаемая из ферментированного риса или соевых бобов. Она придаст нашему пикантному бульону богатый и насыщенный вкус. Поширование – прекрасный и бережный способ приготовить лосося. Не снимайте кожу, чтобы рыба не развалилась при варке в едва кипящем бульоне.

3 ст. л. светлой пасты мисо
750 мл рыбного бульона
2 листа каффир-лайма
1–2 стручка красного перца чили, очистить от семян и мелко порубить, по вкусу
3 см свежего корня имбиря, очистить и тонко нарезать
500 г филе лосося на коже, очистить от чешуи, кости выбрать пинцетом (см стр. 54, пункт 6)
1 небольшой кочан капусты бок-чой
150 г брокколи
2 небольших пучка грибов эноки, разделить на отдельные грибы
1 ч. л. темного кунжутного масла
Морская соль
Зелень кинзы, для украшения (по желанию)

1. Поместите пасту мисо в кастрюлю, добавьте бульон и размешайте венчиком. Попробуйте; если нужно, досолите. Доведите до слабого кипения (не спешите, иначе расслоится), затем добавьте листья каффир-лайма, чили и имбирь.

2. Разрежьте лосося поперек на два куска, выложите в бульон кожей вниз и варите при медленном кипении 8–10 минут, поливая бульоном сверху, до готовности.

3. Разберите кочан бок-чоя на листья. Стебли нарежьте небольшими кусочками, листья нарвите. Брокколи тоже нарежьте кусочками.

4. Аккуратно переложите лосося на тарелку, залейте небольшим количеством бульона. Оставшийся бульон опять доведите до кипения.

5. Опустите брокколи в бульон, через 30 секунд добавьте туда же стебли бок-чоя. Готовьте еще 1–2 минуты, затем добавьте листья бок-чоя. Припустите в течение одной минуты. Тем временем разберите готовую рыбу на крупные куски, кожу удалите.

6. Перед подачей добавьте в бульон половину количества грибов. Порционные миски слегка смажьте изнутри кунжутным маслом и разложите в них оставшиеся грибы. Добавьте в каждую порцию рыбу и овощи, залейте бульоном. Подавайте, по желанию украсив кинзой.

КАК ГОТОВИТЬ ОВОЩИ С ВОЛОКНИСТЫМИ ЧЕРЕШКАМИ

У овощей с плотными, волокнистыми черешками – таких как листовая капуста или бок-чой – листья лучше срезать и закладывать их в кастрюлю или сковороду через несколько минут после черешков, иначе к тому моменту, когда черешки дойдут до мягкости, стебли разварятся.

ОСТРАЯ ТУШЕНАЯ БАРАНИНА

НА 4 ПОРЦИИ

Обожаю готовить бараньи рульки – ведь чем дольше они готовятся, тем вкуснее. Три часа – как будто слишком долго, но поверьте, вы сами все поймете, когда увидите, как мясо отходит от костей. По возможности замаринуйте баранину в смеси специй на ночь, вкус от этого только выиграет. Подавайте с кускусом или картофельным пюре.

4 бараньи рульки
Оливковое масло для жарки
2 моркови, очистить и нарезать кружками
1 луковица, очистить и нарезать толстыми кольцами
2 лавровых листа
1 бутылка (750 мл) красного вина
500 мл куриного бульона
Небольшая горсть листьев мяты, для украшения

ДЛЯ МАРИНАДА

1–2 стручка зеленого перца чили, очистить от семян и порубить, по вкусу
1–2 стручка красного перца чили, очистить от семян и порубить, по вкусу
2 ч. л. копченой паприки
2 ч. л. сушеного орегано
1 ч. л. кумина
2 палочки корицы, разломать пополам
3 зубчика чеснока, очистить, крупно нарезать и раздавить
Оливковое масло
Морская соль и свежемолотый черный перец

1. Сначала подготовьте маринад. Смешайте чили (если не любите острое, возьмите только по одному стручку каждого цвета), копченую паприку, орегано, кумин, палочки корицы, чеснок, одну столовую ложку оливкового масла, соль и перец. Хорошо натрите этой смесью куски баранины. Готовить можно сразу же, но если у вас есть время, накройте мясо и оставьте мариноваться хотя бы на 1 час, а лучше на ночь.

2. Разогрейте духовку до 160 ºC.

3. Разогрейте на плите большую чугунную форму с крышкой, налейте на дно 1–2 столовые ложки оливкового масла. Подрумяньте бараньи рульки со всех сторон в течение шести минут, затем добавьте к мясу чили и корицу из маринада.

4. Добавьте в форму морковь, лук и лавровый лист, обжаривайте 1–2 минуты. Переложите мясо поверх овощей. Деглазируйте форму красным вином, собирая лопаткой приставшие ко дну кусочки, затем доведите до кипения и в течение 7–8 минут уварите жидкость вдвое. Добавьте куриный бульон, вскипятите, затем переставьте форму без крышки в разогретую духовку. Готовьте 3 часа, чтобы мясо стало очень мягким, а соус выпарился. Если вам покажется, что баранина сверху подсыхает, время от времени поливайте ее бульоном из формы и переворачивайте.

5. Достаньте готовое мясо из духовки и подавайте, присыпав листьями мяты и полив образовавшимся в форме соусом.

ГОВЯДИНА «ВЕЛЛИНГТОН»

НА 4 ПОРЦИИ

Говядину «Веллингтон» можно прослоить фуа-гра, белыми грибами или даже трюфелями, но, на мой вкус, главным должно остаться само великолепное филе. Фокус тут заключается в оборачивании филе с грибами в ломтики пармской ветчины. Таким образом, весь сок останется внутри, а тесто не размокнет.

2 говяжьих филе (по 400 г каждое)
Оливковое масло для жарки
500 г ассорти лесных грибов, очистить
Листья с 1 веточки тимьяна
500 г слоеного теста
8 ломтиков пармской ветчины
2 яичных желтка, разболтать с 1 ст. л. воды
 и щепоткой соли
Морская соль и свежемолотый черный перец

ДЛЯ СОУСА С КРАСНЫМ ВИНОМ

2 ст. л. оливкового масла
200 г говяжьей обрези (попросите мясника
 сохранить обрезки от разделки мяса на филе)
4 крупные луковицы шалота, очистить
 и нашинковать
12 горошин черного перца
1 лавровый лист
1 веточка тимьяна
Немного красного винного уксуса
1 бутылка красного вина (750 мл)
750 мл говяжьего бульона

1. Плотно заверните каждый кусок мяса в три слоя пищевой пленки, чтобы говядина сохранила форму, и уберите на ночь в холодильник.

2. Удалите пищевую пленку и быстро обжарьте говядину на раскаленной сковороде с небольшим количеством оливкового масла, по 30–60 секунд на каждой стороне, до золотистой корочки снаружи. Внутри мясо останется сырым. Достаньте из сковороды и дайте остыть.

3. Грибы мелко нарежьте и обжарьте на горячей сковороде с небольшим количеством оливкового масла, листьями тимьяна, солью и перцем. Когда грибы пустят сок, продолжайте готовить на сильном огне еще 10 минут, чтобы лишняя жидкость выпарилась. У вас получится так называемый дюксель. Выложите его из сковороды и дайте остыть.

4. Разрежьте тесто пополам, положите на слегка присыпанную мукой поверхность и раскатайте каждый кусок в большой прямоугольник такого размера, чтобы хватило завернуть филе говядины. Уберите в холодильник.

5. Застелите рабочую поверхность пищевой пленкой, в центр выложите в виде квадрата 4 ломтика пармской ветчины, чуть внахлест. Поверх пармской ветчины выложите ровным слоем половину дюкселя.

6. Кусок говядины посолите, поперчите и уложите поверх грибов. С помощью пищевой пленки заверните говядину в ветчину и сформуйте плотный брусок одинаковой толщины; пленку закрепите. Повторите со вторым филе; уберите оба куска мяса в холодильник хотя бы на полчаса.

7. Смажьте тесто яичной смесью. Достаньте говядину из фольги и оберните каждый кусок завернутого в ветчину мяса тестом. Края теста закрепите, смажьте со всех сторон яйцом. Заверните в пищевую пленку и уберите в холодильник хотя бы на полчаса.

8. Тем временем приготовьте соус с красным вином. Нагрейте оливковое масло в большой сковороде и в течение нескольких минут подрумяньте в нем обрезки говядины. Добавьте лук-шалот, перец-горошек, лавровый лист и тимьян и готовьте еще минут пять, часто помешивая, чтобы лук зазолотился.

9. Влейте уксус и дайте покипеть несколько минут, пока почти вся жидкость не выпарится. Теперь влейте вино и почти полностью выпарите. Влейте бульон и снова доведите до кипения. Убавьте огонь и варите один час, снимая с поверхности пену, пока не получите соус желаемой консистенции. Процедите жидкость через тонкое сито, выстеленное марлей. Попробуйте и снимите с огня.

10. Когда придет время запекать говядину «Веллингтон», слегка надсеките тесто ножом и снова смажьте яйцом, а затем выпекайте при температуре 200 ºС 15–20 минут, до золотистой корочки и готовности теста. Выньте из духовки и дайте 10 минут постоять, затем нарежьте на порции.

11. Тем временем подогрейте соус. Подавайте говядину «Веллингтон» порционно, дополнив соусом.

КАК ПРИГОТОВИТЬ ИДЕАЛЬНУЮ ГОВЯДИНУ
Единственный способ приготовить говядину до идеально розового цвета внутри куска – проверять температуру мяса электронным термометром. Она должна быть 29 ºС.

КУРИНЫЙ ПИРОГ-ЗАПЕКАНКА С ОСЕННИМИ ОВОЩАМИ

НА 2–3 ПОРЦИИ

Мне всегда нравилось делать порционные пироги-запеканки. Обыкновенная домашняя еда сразу становится интереснее, а усилий практически столько же. Необычность этого рецепта в том, что крышки из теста готовятся отдельно от начинки. Если будете кормить больше двух-трех человек, просто удвойте количество начинки, а количество теста будет зависеть от размера ваших порционных тарелок. Возьмите мясо с куриного окорочка – его не так легко пересушить, как грудку.

50 г панчетты, нарезать кубиками
1 ст. л. оливкового масла
1 стебель лука-порея, очистить и нашинковать
200 г корня сельдерея, очистить и нарезать небольшими кубиками
200 г ореховой тыквы, очистить и нарезать небольшими кубиками
Пучок тимьяна, только листья
50 мл сухого хереса

200 мл куриного бульона
100 мл крем-фреш
200 г слоеного теста
Обычная мука для раскатывания теста
1 яичный желток, разболтать с 1 ч. л. воды
250 г отварного куриного мяса, нарезать кусочками
Морская соль и свежемолотый черный перец

1. Слегка подрумяньте панчетту на сухой горячей сковороде 3–4 минуты. Выложите на тарелку, застеленную бумажным полотенцем. Сковороду вытрите.

2. Нагрейте масло в сковороде и обжаривайте овощи с тимьяном, солью и перцем минут семь, до мягкости. Влейте херес и хорошо уварите в течение пяти минут. Верните в ту же сковороду панчетту и влейте бульон.

3. Снова доведите до кипения и тушите 10–15 минут, пока жидкость не уварится вдвое. Вмешайте крем-фреш и готовьте еще минут пять, чтобы соус уварился еще на треть. Попробуйте, достаточно ли соли и перца, снимите с огня и отставьте в сторону.

4. Разогрейте духовку до 200 ºC. Раскатайте тесто на слегка присыпанной мукой рабочей поверхности до толщины в несколько миллиметров. С помощью порционной тарелки вырежьте 2 или 3 круга. Аккуратно переложите эти круги на большой антипригарный противень и надсеките поверхность теста кончиком острого ножа крест-накрест ромбиками.

5. Смажьте тесто яичной смесью и выпекайте минут десять, чтобы тесто поднялось и зарумянилось. Допеките еще 2 минуты, слегка приоткрыв дверцу духовки, – тесто подсохнет и станет хрустящим. Достаньте из духовки и остудите на решетке.

6. Тем временем добавьте в соус кусочки курицы и хорошо прогрейте все вместе. Попробуйте и разложите в подогретые порционные тарелки. Накройте каждую порцию крышкой из теста и подавайте.

ОКОРОК, ГЛАЗИРОВАННЫЙ ПАТОКОЙ

НА 8 ПОРЦИЙ

Обожаю окорок, не только в горячем виде с картофельным пюре и подливой из сидра, но и в холодном, с салатами и соленьями. В этом рецепте все затмевает сладкая, липкая глазировка, но и жидкость для поширования не менее важна. Именно она позволяет усилить вкус блюда, особенно если заменить почти всю воду парой бутылок портера.

1 свиной окорок, некопченый, без костей, весом около 2 кг, замочить на ночь в воде
1 большая луковица, очистить и крупно нарезать
1 большая морковь, очистить и крупно нарезать
1 большой стебель лука-порея, зачистить и крупно нарезать
1 большая палочка корицы
2 лавровых листа
1 ч. л. черного перца горошком
2 бутылки портера (по 500 мл)
Гвоздика для шпигования

ДЛЯ ГЛАЗИРОВКИ
60 мл патоки
2 ст. л. дижонской горчицы
1 ст. л. соевого соуса
1 ст. л. вустерского соуса
60 г сахара демерара

КАК ХРАНИТЬ ОКОРОК
Отваренный окорок можно хранить в холодильнике до двух дней и еще несколько дней после запекания. Если запекать будете не сразу после варки, остудите мясо в жидкости, чтобы оно впитало еще больше вкуса.

1. Окорок выньте из воды, обсушите и положите в большую кастрюлю. Залейте достаточным количеством холодной воды и медленно доведите до кипения, снимая собирающуюся на поверхности пену шумовкой или большой металлической ложкой. Убавьте огонь и поварите несколько минут, затем аккуратно слейте воду и остатки пены.

2. Добавьте в кастрюлю к окороку лук, морковь, лук-порей, корицу, лавровый лист и перец горошком, влейте портер. Долейте холодной водой, чтобы жидкость полностью покрыла окорок. Доведите до кипения и варите на небольшом огне, неплотно прикрыв крышкой, два с половиной часа. При необходимости снимайте собирающуюся на поверхности пену и доливайте воду.

3. Достаньте окорок из кастрюли, слегка остудите на разделочной доске. Разогрейте духовку до 190 ºС. Снимите кожу с окорока, но оставьте ровный слой жира толщиной около 5 мм. Острым ножом надсеките жир крест-накрест ромбами на расстоянии 1,5 см, в каждый ромб воткните гвоздику. Переложите окорок на противень для запекания.

4. Смешайте все ингредиенты для глазировки и смажьте окорок половиной получившегося соуса. Запекайте 15 минут, полейте оставшимся соусом и запекайте еще 10–15 минут, время от времени поливая собирающейся в противне жидкостью. Достаньте из духовки, еще раз полейте мясо соком из противня. Дайте постоять, затем нарежьте порционно.

ТАРТ С ЛИМОННЫМ КРЕМОМ И ПАТОКОЙ

НА 8–10 ПОРЦИЙ

Мне всегда нравилась резкая лимонная кислинка в классическом тарте с патокой. Обязательно хорошо пропеките основу, прежде чем добавлять крем (иначе тесто размокнет), и достаньте тарт из духовки, пока крем в центре еще не окончательно схватился. Он уплотнится по мере остывания.

450 г светлой патоки
60 г сливочного масла, растопить
70 мл сливок жирностью 48%
Цедра и сок 1 лимона
150 г белых хлебных крошек
3 крупных яичных желтка
3 ст. л. лимонного заварного крема

ДЛЯ СЛАДКОГО ТЕСТА
125 г несоленого сливочного масла комнатной температуры
90 г мелкого сахарного песка
1 крупное яйцо
250 г муки

1. Сначала приготовьте тесто. Поместите сливочное масло с сахаром в кухонный комбайн и быстро взбейте вместе. Добавьте яйцо и взбивайте еще 30 секунд.

2. Добавьте муку и взбивайте еще несколько минут, чтобы получилось тесто (не перестарайтесь, иначе тесто будет слишком плотным). Если вам покажется, что тесто пересохло, добавьте немного ледяной воды (примерно столовую ложку).

3. Слегка разомните тесто на присыпанной мукой поверхности и сформуйте плоский диск. Заверните в пищевую пленку и подержите полчаса в холодильнике, прежде чем раскатывать.

4. Раскатайте тесто для тарта на слегка присыпанной мукой поверхности в большой круг толщиной несколько миллиметров. Выстелите тестом разъемную форму для тартов (диаметром 23–24 см) так, чтобы излишки теста слегка свисали над бортиками. Уберите на полчаса в холодильник. Тем временем разогрейте духовку до 190 ºC.

5. Застелите форму с тестом бумагой для выпечки, сверху насыпьте керамические шарики или сухой рис и выпекайте вслепую 15–20 минут. Аккуратно удалите шарики и бумагу, дайте тесту немного остыть. Обрежьте излишки еще теплого теста вровень с бортиками. Убавьте температуру в духовке до 140 ºC.

6. Для начинки аккуратно прогрейте в сотейнике патоку со сливочным маслом (не кипятите, просто растопите масло).

7. Когда масло растает, вмешайте сливки, цедру и сок лимона, хлебные крошки и яичные желтки. Хорошо перемешайте.

8. Распределите по форме с выпеченным тестом лимонный крем, сверху вылейте вторую начинку.

9. Выпекайте 30–40 минут, чтобы начинка схватилась сверху, но осталась довольно жидкой внутри (проверьте, слегка встряхнув форму).

10. Дайте тарту полностью остыть, затем нарежьте порционно и подавайте.

КАК ПРЕДОТВРАТИТЬ РАСТРЕСКИВАНИЕ ТЕСТА
При выпечке тесто может съежиться и потрескаться – вот почему удобно раскатать его диаметром чуть больше формы, а затем обрезать излишки после выпекания. Возьмите нож поострей, тогда получится аккуратный, ровный бортик.

ЯБЛОЧНЫЙ КРАМБЛ

НА 4 ПОРЦИИ

Кто не любит крамблы? Я соединяю фруктовое пюре, нарезанные фрукты, сладкую сушеную клюкву и получаю интересный контраст текстур под замечательно хрустящей корочкой гранолы. Фрукты чистить не обязательно. Что бы вы ни выбрали – яблоки, груши, персики, – именно в кожице содержится их основной вкус и аромат.

6 ст. л. мелкого сахарного песка
Щепотка молотой корицы
1 стручок ванили, только зернышки
6 яблок, серединки удалить, но кожицу не счищать; три яблока натереть на терке, три нарезать кубиками
3 ст. л. сушеной клюквы
Цедра 1 лимона, сок половинки лимона

ДЛЯ КРОШКИ
100 г муки
2 ст. л. сахара демерара
50 г сливочного масла, охладить и нарезать кубиками
Щепотка молотой корицы
4 ст. л. гранолы с орехами или мюсли

1. Разогрейте духовку до 200 ºC.

2. Подогрейте небольшую форму для запекания, которую можно использовать и на плите, насыпьте в нее сахар и нагревайте 5 минут, до карамелизации. Добавьте корицу, зернышки ванили и тертое яблоко и готовьте 1–2 минуты. Добавьте туда же кусочки яблок, клюкву, цедру и сок лимона. Снимите с огня и отставьте в сторону.

3. Для верхнего слоя поместите муку, сахар, сливочное масло и корицу в миску и разотрите пальцами в крошку. Добавьте гранолу и хорошо перемешайте.

4. Посыпьте фруктовую смесь крошками и снова подогрейте форму на плите. Когда яблочная смесь закипит, переставьте форму в заранее разогретую духовку и выпекайте 12–14 минут, до красивой золотистой корочки. Достаньте и подавайте в теплом виде.

КАК ПРИГОТОВИТЬ ХРУСТЯЩИЙ КРАМБЛ
Сахар демерара лучше всего подходит для крамблов, потому что он не дает сливочному маслу полностью разойтись в муке, а если к двум частям крошек добавить одну часть мюсли или гранолы, верхний слой получится еще более хрустящий. Наконец, важно только посыпать фруктовую начинку крошкой, но не придавливать, иначе крошка размокнет.

КОКОСОВЫЕ ОЛАДЬИ С ЛОМТИКАМИ МАНГО И ЛАЙМОВЫМ СИРОПОМ

НА 12 ОЛАДИЙ

Это блюдо станет восхитительным завтраком или бранчем и откроет возможность для экспериментов, если вам надоели одни и те же оладьи с кленовым сиропом. Тесто важно оставить на 15 минут «отдохнуть» — за это время оно слегка загустеет, и оладьи получатся более пышными.

100 г несладкого сушеного кокоса
100 г муки
1,5 ч. л. разрыхлителя
1 яйцо, взбить венчиком
250 мл кокосового молока (встряхните банку, прежде чем будете отмеривать нужное количество, для равномерной консистенции)
1 ст. л. жидкого меда
Растительное масло для жарки
1 спелое манго

ДЛЯ ЛАЙМОВОГО СИРОПА
150 г мелкого сахарного песка
Сок 4 лаймов, мелко натертая цедра 1 лайма

КАК ОТМЕРИТЬ МЕД
Вязкие жидкости, такие как мед или патока, довольно сложно отмерить. Если смазать мерную ложку растительным маслом без запаха (например, из виноградных косточек), то мед с легкостью выльется, не прилипая.

1. Для теста поместите кокос в блендер и измельчите в течение одной минуты. Добавьте муку, разрыхлитель и взбивайте еще несколько секунд до однородности. Переложите в миску.

2. Сделайте в муке углубление и добавьте яйцо. Замесите, затем добавьте кокосовое молоко и мед и перемешайте, чтобы получилось гладкое тесто. Накройте и оставьте на 15 минут.

3. Тем временем приготовьте сироп из лайма. Поместите сахар, 150 мл воды, сок и цедру лайма в небольшую кастрюлю или сотейник. Доведите до кипения на медленном огне, помешивая, чтобы сахар растворился. Готовьте еще 10 минут, чтобы жидкость слегка уварилась до консистенции сиропа. Попробуйте; если нужно, добавьте еще немного цедры. Немного охладите.

4. Чтобы приготовить оладьи, нагрейте немного растительного масла в большой антипригарной сковороде, поворачивая ее из стороны в сторону, чтобы масло равномерно растеклось по дну. Выкладывайте тесто на сковороду столовой ложкой с горкой (возможно, удобней будет выпекать порциями) и жарьте на среднем огне 2–3 минуты, до золотистого цвета. Переверните оладьи лопаткой на другую сторону и дожарьте до готовности. Снимите на тарелку и держите в теплом месте, пока будете жарить остальные оладьи.

5. Манго очистите и нарежьте тонкими ломтиками. Подавайте оладьи, украсив манго и полив сверху лаймовым сиропом.

ПЕЧЕНЫЙ ЧИЗКЕЙК

НА 8 ПОРЦИЙ

Американцы умеют делать отличные чизкейки. Смесь по этому рецепту похожа на сладкую начинку для киша, она немного плотнее и не такая пышная, как в классических британских чизкейках. В итоге получается менее сладкое и тяжелое блюдо, потому что в нем нет бисквитной основы.

Сливочное масло для смазывания формы
550 г сливочного сыра комнатной температуры
160 г сахарной пудры
3 яйца, слегка взбить венчиком
2 ст. л. муки
Мелко натертая цедра 1 лимона
200 г малины

1. Разогрейте духовку до 180 °C. Смажьте маслом разъемную форму для кекса диаметром 23 см.

2. Разотрите сливочный сыр с сахаром. Постепенно введите взбитые яйца и хорошо перемешайте. Добавьте муку и цедру лимона, затем аккуратно вмешайте малину.

3. Выложите смесь ложкой в подготовленную форму и слегка постучите формой о рабочую поверхность, чтобы удалить пузырьки воздуха и равномерно распределить малину в толще теста. Выпекайте в разогретой духовке 35 минут, чтобы чизкейк схватился по краям, но остался чуть жидким в центре.

4. Остудите чизкейк, достаньте из формы, при необходимости проведя ножом вдоль бортиков, и подавайте.

КАК СНЯТЬ ЦЕДРУ С ЛИМОНА
Поставьте квадратную терку на тарелку. Трите лимон о поверхность с самой мелкой перфорацией длинными и плавными движениями, всякий раз чуть поворачивая, чтобы не задеть пульпу.

РЫБА И МОРЕПРОДУКТЫ

УЧИТЫВАЯ, ЧТО МЫ ЖИВЕМ НА ОСТРОВЕ И СО ВСЕХ СТОРОН ОКРУЖЕНЫ ВОДОЙ, Я ВСЕГДА УДИВЛЯЮСЬ, ЧТО В ВЕЛИКОБРИТАНИИ ЕДЯТ ТАК МАЛО РЫБЫ – ПО КРАЙНЕЙ МЕРЕ ДОМА РЫБУ ПОЧТИ НЕ ГОТОВЯТ.

Такое ощущение, что всякая рыба, не покрытая кляром и не завернутая в кулек с жареной картошкой, вызывает у нас глубочайшее недоверие. Очень жаль, ведь если забыть на минуту о возобновляемости ресурсов и истощающихся запасах, рыбу готовить чуть ли не проще и приятней всего на свете. Даже ничего особенного изобретать не нужно.

Если мне не верите, купите филе белой рыбы – какой угодно: хек, камбала, серебристая сайда, все равно. Теперь раскалите в сковороде столовую ложку оливкового масла, а сами тем временем обваляйте рыбу в смеси муки с солью и специями и стряхните излишек. Выложите рыбу в горячее масло. Подождите три-четыре минуты (в зависимости от толщины филе), переверните и добавьте в сковороду кусок сливочного масла. Пока рыба дожаривается, зачерпывайте это масло ложкой и поливайте им рыбу, чтобы она пропиталась чудесным ореховым ароматом. Пара минут – и готово. Теперь выложите рыбу на тарелку, сбрызните лимонным соком и попробуйте. Поразительно! Так просто, но в то же время невероятно вкусно. На всю готовку ушло пять или шесть минут. Если бы только люди поняли, насколько просто и разнообразно можно готовить рыбу, мы бы ели ее гораздо чаще. Надеюсь, что рецепты в этой главе придадут вам уверенности для экспериментов не только с «рыбными палочками».

ЧТО ПОКУПАТЬ

Как сказано выше, существуют справедливые опасения насчет возобновляемости запасов рыбы. Чрезмерный промысел истощил Мировой океан, и в список видов рыб, оказавшихся под угрозой, добавляются все новые – от тунца до анчоуса. В прессе часто проходят кампании, призывающие нас переходить на менее популярные виды рыб – скажем, есть сайду вместо трески или лиманду вместо камбалы. Несмотря на важность этих призывов, вряд ли те, кто время от времени ест рыбу, должны испытывать чрезмерное чувство вины. Во всяком случае, с чистой совестью можно покупать и есть ту рыбу, которая сертифицирована Морским попечительским советом, деятельность которого направлена на поддержание рационального промысла.

Рыбу можно поделить на шесть категорий: пресноводная и морская, плоская или круглая, белая или жирная. У каждого типа – свой отчетливый вкус и текстура, предполагающие тот или иной способ приготовления, хотя зачастую эти правила вполне взаимозаменяемы. К примеру, рецепт для скумбрии может сработать и для селедки, потому что оба эти вида относятся к категории жирной морской рыбы; точно так же палтус можно заменить камбалой. Так что ничего страшного, если в рыбной лавке не окажется именно того, за чем вы пришли. Вам обязательно посоветуют альтернативный вариант.

Я предпочитаю покупать рыбу целиком, неразделанную, ведь так легче понять, насколько она свежая, а при покупке это очень важно. Некоторая рыба типа скумбрии быстро портится и приобретает тухлый запах. Выбирайте рыбу с ясными и светлыми глазами, ярко-красными жабрами, плотным, упругим мясом и блестящей, но не склизкой чешуей. Вопреки распространенному мнению никакого «рыбного» запаха быть не должно, только легкий солоноватый аромат. Не берите рыбу, у которой «замученный» вид, особенно с запавшими или мутными глазами или сухой, дряблой кожей, которая не пружинит под пальцем.

Не бойтесь замороженной рыбы. Вполне возможно, что она «свежее» свежей. Рыболовецкие суда обычно уходят в море на долгие недели, и лучше, когда рыбу на них замораживают сразу же, чем просто держат на льду. Конечно, это не относится к ежедневному улову в наших прибрежных водах.

В идеальном мире все мы предпочли бы покупать рыбу в местной лавке и точно знать, что именно поступило на продажу сегодня, но, к сожалению, такие лавки исчезают быстрее, чем независимые производители мяса. В супермаркете лучше брать не ту рыбу, что лежит во льду на прилавках, а рыбу промышленной разделки, в пластиковых заводских упаковках, поскольку ее упаковывают с инертным газом для лучшей сохранности. Сейчас пошла мода на термоусадочную упаковку, однако, по-моему, такую рыбу покупать хуже всего – она быстро преет и маринуется в собственном соку.

Великобритании повезло с прекрасными морепродуктами. Крабы, омары, мидии, устрицы и гребешки в наших холодных водах чувствуют себя замечательно, мясо у них нежное и сочное. Омары в наши дни почти не купить из-за дороговизны, да и в любом случае крабы мне нравятся больше, и на них бывают хорошие скидки, хотя разделывать их сложней, чем омаров. Для простоты можно покупать крабы уже разделанными (панцири вскрывают, выбирают мясо и снова красиво укладывают в вычищенный панцирь). А при некоторой тренировке их не так сложно разделать и самостоятельно. Покупая целого краба, выбирайте того, который кажется более массивным в своем размере.

Мидии, пожалуй, самый стабильный морепродукт в мире. Продаются они в супермаркетах в огромных сетках и служат отличным обедом или ужином на скорую руку, а вот гребешки и устрицы обычно приходится покупать в рыбных лавках или заказывать по интернету. Моллюсков обязательно нужно готовить живыми, так что, как только принесете покупку домой, заверните во влажное полотенце, уберите на нижнюю полку холодильника и съешьте в тот же день. Мидии чистите непосредственно перед готовкой. Все треснувшие или раскрытые и не закрывающиеся по щелчку пальца ракушки сразу выкидывайте. Остальные вымойте под проточной водой, волокнистые «бороды» оборвите, а наросты срежьте острым ножом.

ПОДГОТОВКА

Иногда рыбу и морепродукты необходимо подготовить для дальнейшей кулинарной обработки. Проще всего, конечно, попросить это сделать продавца в рыбной лавке, однако с помощью острого ножа с гибким лезвием можно и самому справиться. Вот некоторые приемы, которые особенно пригодятся.

КАК ФИЛИРОВАТЬ РЫБУ, СНЯТЬ КОЖУ И УДАЛИТЬ ПИНЦЕТОМ КОСТИ

1. Отрежьте рыбью голову по диагонали сразу за жабрами. Положите рыбу горизонтально, хвостом к себе, и начиная с головы прорежьте кожу и мясо вдоль хребта, длинными и плавными движениями. Резать будет легче, если свободной рукой чуть согнуть рыбу, чтобы кожа натянулась.

2. Дорезав ниже ребер, полностью вонзите лезвие в рыбу и ведите вдоль хребта до самого хвостового плавника (который удалите полностью).

3. Теперь снова вернитесь к передней части рыбы, возле головы, и свободной рукой начинайте отделять филе от хребта, срезая мясо с костей короткими движениями ножа по направлению к хвосту, пока не снимете все филе целиком.

4. Теперь переверните рыбу на другую сторону, хвостом от себя, и повторите процесс, прижимая нож как можно более плоско к хребту.

5. Чтобы снять кожу, положите филе кожей вниз на рабочую поверхность. Крепко возьмите кусок рыбы свободной рукой за хвостовую часть и надрежьте мясо как можно ближе к коже. Теперь поставьте нож под легким углом и, крепко придерживая рыбу, срежьте филе с кожи одним длинным отпиливающим движением.

6. Мелкие кости можно удалить пинцетом или овощечисткой с плавающим лезвием. Для этого нужно захватить косточку в зажим и потянуть вверх и, если нужно, вбок. Межмышечные кости у более крупной рыбы типа трески бывает сложно удалить, не повредив мясо. Такие кости легче вытащить из уже приготовленной рыбы.

КАК ГОТОВИТЬ

В отличие от мяса, которое обычно не нужно готовить с поминутной точностью, рыба требует большей пунктуальности. Если передержать рыбу, она высохнет или превратится в кашу. Готовить ее нужно ровно до такой степени, чтобы мясо только-только побелело или потеряло прозрачность, а саму рыбу можно было легко разобрать на кусочки. Чем тоньше филе, тем быстрей оно приготовится. Проверить готовность можно, проткнув рыбу острым ножом. Если нож не встретил сопротивления, рыба готова.

ЖАРКА

Это, пожалуй, самый распространенный способ приготовления рыбного филе, обеспечивающий повару максимальный контроль и позволяющий сразу же увидеть степень готовности. При этом есть несколько правил. Во-первых, как и при жарке мяса, убедитесь, что сковорода хорошо разогрета. Я без конца повторяю, что не нужно бояться раскаленной сковороды, от этого ваше блюдо только выиграет. Раскаленная сковорода и бесстрашие, когда вы солите или перчите, – именно эти две вещи отличают профессионального повара от любителя.

Налейте оливковое масло, раскалите до дымка и кладите в сковороду рыбу. При контакте с маслом она сразу зашипит. Если филе без кожи, особенно филе белой рыбы, имеющей более нежное мясо, то понадобится обвалять его в муке или сухарях, чтобы предохранить от чрезмерного жара. Но я все же предпочитаю готовить рыбу на коже, потому что кожа сама по себе играет роль предохранителя и к тому же усиливает вкус. Итак, девяносто процентов времени жарьте рыбу кожей вниз, а затем очень быстро доведите до готовности с другой стороны. Не волнуйтесь, если покажется, будто рыба прижарилась к сковороде. Она легко отойдет сама собой через некоторое время. Главное – не переворачивать рыбу туда-сюда, иначе филе развалится. Примерно в последнюю минуту жарки добавьте в сковороду кусок сливочного масла и все время поливайте им рыбу, чтобы сохранить ее вкус и сочность.

КАК ВСКРЫВАТЬ УСТРИЦЫ

Непосредственно перед подачей очистите раковины от загрязнений под проточной водой. Крепко держите раковину горизонтально в льняном полотенце, вставьте в створку специальный устричный нож (узким концом), проверните, и раковина раскроется. Проведите ножом внутри верхней створки по кругу и срежьте устрицу. Верхнюю створку аккуратно удалите, стараясь не пролить драгоценный сок.

КАК РАЗДЕЛАТЬ ФИЛЕ СКУМБРИИ «БАБОЧКОЙ»

Если у небольшой рыбы удалить хребет, но не повредить при этом оба филе, такую рыбу гораздо проще фаршировать и затем есть. Отрежьте голову, но оставьте хвост. Сделайте надрез вдоль живота и положите рыбу на рабочую поверхность разрезом вниз. Теперь распластайте тушку, прижав хребет. С помощью острого ножа, помогая себе пальцами, вырежьте из рыбы хребет. Не беспокойтесь о мелких косточках, они настолько мягкие, что их можно есть.

ГРИЛЬ И ЗАПЕКАНИЕ

Оба этих способа прекрасно подходят для приготовления целой рыбы и больших рыбных стейков, особенно более жирных видов рыбы, таких как лосось или скумбрия. Иногда я сначала обжариваю толстые куски рыбы в сковороде до румяной корочки, а затем довожу до готовности в течение десяти минут в горячей духовке, на этот раз кожей вверх. Белую рыбу для сочности можно смазать растительным или растопленным сливочным маслом.

ПОШИРОВАНИЕ

Это самый деликатный способ приготовления рыбы, позволяющий подчеркнуть нежный вкус и сохранить идеальную сочность. Рыбу готовят в жидкости – иногда в вине, иногда в бульоне или молоке, куда можно добавить травы, специи и овощи, чтобы рыба пропиталась их ароматом. Самое главное – следить, чтобы жидкость едва кипела: в крутом кипятке рыба развалится. Из получившегося в результате бульона можно приготовить соус и подать к той же рыбе.

ПРИГОТОВЛЕНИЕ НА ПАРУ

Еще один очень легкий способ. Можно, конечно, воспользоваться пароваркой, но еще интересней приготовить на пару «ан папийот», завернув рыбу (обычно филе) в бумажный конверт или фольгу и добавив туда же немного жидкости, зелени или других ароматических приправ. Самое замечательное в этом способе заключается в том, что конверт сохраняет все оттенки вкуса, и к тому же это прекрасный вариант для праздничного ужина, ведь каждый гость сможет открыть порционный конверт у себя в тарелке.

КАК ГОТОВИТЬ КРАБА

Да, краба готовить долго, и возни с ним много, но в результате получается невероятно вкусно. В первую очередь нужно взять краба в руки: он должен быть довольно тяжелым для своего размера. У хорошего живого краба также очень быстрые рефлексы. Если краб вялый, значит, он уже полудохлый, а это плохо, потому что с первых же секунд умирания начинает выделяться фермент, разлагающий мясо и ухудшающий вкус и текстуру.

У каждого рыбака и повара, похоже, имеются собственные представления о том, как правильно убить и приготовить краба (про самые гуманные способы читайте на сайте Королевского общества по борьбе с жестоким обращением с животными). По-моему, проще всего опустить краба в большую кастрюлю холодной подсоленной воды, довести до кипения и варить из расчета пять минут на каждые 500 г веса. Затем снять с огня, остудить и приготовиться к разделке.

Тщательно застелите стол старыми газетами. Открутите клешни от туловища. Теперь возьмите краба за панцирь вверх дном и вытащите брюшко. Внутри панциря вы увидите коричневое мясо – его можно выбрать чайной ложкой и отложить в сторону для дальнейшего использования. Затем удалите из брюшка губчатые жабры и выбросьте.

Теперь острым ножом рассеките брюшко. Внутри вы увидите узкие трубки, похожие на соты, заполненные прекрасным белым мясом. Теперь самое сложное. Возьмите что-нибудь острое, наподобие отвертки, и выберите мясо, но не смешивайте его с коричневым мясом или печенью.

Наконец аккуратно раздробите клешни молотком или скалкой и тоже выберите содержащееся в них белое мясо. В ногах краба тоже есть некоторое количество мяса, но возни оно, пожалуй, не стоит.

ЗАПЕЧЕННАЯ ТРЕСКА В ПАНИРОВКЕ ИЗ ГРЕЦКИХ ОРЕХОВ С ЛИМОНОМ И ПАРМЕЗАНОМ

НА 4 ПОРЦИИ

Это блюдо очень быстро готовится и станет замечательным несложным ужином. Хорошо будет смотреться одно большое филе в центре стола, или приготовьте порционные куски, весом около 180 г каждый. Для разнообразия замените треску пикшей, хеком или любой другой плотной белой рыбой.

1 филе трески без кожи, весом около 700 г
Оливковое масло для смазывания противня
Дольки лимона для украшения

ДЛЯ ПАНИРОВКИ ИЗ ГРЕЦКИХ ОРЕХОВ С ЛИМОНОМ И ПАРМЕЗАНОМ

75 г сливочного масла
75 г молотых грецких орехов
75 г хлебных крошек
Тертая цедра 1 крупного лимона
75 г тертого пармезана
Морская соль и свежемолотый черный перец

ДЛЯ СОУСА ИЗ ПЕТРУШКИ С КАПЕРСАМИ

500 мл рыбного бульона
200 мл крем-фреш пониженной жирности
3 ст. л. каперсов
Небольшой пучок петрушки, порубить

1. Сначала приготовьте панировку из грецких орехов, лимона и пармезана. Порубите сливочное масло небольшими кубиками и поместите в кухонный комбайн. Добавьте грецкие орехи, хлебные крошки, цедру лимона, две трети количества пармезана и немного соли и перца и измельчите все это в равномерную крошку.

2. Проверьте, не осталось ли в рыбе костей, если нашли – удалите пинцетом (см. стр. 54, пункт 6). Выложите филе на слегка смазанный маслом антипригарный противень, вниз той стороной, на которой была кожа. Посолите и поперчите. Сверху ровным слоем распределите смесь для панировки. Уберите в холодильник на 20 минут, чтобы панировка застыла.

3. Разогрейте духовку до 200 ºС. Присыпьте панировку на рыбе оставшимся пармезаном и запекайте треску 20–25 минут, до готовности рыбы и хрустящей золотистой корочки.

4. Тем временем приготовьте соус. Налейте бульон в небольшой сотейник и доведите до кипения. В течение десяти минут уварите бульон на сильном огне примерно на две трети. Снимите с огня и вмешайте венчиком крем-фреш. Снова поставьте на небольшой огонь и проварите 5–10 минут, чтобы получился легкий кремовый соус.

5. Перед подачей добавьте в соус каперсы и петрушку и попробуйте на соль. Выложите треску на сервировочное блюдо и полейте соусом. Подавайте, украсив дольками лимона.

ГРЕБЕШКИ, ЖАРЕННЫЕ НА СКОВОРОДЕ, С ХРУСТЯЩИМ ЯБЛОЧНЫМ САЛАТОМ

НА 2 ПОРЦИИ

Как только гребешки снаружи зарумянятся, а внутри станут матовыми – они готовы. Если передержать больше двух минут на каждой стороне, они делаются «резиновыми», поэтому важно не отходить от сковороды и не забывать, в каком порядке вы начали их обжаривать. Простой салат по этому рецепту также подойдет к крабам или омару.

Оливковое масло для жарки
6 крупных гребешков, промыть
Сок половинки лимона

ДЛЯ САЛАТА
1 кислое яблоко (например, сорта «гренни смит»)
2 горсти салата рапунцель
Сок и цедра половины лимона
Оливковое масло
Морская соль и свежемолотый черный перец

1. Сначала приготовьте салат. Яблоко очистите от кожуры, удалите серединку, нарежьте жюльеном (длинной тонкой соломкой). Смешайте с салатом, посолите и поперчите. Добавьте часть лимонной цедры (оставьте немного для украшения), полейте лимонным соком. Сбрызните салат оливковым маслом и хорошо перемешайте.

2. Большую антипригарную сковороду раскалите на сильном огне до дымка, затем добавьте одну столовую ложку оливкового масла. Гребешки выложите на разделочную доску, промокните насухо бумажным полотенцем, посолите и поперчите с одной стороны.

3. Представьте, что сковорода – это циферблат часов, выложите в нее гребешки, по одному, приправленной стороной вниз, по часовой стрелке, и обжарьте 1–2 минуты, до золотистой корочки. Посолите и поперчите с другой стороны, переверните в том же порядке, в котором выкладывали, и обжарьте с другой стороны. Выдавите поверх гребешков лимонный сок и хорошо встряхните сковороду.

4. Когда гребешки дойдут до готовности, опрокиньте содержимое сковороды на тарелку, застеленную бумажным полотенцем. Нагрев сразу же прекратится, а бумага впитает излишек масла.

5. Разложите салат на две порционные тарелки, вокруг выложите гребешки. Украсьте оставшейся лимонной цедрой и сразу подавайте.

НАРЕЗКА ЖЮЛЬЕН
Жюльен – это нарезка тонкой соломкой, размером примерно со спичку. Для этого овощ или фрукт нужно подготовить (почистить, удалить сердцевину), затем разрезать пополам или на четвертинки. Теперь уложите кусок плоской стороной на рабочую поверхность и нарежьте пластинами толщиной около 5 мм. Нашинкуйте эти ломтики тонкой соломкой.

МЕЛКАЯ РЫБА С ЧИЛИ И ПРИПРАВАМИ

НА 4 ПОРЦИИ

Свежая мелкая рыба, обваленная в муке со специями, обжаренная в раскаленном масле и сбрызнутая лимонным соком, – это очень простая и быстрая, но при этом замечательная закуска для летнего вечера. Если подходящей рыбы не найдете, попробуйте приготовить таким же образом сырые тигровые креветки, кальмары или даже клешни краба.

1 ч. л. сычуаньского перца
1 ч. л. зерен кориандра
1 ч. л. хлопьев сушеного перца чили
600 г мелкой рыбы (если замороженная – разморозить)
Растительное масло без запаха (например, арахисовое), для фритюра
4 ст. л. муки
Морская соль и свежемолотый черный перец

1. Прокалите сычуаньский перец и зерна кориандра на сухой сковороде 1–2 минуты, до появления отчетливого аромата. Пересыпьте в ступку, добавьте хлопья чили и разотрите пестиком в порошок, затем отставьте в сторону.

2. Аккуратно промойте рыбу и насухо промокните бумажным полотенцем. Налейте масло во фритюрницу и разогрейте до 170 ºC или наполните маслом большой сотейник на одну треть и раскалите так, чтобы опущенный в горячее масло кусочек хлеба зашипел и зазолотился за 30 секунд.

3. Смешайте муку с солью, перцем и молотыми специями. Обваляйте в ней рыбу, излишки стряхните и обжарьте рыбу в несколько порций в течение 1–2 минут, до готовности и золотистой корочки.

4. Достаньте из фритюра и обсушите на бумажном полотенце. Попробуйте, при необходимости досолите. Пожарьте так же оставшуюся рыбу.

5. Подавайте в теплом виде, с дольками лимона.

КАК ПОЖАРИТЬ РЫБУ БЕЗ ФРИТЮРНИЦЫ
Рыбу по этому рецепту можно пожарить и на сковороде: готовьте меньшими порциями, в меньшем количестве масла.

МОРЕПРОДУКТЫ НА ГРИЛЕ С СОУСОМ ИЗ СЛАДКОГО ПЕРЦА

НА 4 ПОРЦИИ

Я с удовольствием ем морепродукты на гриле с чесночным майонезом, но иногда хочется перемен. Этот соус, также называемый ромеско, появился в Каталонии. Готовят его из печеных перцев, помидоров, орехов, уксуса и оливкового масла. Использовать его можно сразу же, но еще вкуснее и ароматнее он становится, если дать ему постоять ночь в холодильнике.

- 4 средних или крупных кальмара, промытых и подготовленных
- 12 королевских креветок в панцире
- 2 ст. л. рубленой зелени петрушки, для украшения

ДЛЯ СОУСА ИЗ СЛАДКОГО ПЕРЦА
- 2 красных перца
- 1 толстый ломоть чабатты или домашнего белого хлеба, без корки, поломать на куски
- Оливковое масло
- 3 зубчика чеснока, очистить и крупно порубить
- 3 спелых помидора, например сливовидных, на ветке
- 1 ч. л. копченой паприки
- 1 ч. л. сушеного чили в хлопьях
- 60 г бланшированного миндаля, обжарить и слегка порубить
- Сок половинки лимона
- 1–2 ст. л. хересного уксуса
- Морская соль и свежемолотый черный перец

1. Сначала приготовьте соус. Очень хорошо раскалите гриль. Выложите перцы на застеленный фольгой противень и поставьте под гриль. Готовьте пять минут, часто переворачивая. Когда кожица почернеет и полопается со всех сторон, переложите перцы в миску, затяните пищевой пленкой и отставьте остывать.

2. Куски хлеба обжарьте несколько минут в небольшой сковороде с маслом, добавьте чеснок и готовьте еще минуту, чтобы хлеб зарумянился, а чеснок стал мягким. Перцы к этому моменту уже остынут, так что их легко будет очистить от обуглившейся кожицы. Почистите, семена удалите, перцы крупно порубите и поместите в блендер. Добавьте к перцам крупно порубленные помидоры, хлеб и чеснок. Измельчите, но не слишком сильно (чтобы паста осталась неоднородной).

3. Добавьте в блендер копченую паприку, хлопья чили, миндаль, лимонный сок, уксус, щепотку соли и перца и взбейте до однородности. Попробуйте. Не выключая блендер, медленно влейте в соус 100 мл оливкового масла. Снова попробуйте и, если нужно, досолите. Остудите до комнатной температуры и перед подачей хорошо перемешайте.

4. Подготовьте морепродукты. На сильном огне раскалите сковороду-гриль. Кальмары с одной стороны слегка надсеките ромбами, затем нарежьте полосками. Выложите кальмары вместе с креветками в мисочку с небольшим количеством оливкового масла, посолите и поперчите. Выложите креветки на раскаленную сковороду-гриль и готовьте 2,5–3 минуты. Кальмары обжарьте по одной минуте с каждой стороны, начав с той, где сделаны насечки. Дождитесь, пока кальмары свернутся в трубочку, и доведите до готовности в течение еще одной минуты.

5. Подавайте морепродукты в горячем виде, посыпав петрушкой и гарнировав соусом из сладкого перца.

ЗАПЕЧЕННАЯ СКУМБРИЯ С ЧЕСНОКОМ И ПАПРИКОЙ

НА 4 ПОРЦИИ

Не знаю, почему многие не любят скумбрию. Может, рыбных консервов в детстве переели? А ведь рыба эта замечательная, дешевая и распространенная, а уж в сочетании с нежным французским соусом винегрет – нечто необыкновенное. Важно не дать картофелю остыть перед тем, как полить его соусом, – так аромат лучше впитается.

2 зубчика чеснока, очистить
2 ч. л. паприки
1 ч. л. соли
Оливковое масло
8 филе скумбрии на коже
450 г молодого картофеля
2–3 стебля зеленого лука, очистить и мелко нашинковать

ДЛЯ СОУСА ВИНЕГРЕТ
Щепотка шафрана
1 ст. л. белого винного уксуса
1 ч. л. дижонской горчицы
4 ст. л. оливкового масла первого холодного отжима
Морская соль и свежемолотый черный перец

1. Разогрейте духовку до 220 ºC.

2. Поместите чеснок и паприку в ступку, добавьте соль и разотрите пестиком в однородную массу. Добавьте немного оливкового масла, затем натрите этой смесью скумбрию (с той стороны, где нет кожи) и отложите в сторону.

3. Приготовьте соус винегрет. Поместите все ингредиенты в небольшую миску и взбейте вилкой. Приправьте солью и перцем по вкусу.

4. Застелите противень бумагой для выпечки и слегка смажьте оливковым маслом. Выложите на бумагу филе скумбрии кожей вверх и посолите морской солью. Запекайте 8–10 минут, до хрустящей корочки и готовности рыбы. Достаньте из духовки и дайте постоять.

5. Тем временем отварите картофель в большой кастрюле подсоленной воды в течение 15 минут, до мягкости, затем откиньте. Верните картофель в кастрюлю, добавив одну столовую ложку оливкового масла. Слегка разомните вилкой, добавьте зеленый лук и перемешайте. Посолите и заправьте парой столовых ложек соуса винегрет.

6. Подавайте скумбрию на подушке из картофеля, полив оставшимся соусом.

БЛИНЧИКИ С КРАБАМИ И МАСКАРПОНЕ

НА 6 БЛИНОВ

Эта необычная форма подачи крабов – прекрасная замена привычным крабовым сэндвичами или лингвини с крабами, чили и лимоном. Белое крабовое мясо очень красиво смотрится и обладает чудесным сладковатым вкусом, но первую скрипку играет все же коричневое мясо и печень. Я всегда сочетаю одно с другим, а вы выбирайте по своему вкусу.

150 г сыра маскарпоне
Щепотка кайенского перца
4 ст. л. рубленого шнитт-лука
Сок и цедра четвертинки лимона или по вкусу
300 г готового белого крабового мяса или, по желанию, смесь белого и коричневого мяса
Оливковое масло для жарки
Морская соль и свежемолотый черный перец
Ломтики лимона для украшения (по желанию)

БЛИННОЕ ТЕСТО
125 г муки
Большая щепотка соли
1 яйцо, взбить венчиком
275–300 мл молока

1. Сначала приготовьте блинное тесто. Просейте муку с солью в миску. В центре сделайте углубление и добавьте в него яйцо. Медленно влейте молоко, одновременно замешивая с мукой. Взбейте венчиком, чтобы получилось однородное тесто без комков, густоты жирных сливок. Накройте и оставьте на 15 минут.

2. Смешайте маскарпоне, кайенский перец, половину от всего количества шнитт-лука, добавьте часть лимонного сока и цедры. Посолите, поперчите, затем осторожно добавьте крабовое мясо. Попробуйте; если нужно, добавьте еще сока и/или цедры, щепотку кайенского или черного перца, соль по вкусу.

3. Для жарки блинчиков нагрейте немного масла в небольшой или средней антипригарной сковороде и покачайте сковороду, чтобы масло равномерно распределилось по дну. Когда масло разогреется (но не до дымка), вылейте в сковороду небольшой половник теста и покачайте, чтобы тесто растеклось по дну тонким слоем.

4. Жарьте с одной стороны 1–1,5 минуты, до румяности, затем переверните блинчик и дожарьте с другой стороны. Переложите на тарелку и уберите в тепло, пока будете жарить остальные блинчики.

5. Для подачи выложите по ложке смеси маскарпоне с крабами в середину каждого блинчика, заверните и посыпьте оставшимся луком. По желанию украсьте ломтиками лимона.

ФИРМЕННЫЙ КЕДЖЕРИ ГОРДОНА

НА 4–6 ПОРЦИЙ

Кеджери замечательно бодрит, особенно вечером после трудного дня, а готовить его совсем просто. Чтобы сделать блюдо менее тяжелым и обогатить вкус, я заменил привычные сливочное масло или сливки натуральным йогуртом. Форель горячего копчения или даже скумбрия подойдут не хуже копченой пикши, но рис в таком случае лучше варить просто в воде.

2 лавровых листа
700 г филе копченой пикши, кости удалить (см. стр. 54, пункт 6)
110 г сливочного или топленого масла (ги)
1 зубчик чеснока, очистить и мелко порубить
1 луковица, очистить и мелко порубить, или 1 пучок зеленого лука, очистить и мелко нашинковать
Кусок корня свежего имбиря, размером с большой палец, очистить и натереть
2 ст. л. порошка карри
1 ст. л. семян горчицы
2 помидора, семена удалить, мякоть порубить

170 г риса, длиннозерного или басмати
Сок 2 лимонов
100 г натурального йогурта

ДЛЯ ПОДАЧИ

2 крупных пучка кинзы, порубить
1 красный перец чили, очистить от семян и мелко порубить
4 крупных яйца, отварить в кипятке в течение 5 минут, чтобы желтки остались довольно мягкими, затем очистить и разрезать пополам
Морская соль и свежемолотый перец

1. Нагрейте 750 мл воды с лавровым листом в большой глубокой сковороде и доведите до медленного кипения. Положите в воду пикшу кожей вверх и варите пять минут, до готовности, чтобы рыба легко разбиралась. Достаньте шумовкой и обсушите на бумажном полотенце. Жидкость от варки сохраните.

2. В другой сковороде растопите сливочное масло, добавьте чеснок и лук и слегка обжарьте в течение пары минут. Добавьте имбирь, порошок карри, зерна горчицы и помидоры и готовьте еще 3 минуты, до мягкости лука.

3. Добавьте рис, хорошо перемешайте, чтобы он покрылся маслом, и постепенно влейте лимонный сок и жидкость от варки рыбы, всякий раз хорошо перемешивая (это займет около 20 минут).

4. Аккуратно снимите кожу с рыбы, разберите филе на кусочки, проверяя, не осталось ли костей; затем вмешайте в рис вместе с йогуртом.

5. Для подачи разложите кеджери на 4 подогретые порционные тарелки, посыпьте кинзой и чили, украсьте половинками или четвертинками яиц, посолите и поперчите.

ДОРАДО С САЛЬСОЙ ИЗ ПОМИДОРОВ И ЗЕЛЕНИ

НА 2 ПОРЦИИ

Этот рецепт прекрасно подходит для филе любой рыбы, от дорадо до сибаса, и даже для трески. Сальса, в сущности, представляет собой теплый соус винегрет, так что слишком сильно нагревать не нужно. Достаточно просто дать ароматам соединиться друг с другом и пропитать рыбу.

Оливковое масло для жарки
2 филе дорадо, примерно 150 г каждое

ДЛЯ САЛЬСЫ С ПОМИДОРАМИ И ЗЕЛЕНЬЮ
Оливковое масло
200 г помидоров черри
60 г черных маслин без косточек (лучше всего сорта «каламата»), жидкость слить
Небольшой пучок кинзы
Небольшой пучок базилика
1 лимон
Морская соль и свежемолотый черный перец

КАК РЕЗАТЬ ЗЕЛЕНЬ
Нежную зелень, такую, как базилик, петрушка, кинза и мята, очень легко помять, поэтому постарайтесь при нарезании ее не «замучить». Проще всего аккуратно скатать зелень в шар или сигару и нашинковать вдоль. Не поддавайтесь желанию резать порубленную зелень снова – эти травы, в отличие от, скажем, розмарина, не следует сильно измельчать.

1. Сначала приготовьте сальсу. Поставьте на слабый огонь небольшой сотейник и налейте в него 3 столовые ложки оливкового масла. Помидоры разрежьте пополам и добавьте к маслу. Добавьте туда же оливки, посолите, поперчите и прогрейте, помешивая, на слабом огне в течение 1–2 минут.

2. Сложите вместе пучки кинзы и базилика и, держа за стебли, острым ножом срежьте с них листья. Стебли удалите; листья осторожно скатайте в неплотный шар и порубите. Немного зелени отложите для украшения, а остальную кинзу и базилик добавьте к сальсе и перемешайте.

3. Покатайте лимон по разделочной доске, чтобы размягчить (тогда из него будет легче выжать сок), затем разрежьте пополам. Сок одной половины выжмите в сковороду с сальсой, перемешайте и дайте настояться.

4. Чтобы приготовить дорадо, на сильном огне раскалите сковороду с толстым дном. Тем временем аккуратно надсеките кожу на филе в двух или трех местах. Плесните в сковороду немного масла, а когда оно хорошо раскалится, выложите филе рыбы кожей вниз. Посолите и готовьте 2–3 минуты, до золотистой хрустящей корочки (мясо должно посветлеть примерно на две трети толщины, начиная снизу).

5. Переверните рыбу и доведите до готовности с другой стороны в течение одной минуты, поливая маслом из сковороды.

6. Подавайте рыбу на подушке из сальсы с помидорами и зеленью, присыпав кинзой и базиликом.

СИБАС С ФЕНХЕЛЕМ, ЛИМОНОМ И КАПЕРСАМИ

НА 4 ПОРЦИИ

Использование порционных конвертов из фольги, или, как говорят во Франции, приготовление рыбы «ан папийот», замечательно помогает сохранить все оттенки вкуса. Открыв конверт, вы сразу ощущаете невероятное богатство ароматов, так что предоставьте каждому гостю сделать это самому у себя на тарелке. Не бойтесь экспериментировать с сортами рыбы или вкусовыми добавками, но обязательно добавьте в конверт немного жидкости, чтобы рыба готовилась на пару. Подавайте с отварным толченым молодым картофелем и лентами из цукини.

2 сибаса, общим весом 1,25 кг (или возьмите 4 небольшие тушки по 300 г каждая), очистить от чешуи и промыть
2 небольших клубня фенхеля, стебли сохранить
3 ст. л. мелких каперсов, жидкость слить, промыть
1 лимон, нарезать кружками
2 веточки укропа
25 г сливочного масла
Оливковое масло
100 мл белого вина
Морская соль и свежемолотый черный перец

1. Разогрейте духовку до 200 ºC.

2. Посолите и поперчите рыбу как следует снаружи и внутри. Фенхель нарежьте тонкими пластинами и положите вместе со стеблями в брюшную полость. Поверх фенхеля насыпьте туда же каперсы, выложите ломтики лимона, стебель укропа и сливочное масло мелкими кубиками.

3. Сбрызните рыбу небольшим количеством оливкового масла и заверните в фольгу. Влейте в получившийся конверт вино и плотно закрепите края фольги; при необходимости заверните еще в один слой.

4. Уложите порционные конверты из фольги на противень и запекайте в духовке до готовности, чтобы мясо легко отделялось от костей: примерно 20 минут, если каждая рыбина весит около 600 г, или 8–10 минут, если тушки небольшие.

5. Достаньте из духовки, дайте немного отдохнуть и подавайте (осторожно, не обожгитесь горячим паром, когда будете вскрывать конверты). Украсьте оставшимися стеблями фенхеля.

БАРАБУЛЬКА СО СЛАДКИМ СОУСОМ ЧИЛИ

НА 4 ПОРЦИИ

Обожаю готовить в азиатском стиле: блюда получаются менее тяжелыми, этот стиль уводит меня от чрезмерного использования сливочного масла и сливок. Барабулька – рыба сладковатая, плотная, требующая множества вкусовых добавок. По-настоящему она раскрывается в сочетании с чили, рыбным соусом, лаймом и кинзой. Арахис делает рыбу более хрустящей (только рубите не слишком мелко, иначе орехи подгорят). Подавайте с паровым рисом и обжаренной в воке брокколи.

4 филе барабульки, весом около 150 г каждое
Оливковое масло для жарки
1 лайм

ДЛЯ ПАНИРОВКИ
150 г арахиса без кожицы
1 ч. л. сушеных хлопьев чили
Соль
Небольшой пучок кинзы, зелень порубить
2 яйца, разболтать
Несколько капель рыбного соуса

ДЛЯ СЛАДКОГО СОУСА ЧИЛИ
2 стручка красного перца чили, очистить от семян и мелко порубить
2 зубчика чеснока, очистить и нарезать лепестками
Щепотка соли
1 ст. л. мелкого сахара
2 ст. л. рыбного соуса
1 ст. л. рисового уксуса
3 ст. л. оливкового масла
3 стебля зеленого лука, очистить и порубить
Горсть зелени кинзы, порубить
Сок 1 лайма

1. Сначала приготовьте сладкий соус чили. Поместите перцы чили в ступку вместе с чесноком, солью и сахаром. Разотрите в однородную массу. Добавьте рыбный соус, рисовый уксус и оливковое масло и перемешайте ложкой. Добавьте зеленый лук, кинзу и сок лайма. Попробуйте; если нужно, досолите и добавьте сахар. Перелейте в соусник.

2. Чтобы приготовить панировку для рыбы, поместите арахис, хлопья чили и щедрую щепотку соли в ступку. Растолките в мелкую крошку (но не в пудру), затем вмешайте кинзу. Насыпьте панировочную смесь на тарелку или на плоское блюдо, в отдельную тарелку или миску перелейте взбитые яйца. Приправьте яйца парой капель рыбного соуса и щепоткой соли.

3. Обмакните рыбу кожей в яйцо. Стряхните излишки, затем обмакните той же стороной в толченый арахис. Повторите это с каждым филе, чтобы вся рыба была покрыта панировкой с одной стороны.

4. Налейте немного масла в горячую сковороду и обжарьте филе на среднем огне, панировкой вниз, в течение 2–3 минут, до золотистой корочки и полуготовности рыбы. Переверните и дожарьте еще 1–2 минуты, поливая рыбу соком со сковороды. Снимите с огня и сбрызните каждое филе соком лайма.

5. Подавайте, полив рыбу сладким соусом чили.

РЫБНЫЙ ПИРОГ-ЗАПЕКАНКА
НА 4–6 ПОРЦИЙ

Не понимаю, зачем в большинстве рецептов рыбных пирогов предлагается сначала отварить рыбу в молоке, а затем еще и в духовке полчаса держать – рыба при этом получается «резиновая» и к тому же безвкусная. Гораздо проще и вкуснее использовать в пироге сырую рыбу. Не пожалейте денег на бутылку «Нуайи Пра» – именно вермут придаст соусу особенный вкус, по сравнению с обычным бульоном.

2 большие луковицы шалота или 1 головка репчатого лука, очистить и порубить
2 ст. л. оливкового масла
40 г сливочного масла
1 веточка тимьяна, только листья
4 ст. л. вермута «Нуайи Пра» или любого сухого вермута
2 ч. л. анисовой настойки «Перно» (по желанию)
4 ст. л. муки
250 мл рыбного, куриного или овощного бульона (можно использовать бульонный кубик)
200 мл молока
4 ст. л. сливок жирностью 48 %
3 ст. л. рубленой зелени петрушки
180 г филе лосося без кожи
250 г филе трески или пикши без кожи
200 г гребешков
150 г королевских креветок
1 ст. л. свежевыжатого лимонного сока
Морская соль и свежемолотый черный перец

ДЛЯ ВЕРХНЕГО СЛОЯ ИЗ КАРТОФЕЛЬНОГО ПЮРЕ

750 г картофеля сорта «дезире», очистить
75 г сливочного масла кубиками
50 мл горячего молока
2 крупных яичных желтка
75 г сыра чеддер средней выдержки, натереть

1. Разогрейте духовку до 200 ºC. Смажьте маслом неглубокую форму для запеканки (объемом около 2 литров).

2. Сначала приготовьте картофельное пюре для верхнего слоя. Нарежьте картофель кусками и отварите до мягкости в кипящей подсоленной воде. Откиньте на сито, измельчите через пресс или разомните до гладкости. Добавьте сливочное масло и горячее молоко, тщательно перемешайте. Дайте слегка остыть, вмешайте яичные желтки. Хорошо посолите и отставьте в сторону.

3. Обжарьте репчатый лук или лук-шалот в смеси оливкового и сливочного масла с листьями тимьяна в течение пяти минут, до мягкости. Добавьте вермут и «Перно» (если используете) и выпаривайте в течение 4–5 минут.

4. Вмешайте муку и держите на огне еще около минуты. В отдельной кастрюльке или миске подогрейте в микроволновке бульон. Вливайте его к луку тонкой струйкой, помешивая деревянной ложкой до однородной гладкой консистенции, и уварите на треть в течение пяти минут. Влейте молоко, убавьте огонь и кипятите несколько минут. Хорошо посолите и поперчите, затем добавьте сливки и петрушку.

5. Тем временем нарежьте лосось и треску небольшими кусочками и выложите в форму, вперемешку с гребешками и креветками. Сбрызните лимонным соком, посолите и поперчите. Поставьте форму на противень.

6. Залейте рыбу соусом и аккуратно перемешайте вилкой. Сверху распределите картофельное пюре, вилкой нарисуйте волны. Присыпьте тертым сыром и сразу поставьте запеканку в духовку. Выпекайте 10 минут, затем убавьте температуру до 180 ºC и выпекайте еще 20 минут, поворачивая по кругу, если корочка зарумянивается неравномерно. Оставьте на 10 минут в выключенной духовке, затем подавайте.

МИДИИ С СЕЛЬДЕРЕЕМ И ЧИЛИ

НА 2 ПОРЦИИ

Если вас волнует вопрос бережного использования природных ресурсов, мидии – это как раз те морепродукты, которые можно есть с чистой совестью. В этом рецепте я предлагаю вариацию на тему классических мидий в белом вине («муль мариньер»). Обязательно подайте к мидиям хороший хлеб – собирать невероятно вкусную подливку.

1 кг свежих мидий
Оливковое масло для жарки
3 стебля зеленого лука, очистить и порубить
1 банановая (удлиненная) луковица шалота, очистить и тонко нашинковать
1 черешок сельдерея, очистить и тонко нашинковать
2 зубчика чеснока, очистить и тонко нашинковать
1 стручок свежего красного перца чили, очистить от семян и мелко порубить
4 веточки тимьяна, только зелень
1 лавровый лист
1–2 ст. л. вермута
150 мл сухого белого вина
2 ст. л. крем-фреш
Небольшой пучок петрушки, крупно порубить
Морская соль и свежемолотый черный перец
Хлеб с хрустящей корочкой, для подачи

1. Чтобы убедиться в свежести мидий, высыпьте их в раковину или большую миску с холодной водой. Те раковины, которые не захлопываются от удара о твердую поверхность, сразу удалите. Жидкость слейте, мидии очистите от «бороды».

2. На сильном огне раскалите большой сотейник с толстым дном. Налейте побольше масла и обжарьте вместе зеленый лук, шалот, сельдерей, чеснок, чили, тимьян и лавровый лист. Готовьте две минуты, встряхивая сотейник, пока шалот и сельдерей не станут чуть мягче.

3. Добавьте в сотейник мидии и готовьте, встряхивая, на очень сильном огне в течение 30 секунд. Плотно накройте крышкой и потомите 1–2 минуты, продолжая время от времени встряхивать сотейник. Когда мидии начнут раскрываться, добавьте вермут и вино и готовьте без крышки еще 1–2 минуты, чтобы выпарить жидкость. Снова накройте крышкой и подержите на огне еще 30–60 секунд – до готовности и полного раскрытия мидий. Нераскрывшиеся раковины удалите.

4. Добавьте в сотейник крем-фреш и петрушку, попробуйте, достаточно ли соли. Накройте сотейник крышкой и потрясите, чтобы все вкусы соединились друг с другом. Снимите крышку, перемешайте и сразу же подавайте. Не забудьте о хлебе с хрустящей корочкой.

МЯСО

ДЛЯ МНОГИХ ОБЕД – НЕ ОБЕД БЕЗ ХОРОШЕГО КУСКА МЯСА.

Мое поколение воспитали на концепции «мясо и два овоща», и традиция до сих пор жива во многих английских семьях. Помню с детства непременный воскресный ростбиф, но и другие дни недели у нас были отмечены мясом в том или ином виде: кусочек окорока или запеканка с мясом, а иногда – по особому поводу – стейк.

С тех пор наши представления о хорошем мясе изменились. В прежние времена, в отсутствие химических удобрений и гормональных стимуляторов роста, все мясо по умолчанию было натуральным. Однако во второй половине прошлого века положение дел стало меняться, скорость и эффективность взяли верх над соображениями заботы о животных и вкуса продуктов. И хотя это понятно: население быстро растет, нужно кормить все больше ртов – я рад, что многие фермеры снова стали ценить традиционные породы скота, предполагающие не столь стремительное разведение. Результаты получаются невероятные, как с точки зрения благополучия животных, так и в отношении вкуса мяса. На цене это, конечно, тоже сказывается, ведь фермерский скот на свободном пастбищном выпасе всегда стоит дороже, но зато у нас опять есть выбор, и это замечательно.

Я не настаиваю на обязательном использовании того или иного вида мяса, ведь финансовые обстоятельства у всех разные. Сам я предпочел бы есть мясо реже, но покупать продукцию самого лучшего качества вместо того, чтобы есть дешевое мясо каждый день. Все условия жизни животного, с момента рождения до способа убоя, влияют на вкус мяса. Если производителю приходится изворачиваться и выгадывать, чтобы удержать цену, итоговый результат неизбежно страдает, а я как шеф-повар хорошо понимаю, что качество готовки напрямую зависит от качества сырья.

Значит ли это, что я всегда покупаю мясо с экологических ферм? Вовсе нет. «Экологическая ферма» – всего лишь ярлык, но ориентир это ненадежный. Фермеры бывают хорошими и плохими. Главное – найти поставщика, которому вы можете доверять, тогда вы наверняка сумеете купить мясо

лучшего качества. Помню, как-то раз я поехал в Эссекс к фермеру, который поставляет мне кур, и поинтересовался, не хочет ли он перейти от свободного выпаса к производству так называемого органического мяса. «А мне это не нужно, – объяснил он. – Я и так обращаюсь с птицей как нельзя лучше, и никаких сертификатов для доказательства мне не требуется. Вкус говорит сам за себя». Кроме того, он хотел сохранить право в случае необходимости лечить заболевших кур антибиотиками. Вот такой поставщик вам и нужен – воплощение фермерской ответственности.

ЧТО ПОКУПАТЬ

КУРИЦА

Это самое популярное в Великобритании мясо, оно подается в бесчисленных заведениях фастфуда на вынос, служит наполнителем для сэндвичей и главным блюдом в карри-хаусах. В результате именно с этим мясом связано больше всего злоупотреблений. Курица в своем лучшем воплощении может быть «роллс-ройсом» в мире мяса – вкусным, питательным, разнообразным, но с той же легкостью она превращается в дешевый белковый корм, лишенный всякого вкуса. По-моему, именно в курином мясе сильнее всего заметна разница между свободным выгулом и интенсивным выращиванием – как на вид, так и на вкус. Мясо цыпленка, просидевшего неподвижно в клеточной батарее и забитого в возрасте шести-семи недель, не обладает таким же ярким вкусом, как у кур, поживших на воле.

Птицу, которую содержат и разводят в естественных условиях, забивают не раньше 12-недельного возраста. Это значит, что она на шесть недель дольше копается в земле, клюет семена и зерно, наращивая мышцы. А ведь это и есть мясо – нежное и вкусное. В ресторанах мы используем бресских кур – импортируем из Франции в больших количествах, но и в Великобритании сейчас достаточно хороших производителей. Посмотрите, что предлагают на фермерских рынках и в магазинах при фермах.

Если вы ищете птицу с действительно насыщенным вкусом, попробуйте вместо курицы цесарку – вкус больше напоминает дичь, а способы приготовления точно такие же. Многие отмечают, что по вкусу цесарка похожа на курицу «как раньше была».

СВИНИНА

Производство свинины переживает тяжелые времена: ужасные условия содержания свиней во многих европейских свиноводческих хозяйствах не поддаются описанию. Еще недавно животных набивали в крохотные бетонные загоны, лишая возможности двигаться. В Великобритании требования к содержанию гораздо строже, и мы благодарны соблюдающим их фермерам. Как обычно, чем лучше живется животному, тем вкуснее его мясо, и я рекомендую мясо от свиней старинных и редких сегодня пород: такие животные медленно набирают вес, зато имеют возможность делать то, что у свиней получается лучше всего, – рыться в грязи и валяться в лужах. Какой бы рецепт вы ни выбрали – пикантную свинину в духовке, ребрышки, копченый бекон, – вы обязательно почувствуете разницу во вкусе. Мне особенно нравятся такие породы, как беркширская (впервые выведенная для королевы Виктории), пятнистая глостерская и тэмвортская.

БАРАНИНА

Этот вид мяса не вызывает активной полемики, поскольку овец обычно выращивают менее интенсивно и у них есть возможность в свое удовольствие пастись на холмах, поросших чахлой травой и не имеющих другого сельскохозяйственного назначения. Лучшей считается баранина и ягнятина из самых суровых и неплодородных регионов, таких как Черные горы в Уэльсе или Йоркширские долины, ведь животным там приходится наращивать дополнительные слои жира для защиты от погодных условий, благодаря чему готовое мясо получается особенно сочным и ароматным. Еще мне нравится баранина с соляных болот Кента. Овцы там питаются солоноватой травой и водорослями на прибрежных равнинах, и мясо приобретает нежный сладковатый привкус.

Больше всего ценится ягнятина весеннего забоя (от животных, родившихся перед зимой, а забитых в марте или апреле), однако на вкус лучше мясо, заготовленное летом, от животных, которые успели подрасти и питались не только материнским молоком, но и богатой микроэлементами травой. Ягненок, доживший до второго лета, называется годовалым барашком или яркой, а к третьему лету мясо его уже считается не ягнятиной, а бараниной. Мясо взрослых животных более жесткое и требует длительной готовки, но и вкус у него ярче.

В ресторанах мы часто используем премиальные отруба – корейку, седло или каре, – готовятся они очень быстро. А вот дома мне нравятся голяшки, лопатки, рульки (нижняя часть задней ноги), которые нужно намного дольше держать в духовке. Грудинка – тоже прекрасный выбор, но в ней довольно много жира, и лучше всего ее запекать в духовке на медленном огне.

ГОВЯДИНА

По поводу этого вида мяса существует самый большой разброс мнений, в основном потому, что один и тот же вид отруба может очень сильно отличаться по вкусу в зависимости от способа производства. В случае с говядиной я предпочитаю мясо редких пород с длительным периодом выращивания: абердин-ангус, лонгхорн, декстер или уайт-парк, с хорошей степенью мраморности. Сейчас жир считают нежелательным, но именно он играет важную роль во вкусе и текстуре мяса, помогает защитить мясо от пересушивания в духовке или на сковороде, не дает ему подгореть. Вдобавок жир тает в процессе приготовления мышечных волокон, придавая мясу вкус и сохраняя сочность. В мясе более молодых животных мраморности меньше, так же как и в отрубах из тех групп мышц, которыми корова меньше работает (скажем, в стейках из вырезки). С такими кусками обращаться следует аккуратней, ведь если их передержать, то мясо станет сухим и жестким.

Говядину выдерживают до 35 дней, чтобы ферменты начали разрушать мышечные волокна, делая мясо нежнее, а вкус – богаче и ярче. Обычно о сроках выдержки вам сможет рассказать мясник в лавке, а также можно судить и по цвету мяса. Хорошо выдержанная говядина приобретает темно-рубиновый оттенок, в отличие от кроваво-красного цвета свежего забоя. В супермаркетах мясо выдерживают редко, не только из-за связанных с отложенной продажей денежных потерь, но и потому, что мясо при выдержке теряет влагу, а значит, и вес. Так что покупать, как водится, лучше всего в магазинах при фермах, на фермерских рынках и в мясных лавках.

Для традиционного воскресного жаркого я советую брать толстый край или мясо на ребрышках из средней части спины коровы. Зачастую в продаже можно увидеть разделанные для жаркого ссек или огузок с верхней части бедра, иногда с приделанным к ним дополнительным слоем жира, напоминающим плохой парик. Вкус у таких отрубов всегда страдает, да и само мясо может быть жестким. Они больше подходят для медленного тушения с добавлением в кастрюлю жидкости, чтобы мясо получилось сочным.

КАК ХРАНИТЬ

Купленное мясо следует правильно хранить. Мясо должно дышать, поэтому сразу снимите всю пластиковую обертку. Особенно важно удалить вакуумную упаковку, иначе мясо начнет мариноваться в собственной крови и приобретет неприятный металлический привкус. Положите мясо на тарелку и неплотно накройте бумагой или пищевой пленкой с несколькими проколами или отверстиями, а затем поместите на нижнюю полку холодильника, чтобы не накапать на другие продукты.

Если захотите убрать мясо в морозилку, плотно заверните кусок в пищевую пленку, чтобы на поверхности не образовались кристаллы льда и не помешали мясу замерзнуть как можно скорее. Размораживайте медленно, лучше всего в холодильнике или при комнатной температуре. Никогда не размораживайте сырое мясо в микроволновке, иначе сок вытечет и мясо будет жестким.

ПОДГОТОВКА

Из всех видов мяса больше всего возни перед готовкой обычно с курицей. Я всегда покупаю курицу целиком и разделываю самостоятельно. Получается гораздо дешевле, и вы даже не поверите, насколько удобней. При разделке по методу, описанному ниже, у вас получится 6 порционных кусков темного мяса (крылышки, окорочка и ножки) и две превосходные пышные грудки. Я также привожу инструкцию по разделке целой курицы от костей, но это процесс сложный, так что если не уверены, что сами справитесь, то попросите мясника.

КАК РАЗДЕЛАТЬ КУРИЦУ

1. Раздвиньте куриные ножки и надсеките кожу в месте соединения окорочков с туловищем. Крепко возьмите курицу и потяните ножку наружу и вниз, чтобы высвободить бедренную кость из сустава. Разрежьте кожу и сухожилия острым ножом и извлеките окорочок одним куском. Переверните птицу другой стороной и повторите с другим окорочком.

2. Большим пальцем нащупайте сочленение ножки и бедра, и разрежьте окорочок на две части, с силой нажимая лезвием ножа. Бедро замечательно подходит для запекания и барбекю, а вот ножку равномерно прожарить или проварить сложнее всего. Решение – сделать надрез до кости примерно посередине ножки, там, где уже не мясо, а только кожа и сухожилия. Зачистите кость в этом месте от жил и всего лишнего. Теперь отрежьте кончик кости с хрящом: надавите левой рукой на тупую сторону лезвия ножа и с силой прорежьте кость насквозь. Сохраните этот кусочек для бульона.

3. Распластайте крылышки и нащупайте большим пальцем место соединения кости с туловищем. Отрежьте крылышко в этом месте. Кончики крыльев тоже можете, если хотите, отрезать для бульона.

4. Положите курицу на разделочную доску шеей к себе. Возьмите острый сухой (чтобы не скользил) нож и срежьте грудку с одной стороны, начиная от ноги и ведя ножом как можно ближе к кости. Когда дойдете до вилочки, слегка вытащите нож наружу, поверните наверх и, помогая другой рукой, прорежьте насквозь вилочку. Теперь грудка легко отделится от костей. Переверните тушку на другую сторону и срежьте оставшуюся половину грудки, снова прижимая нож как можно ближе к кости, чтобы срезать все мясо. Остов используйте для варки бульона.

КАК ИЗВЛЕЧЬ ИЗ КУРИЦЫ КОСТИ

Положите курицу грудкой вниз и сделайте надрез на коже, чтобы обнажить весь хребет. Отделяя мясо при помощи ножа, высвободите кости грудной клетки, как будто распахиваете рубашку на груди. Прорежьте сустав бедренной кости и пальцами вытащите кость из бедра, сдвигая мясо назад. Повторите с другим бедром. Теперь продолжите отделять мясо от грудной клетки, заодно вырезая кости в крылышках, пока не высвободите грудину из тушки. Теперь отрежьте два сухожилия с обеих сторон под грудной клеткой, и вы сумеете извлечь остов. У вас должен получиться один пласт мяса без костей, равномерной толщины.

КАК ГОТОВИТЬ

Мясо можно готовить как угодно: запекать, жарить на гриле или в сковороде, пошировать и тушить. Как правило, чем более постный и нежный у вас кусок, тем меньшей готовки он требует, иначе, если мясо пересушить, оно станет жестким и сухим. Более жирные куски готовить нужно медленней, чтобы жир растаял и напитал мясо вкусом.

Во всех случаях, кроме поширования (которое является чудесным и здоровым способом приготовления, к примеру, куриных грудок), самое главное – добиться красивой румяной корочки. Именно она придаст насыщенный, аппетитный вкус любому готовому блюду, от свиной вырезки до стейка или рагу из баранины. У поваров принято говорить, что так в мясе запечатывается сок, однако дело не в том, чтобы сохранить сочность: главное – правильно запустить процесс, отвечающий за вкус мяса.

Сделать это можно двумя способами: либо начать приготовление мяса в раскаленной духовке, а затем убавить температуру после образования румяной корочки (многие именно так готовят мясо большим куском); либо обжарить на сильном огне на плите, а затем довести до готовности в духовке. Самое главное в этом случае – очень хорошо разогреть сковороду, чтобы жидкость тут же выпарилась, а мясо сразу зарумянилось. Если сковорода будет недостаточно горячей, мясо начнет вариться в собственном соку и никогда не зарумянится. А без румяной корочки не будет и поджаристого вкуса.

Итак, для начала возьмите сухое мясо (если нужно, промокните насухо бумажным полотенцем) и очень горячую сковороду. Налейте немного масла: годится и арахисовое, и рапсовое, и нейтральное оливковое, только не сливочное, из-за пригорания (это не относится к очень тонким кускам мяса – они готовятся за секунды). Когда масло раскалится до дымка, выкладывайте в него мясо. Коснувшись сковороды, мясо должно сразу зашипеть. Если не шипит, достаньте кусок из сковороды и немного подождите. Слишком много кусков сразу жарить не нужно, от этого падает температура сковороды. Лучше не торопиться и обжаривать мясо в несколько приемов. И еще – постарайтесь сдержать порыв все время переворачивать куски туда-сюда. Некоторым кажется, что для вкусной готовки необходимо все время копошиться лопаткой в сковороде, но порой необходимо иметь мужество оставить мясо в покое. Если все время гонять кусок мяса по сковороде, он не карамелизуется до корочки. Не бойтесь пригорания: мясо поджарится и само легко отойдет. Теперь самое время перевернуть его на другую сторону, для равномерной обжарки.

Дальше можно переходить к следующему этапу: запеканию в духовке, тушению в кастрюле или, в случае стейков или свиных котлет, к поеданию.

КАК ЖАРИТЬ СТЕЙК

1. Достаньте стейк из холодильника за 20 минут до приготовления; если этого не сделать, то снаружи мясо пригорит, а в середине даже не успеет прогреться. К тому же мясо комнатной температуры лучше впитывает приправы и специи.

2. Очень хорошо раскалите сковороду. Если сковорода недостаточно горячая, мясо не зарумянится, а без корочки не будет и поджаристого вкуса. Щедро посолите и поперчите стейк.

3. Налейте в сковороду немного масла без запаха, например арахисового. Рапсовое масло тоже хорошо подходит благодаря высокой температуре кипения (значит, корочка получится еще поджаристей). Подождите, пока мясо раскалится почти до дымка, затем выложите стейк жиром от себя.

4. Жарьте 2,5 – 3 минуты с одной стороны, затем переверните. В процессе мясо не трогайте, иначе не получится хрустящей карамелизованной корочки. Примерно за полторы минуты до готовности добавьте в сковороду кусок сливочного масла, а когда растопится, зачерпывайте ложкой и поливайте стейк — корочка тогда получится очень красивой, коричневой, с ореховым привкусом. Затем приподнимите стейк щипцами и вытопите жир.

5. Готовность стейка лучше всего определять на ощупь. Стейк минимальной прожарки по текстуре и упругости такой же, как бугорок у основания большого пальца раскрытой ладони. Теперь соедините большой палец со средним и снова пощупайте тот же бугорок. Теперь он более твердый — такой же, как стейк средней прожарки. Если соединить большой палец с мизинцем, бугорок станет совсем твердым, — как полностью прожаренный стейк.

6. Теперь оставьте стейк в теплом месте минут на пять, отдохнуть. Мышечные волокна за это время расслабятся, а влага внутри мяса перераспределится. Нарежьте стейк ломтиками под углом — не слишком тонко, иначе мясо быстро остынет — и подавайте.

СВИНИНА СО СЛАДКИМ ПЕРЦЕМ

НА 2 ПОРЦИИ

Эти два простых продукта великолепно сочетаются. Кисло-сладкий перец прекрасно оттеняет насыщенный вкус отлично поджаренной свинины, а все вместе это – замечательный быстрый ужин. Когда будете жарить мясо, обязательно дайте ему постоять столько же времени, сколько его готовили, чтобы оно стало нежнее, а сок распределился равномерно.

2 свиные котлеты на косточке, весом около 200 г каждая
Оливковое масло для жарки
2 зубчика чеснока, не чистить, раздавить
Небольшой пучок тимьяна
Сливочное масло

ДЛЯ КИСЛО-СЛАДКИХ ПЕРЦЕВ
Оливковое масло для жарки
1 красная луковица, очистить и нашинковать полукольцами
2 красных сладких перца, очистить от семян и тонко нашинковать
Морская соль и свежемолотый черный перец
1 ст. л. мелкого сахара
3 ст. л. красного винного уксуса
1 ст. л. оливкового масла первого холодного отжима
Небольшой пучок базилика, листья порвать

1. Сначала подготовьте перцы. Нагрейте немного масла в большой сковороде, положите туда лук и перец. Посолите, поперчите, добавьте сахар и обжаривайте на сильном огне 4–5 минут, до мягкости и румяности. Овощи в сковороде должны непременно шипеть от жара. В противном случае сковорода недостаточно разогрета и вы рискуете сварить перцы вместо того, чтобы поджарить.

2. Добавьте уксус и прокипятите 1–2 минуты, чтобы жидкость выпарилась, а перцы стали мягкими. Убавьте огонь, добавьте столовую ложку оливкового масла первого холодного отжима и готовьте еще 2–3 минуты. Вмешайте порванную зелень базилика, подержите на огне 30 секунд и выключите

конфорку. Переложите перцы в миску и дайте настояться. Сковороду протрите бумажным полотенцем и используйте для жарки свиных котлет.

3. Острым ножом сделайте надрезы на свином жире глубиной примерно 5 мм, на расстоянии 3–4 см друг от друга, стараясь не задеть мясо. Благодаря этому мясо при жарке не скрутится и прожарится более равномерно. Очень хорошо посолите и поперчите котлеты с обеих сторон, втирая специи в мясо.

4. Сковороду, вытертую бумажным полотенцем после жарки перцев, поставьте на сильный огонь, хорошо раскалите и плесните растительного масла. Выложите мясо, чеснок и тимьян и жарьте 2–3 минуты, до образования корочки. Переверните и жарьте еще 2–3 минуты с другой стороны, просунув тимьян под мясо и слегка размяв чеснок лопаткой.

5. Ближе к концу готовки добавьте в сковороду 3 кусочка сливочного масла, растопите и поливайте им мясо, чтобы ускорить приготовление и придать котлетам сочности. Чтобы жир лучше вытапливался, прижмите котлеты жирными боками к бортам сковороды. Выдавите чеснок из шкурки и положите вместе с травами поверх котлет.

6. Выложите котлеты на тарелку и дайте отдохнуть 5–10 минут, время от времени поливая оставшимся в сковороде растопленным маслом.

7. Подавайте свинину на подушке из перцев, чуть сбрызнув выделившимся из мяса и перцев соком.

КАК РЕЗАТЬ ПЕРЕЦ
Отрежьте зеленый черенок и поставьте перец срезом на разделочную доску. Теперь режьте сверху вниз примерно так, как если бы вы чистили апельсин, по кругу, чтобы осталась только сердцевина с семенами. Теперь положите ломтики перца на доску, прижмите тремя пальцами и нашинкуйте полосками. Не спешите, скорость – дело тренировки.

КУРИНЫЕ БЕДРЫШКИ ПО-СЫЧУАНЬСКИ

НА 4 ПОРЦИИ

Для меня лучшее, что есть в курице, – это бедра, потому что мясо там очень насыщенного вкуса и легко принимает яркие добавки. В этом блюде куриные бедра предстают в лучшем виде, приготовленные в чудесном клейком маринаде. Китайское рисовое вино шаосин можно найти в любом супермаркете либо заменить полусладким хересом. Подавайте с рисом или лапшой.

8 куриных бедрышек без костей и кожи
Подсолнечное или арахисовое масло для жарки
3 зубчика чеснока, очистить и нарезать лепестками
4 см корня свежего имбиря, очистить и натереть
1 стручок красного перца чили, очистить от семян и мелко порубить
1 ч. л. сычуаньского перца, обжарить и слегка растолочь
Цедра половинки апельсина
Щепотка мелкого сахара

ДЛЯ МАРИНАДА

4 ст. л. светлого соевого соуса
2 ст. л. рисового вина шаосин
1 ст. л. рисового уксуса
Морская соль и свежемолотый черный перец

ДЛЯ ПОДАЧИ

3 стебля зеленого лука, очистить и крупно порубить
Соевый соус
Кунжутное масло

1. Разрежьте каждое куриное бедрышко на три части, затем смешайте все ингредиенты для маринада с 2 столовыми ложками воды. Положите в эту смесь куски курицы. Хорошо посолите и поперчите, перемешайте и оставьте мариноваться на два часа.

2. Нагрейте сковороду с толстым дном или вок на сильном огне, добавьте немного масла и обжарьте чеснок, имбирь и чили в течение трех минут, до мягкости и отчетливого аромата. Добавьте сычуаньский перец и цедру апельсина и прогрейте, помешивая, еще 30 секунд.

3. Выложите туда же курицу вместе с маринадом. Присыпьте сахаром и хорошо перемешайте. Накройте сковороду крышкой и готовьте курицу на среднем огне 20–25 минут, до равномерной корочки; маринад за это время уварится в густой соус.

4. Посыпьте зеленым луком, сбрызните соевым соусом и кунжутным маслом. Подавайте немедленно.

КАК ПОЧИСТИТЬ КОРЕНЬ ИМБИРЯ
Проще всего чистить имбирь, аккуратно срезая шкурку с шишковатого и неровного корня с помощью чайной ложки, а не ножа.

ЖАРЕНЫЕ УТИНЫЕ ГРУДКИ ПОД СОУСОМ ИЗ ЧЕРНОЙ СМОРОДИНЫ

НА 2 ПОРЦИИ

Утка с апельсинами или вишней – это классика, однако нет никаких противопоказаний для сочетания утки и с другими фруктами или овощами, такими как ревень, крыжовник или, как в данном случае, черная смородина, – с чем угодно достаточно кислым, чтобы оттенить богатый вкус мяса. В качестве гарнира идеально подойдут молодой картофель и зеленые овощи.

2 утиные грудки на коже
Морская соль и свежемолотый черный перец

ДЛЯ СОУСА
150 мл сухого красного вина
2 зубчика чеснока, не чистить, слегка раздавить
Несколько веточек тимьяна
150 мл утиного или куриного бульона
3 ст. л. черносмородинового джема или варенья
25 г сливочного масла, нарезать кубиками

1. Разогрейте духовку до 180 °C.

2. Надсеките утиную кожу крест-накрест по всей поверхности и натрите солью и перцем. Положите грудки кожей вниз в форму, подходящую для приготовления на плите, и на очень слабом огне вытопите почти весь жир. Это может занять 10–15 минут.

3. Тем временем приготовьте соус. Налейте красное вино в кастрюлю, добавьте чеснок и тимьян и кипятите 7–8 минут, пока вино не уварится вдвое. Влейте бульон и снова уварите вдвое. Размешайте в соусе черносмородиновый джем и добавьте несколько кусочков сливочного масла для глянцевитости. Посолите и поперчите на свой вкус, затем процедите через частое сито.

4. Прибавьте огонь под утиными грудками и обжарьте минут пять, до румяной корочки. Переверните грудки и обжарьте с другой стороны 1–2 минуты, до готовности. Поставьте форму в горячую духовку на 8–10 минут – утка должна стать упругой на ощупь.

5. Дайте грудкам отдохнуть на подогретой тарелке в течение пяти минут, затем нарежьте по диагонали ломтиками. Подавайте на подогретых тарелках, полив соусом из черной смородины.

КАК УМЕНЬШИТЬ КОЛИЧЕСТВО ЖИРА В УТКЕ
Обычно мясо выкладывают на горячую сковороду, чтобы оно сразу же зашипело и стало поджариваться. Однако утиную грудку следует класть на холодную сковороду и увеличивать температуру постепенно. Это связано с тем, что в коже грудки очень много жира и требуется время, чтобы его вытопить. Если сразу жарить утиную грудку на горячей сковороде, жир запечатается и не вытопится.

КОПЧЕНЫЕ СВИНЫЕ КОТЛЕТКИ ПОД СОУСОМ БАРБЕКЮ

НА 2–4 ПОРЦИИ

Эти мини-бургеры получаются изумительно вкусными, с копченым привкусом бекона и паприки и неизменным хитом – кисло-сладким домашним соусом барбекю. Некоторые кладут в бургер слишком много всякой начинки, якобы для улучшения вкуса, но, по-моему, когда дело касается бургеров, то чем меньше – тем лучше. Поверьте мне.

4 полоски копченого бекона без кожи, мелко нарезать
Оливковое масло для жарки
1 банановая (удлиненная) луковица шалота, очистить и мелко порубить
1 ч. л. копченой паприки
500 г свиного фарша

ДЛЯ СОУСА БАРБЕКЮ
Оливковое масло для жарки
1 маленькая луковица, очистить и нарезать мелкими кубиками
2–3 зубчика чеснока, мелко порубить
Морская соль и свежемолотый черный перец
1 ст. л. коричневого сахара
1 ч. л. копченой паприки
1 ст. л. яблочного уксуса
2 ч. л. вустерского соуса
6 ст. л. кетчупа

ДЛЯ ПОДАЧИ
Булочки для мини-бургеров
Кочан молодого салата, нашинковать
Ломтики копченого сыра чеддер
Кружки помидоров

1. Сначала приготовьте соус барбекю. Разогрейте масло в сковороде, добавьте лук, чеснок, немного соли, перца, сахар и обжарьте минут пять, до мягкости. Добавьте паприку и перемешайте. Готовьте 10–15 минут, до карамелизации лука, затем добавьте уксус и дайте ему выпариться в течение еще пары минут. Добавьте вустерский соус и томатный кетчуп, хорошо перемешайте и готовьте еще минут восемь, чтобы соус уварился до густой, но текучей консистенции. Попробуйте и поперчите и посолите по вкусу. Снимите с огня и отставьте в сторону.

2. Пока соус барбекю готовится, начните подготавливать фарш для котлеток. Обжарьте бекон в смазанной маслом сковороде в течение пяти минут, почти до готовности. Добавьте лук-шалот и готовьте еще пять минут, пока лук не станет мягким, а бекон хрустящим. Посыпьте копченой паприкой и хорошо перемешайте. Прогрейте еще 1–2 минуты, затем снимите с огня и промокните от излишков жира бумажным полотенцем.

3. Свиной фарш приправьте солью и перцем, тщательно перемешайте с обжаренным луком и беконом. Сформуйте шарики размером с мяч для гольфа и сплюсните в виде котлеток.

4. Разогрейте немного масла в большой сковороде с толстым дном. Посолите и поперчите котлетки и обжарьте по 1–2 минуты с каждой стороны, поливая выделяющимся соком, до готовности и румяной корочки. Выключите огонь и оставьте котлеты в сковороде. На каждую котлету положите ломтик сыра, чтобы тот чуть подтаял.

5. Соберите мини-бургеры, прослоив котлетки в булках соусом барбекю, салатом и ломтиками помидоров. Оставшийся соус барбекю прекрасно хранится в холодильнике. Подавайте немедленно.

КУРИЦА, ФАРШИРОВАННАЯ ЧЕСНОКОМ И КАШТАНАМИ

НА 6 ПОРЦИЙ

Тушку курицы без костей фаршируют начинкой из риса с каштанами, и получается вполне самодостаточное блюдо. Фаршированную курицу очень легко нарезать на порции. Сладость каштанов хорошо сбалансирована простой уксусной заправкой с петрушкой. Извлекать из курицы кости довольно сложно, поэтому лучше попросите это сделать мясника в лавке. Более смелые могут заглянуть на стр. 85.

1 большая курица, выращенная на свободном выгуле, без костей и крыльев
Оливковое масло для смазывания

ДЛЯ НАЧИНКИ
Оливковое масло для жарки
Половинка луковицы, очистить и нарезать кубиками
1 зубчик чеснока, очистить и порубить
1 черешок сельдерея, очистить и нарезать кубиками
50 г кедровых орешков
75 г очищенных отваренных каштанов, поломать кусочками

100 г отварного риса ассорти, например смесь басмати и дикого риса
2 ст. л. рубленой петрушки
Морская соль и свежемолотый черный перец

ДЛЯ ЗАПРАВКИ С ПЕТРУШКОЙ
Небольшой пучок петрушки
1 зубчик чеснока, очистить
½ ст. л. зерновой горчицы
1–1,5 ст. л. красного винного уксуса
5 ст. л. оливкового масла

1. Разогрейте духовку до 180 ºC.

2. Сначала приготовьте начинку. Разогрейте большую сковороду на среднем огне и плесните немного масла. Обжарьте лук в течение 4 минут, затем добавьте чеснок и продолжите готовить еще 1–2 минуты, до мягкости. Добавьте сельдерей, вмешайте кедровые орешки и каштаны, попробуйте, хорошо посолите и поперчите. Добавьте готовый рис и петрушку, снова перемешайте, попробуйте и, если нужно, досолите.

3. Положите курицу без костей кожей вниз на рабочую поверхность. Посолите и поперчите изнутри. Выложите в центр начинку и заверните. Равномерно перевяжите курицу бечевкой и переверните грудкой вверх.

4. Смажьте курицу оливковым маслом, посолите и поперчите. Выложите на противень и запекайте один час, время от времени поливая выделяющимся соком; затем прибавьте температуру до 200 ºC и запекайте еще 15–20 минут, до готовности и хрустящей золотистой корочки. Выньте из духовки и дайте постоять 15 минут перед подачей.

5. Тем временем приготовьте уксусную заправку с петрушкой. Мелко нарежьте петрушку и чеснок. Смешайте с горчицей и уксусом, затем постепенно влейте оливковое масло, все время взбивая смесь венчиком, до загустения.

6. Подавайте фаршированную курицу, нарезав порционными ломтиками и полив заправкой.

СЭНДВИЧИ С ГОВЯДИНОЙ

НА 4–6 ПОРЦИЙ

В сущности, это просто шикарные гамбургеры. Берете сырую говяжью вырезку, добавляете домашний релиш и горчичный майонез и кладете между двух ломтиков подсушенной чабатты. Необычайно вкусно! Очень важно начинать готовить мясо на плите, ведь если сразу поместить его в духовку, то говядина получится вареной, без прекрасной поджаристой корочки.

Оливковое масло для жарки
700 г говяжьей вырезки
1 головка чеснока, разрезать вдоль пополам
3–4 веточки тимьяна
Сливочное масло
Морская соль и свежемолотый черный перец
1 кочан салата «литл джем» для подачи

ДЛЯ ПИКАНТНОГО ТОМАТНОГО РЕЛИША

Оливковое масло для жарки
Половинка красной луковицы, очистить и мелко нарезать
2 стручка красного перца чили, очистить от семян и порубить
250 г ассорти красных и желтых помидоров черри, нарезать половинками
1–2 ч. л. хересного уксуса, по вкусу
Небольшая горсть порванных листьев базилика

ДЛЯ ГОРЧИЧНОГО МАЙОНЕЗА

3 ст. л. качественного майонеза
3 ч. л. зерновой горчицы

ДЛЯ ОСНОВЫ БУТЕРБРОДА

12 ломтиков чабатты, толщиной около 1,5 см
2–3 ст. л. оливкового масла

1. Нагрейте духовку до 200 °C.

2. Раскалите большую сковороду, подходящую и для использования в духовке, и плесните масла. Намелите побольше соли и перца на разделочную доску и обваляйте в них говядину. Обжарьте на сильном огне по 1–2 минуты со всех сторон и по бокам, до равномерной, не слишком поджаристой

корочки. Добавьте чеснок и тимьян, прогрейте одну минуту, затем переложите говядину поверх приправ. Добавьте несколько кусочков сливочного масла, растопите и полейте стейк.

3. Поставьте говядину в разогретую духовку и запекайте 15–17 минут, до слабой или средней степени прожарки. Мясо должно пружинить на ощупь. Достаньте из духовки, неплотно накройте фольгой и оставьте на 15 минут отдохнуть, время от времени поливая выделившимся в сковороду соком.

4. Тем временем приготовьте релиш. Нагрейте оливковое масло в большой сковороде, добавьте лук и чили и жарьте на среднем огне минут пять, до мягкости. Добавьте помидоры, посолите, поперчите и готовьте 6–8 минут, чтобы помидоры ужарились. Добавьте уксус и тушите на среднем огне минут шесть, чтобы получился неоднородный соус. Снимите с огня, вмешайте базилик, как следует посолите и поперчите. Переложите в сервировочную миску и отставьте в сторону.

5. Смешайте ингредиенты для горчичного майонеза. Приправьте солью и перцем, переложите в сервировочную миску и отставьте в сторону.

6. Для тостов очень хорошо раскалите сковороду-гриль. Сбрызните ломтики чабатты оливковым маслом, посолите и обжарьте по 1–2 минуты с обеих сторон, до золотистой корочки. Подготовьте таким образом весь хлеб, затем выложите на сервировочную тарелку.

7. Перед подачей нарежьте говядину ломтями, выложите на блюдо и поставьте на стол вместе с тостами, майонезом, релишем и салатными листьями, чтобы гости могли собрать сэндвичи самостоятельно.

СВИНИНА, ФАРШИРОВАННАЯ СЫРОМ МАНЧЕГО И АЙВОВОЙ ПАСТИЛОЙ МЕМБРИЙО

НА 4 ПОРЦИИ

Айва – родственница грушам и яблокам, так что эта испанская айвовая пастила великолепно сочетается со свининой. Испанцы обычно едят мембрийо с сыром, поэтому я сочетаю его в данном рецепте с манчего – твердым сыром из овечьего молока. Впрочем, его можно заменить на пекорино. Подавайте с печеным картофелем и глазированной морковью.

1 кг свиной корейки для запекания, кожу надсечь ножом
175 г сыра манчего, нарезать тонкими ломтиками
150 г айвовой пастилы
2 веточки шалфея
Оливковое масло для смазывания формы
1 головка чеснока, разрезать вдоль пополам
1 веточка тимьяна
200 мл полусладкого хереса
Морская соль и свежемолотый черный перец

1. Разогрейте духовку до 220 ºC.

2. Выложите кусок свинины кожей вниз на разделочную поверхность и сделайте продольный надрез по всей поверхности на три четверти ширины куска. Распластайте мясо в виде длинного прямоугольника, посолите и поперчите.

3. По центру куска мяса выложите сыр и пастилу. Сверху присыпьте листьями от одной веточки шалфея и сверните мясо рулетом. Перевяжите бечевкой по всей длине с интервалом 3 см.

4. Выложите тимьян и оставшийся шалфей вместе с чесноком в форму для запекания, подходящую также для использования на плите. Сверху уложите свинину кожей вверх. Смажьте оливковым маслом и щедро натрите солью и перцем.

5. Поставьте форму в разогретую духовку и готовьте 20 минут, до образования хрустящей золотистой корочки. Убавьте температуру до 180 ºC и запекайте еще 50 минут, до готовности мяса. Выложите свинину из формы в сервировочное блюдо и оставьте отдохнуть.

6. Форму для запекания поставьте на плиту. Налейте херес и доведите до кипения, помешивая лопаткой приставшие ко дну кусочки и шкварки. Убавьте огонь, выдавите чеснок из шкурки, травы удалите. Добавьте в форму выделившийся на блюдо мясной сок.

7. Для подачи нарежьте свинину толстыми ломтями и полейте процеженным соусом.

БОЛЛИТО МИСТО НА СКОРУЮ РУКУ

НА 4 ПОРЦИИ

Это рагу из колбасок традиционно подают на Рождество в Италии с так называемым «зеленым соусом» – «сальса верде» – заправкой из чеснока, анчоусов, горчицы, уксуса, масла и большого количества рубленой зелени. Я добавил в рецепт чечевицу, чтобы блюдо получилось самодостаточным, но упростил соус и предлагаю заправить рагу свежей петрушкой.

Оливковое масло для жарки
6 итальянских колбасок с фенхелем
220 г колбасок чоризо для жарки, разрезать вдоль пополам
3 зубчика чеснока, очистить и нарезать тонкими лепестками
2 черешка сельдерея, очистить и крупно нарезать по диагонали
2 моркови, очистить и нарезать по диагонали
200 г зеленой чечевицы пюи
1 лавровый лист
2 веточки тимьяна
750 мл куриного бульона
Морская соль и свежемолотый черный перец
Рубленая зелень петрушки для украшения

1. Нагрейте большой сотейник на среднем огне и добавьте немного масла. Обжарьте колбаски с фенхелем 3–4 минуты со всех сторон до румяности. Достаньте из сотейника и отложите в сторону. Добавьте в сотейник нарезанные колбаски чоризо срезом вниз и обжарьте 2–3 минуты, чтобы колбаски пустили красноватый жир и начали поджариваться. Переверните и подрумяньте с другой стороны 1–2 минуты. Выложите к колбаскам с фенхелем.

2. Добавьте в сотейник чеснок, сельдерей и морковь и жарьте помешивая 2 минуты, до мягкости чеснока. Добавьте чечевицу, затем верните в сотейник оба вида колбасок, положите лавровый лист и тимьян. Хорошо перемешайте.

3. Добавьте 600 мл бульона, попробуйте, затем посолите и поперчите. Доведите до кипения, убавьте огонь и тушите 25–30 минут, до готовности колбасок, мягкости чечевицы и ароматного бульона. Если чечевица впитает при варке слишком много жидкости, долейте оставшийся бульон.

4. Удалите лавровый лист и ветки тимьяна. Подавайте рагу в неглубоких мисках, присыпав рубленой петрушкой.

ТУШЕНАЯ ФАРШИРОВАННАЯ ЯГНЯТИНА

НА 6 ПОРЦИЙ

Грудинка ягненка – достаточно жирный отруб, требующий длительной готовки, но не менее вкусный, чем более дорогие премиальные части туши. В этом рецепте я фарширую мясо анчоусами, чесноком и оливками – всеми ингредиентами, которые так хорошо сочетаются с ягнятиной – и тушу не в бульоне, а в консервированных томатах в собственном соку. Попробуйте начинить мясо за день до готовки, так оно станет еще мягче. Подавайте с картофельным пюре и капустой, припущенной в сливочном масле.

3 грудинки ягненка, без костей и кожи
1,5 ст. л. сушеного орегано, еще щепотка для завершения блюда
1,5 ст. л. сушеных хлопьев чили, еще щепотка для завершения блюда
Цедра 2 лимонов
2 банки анчоусов (по 90 г), жидкость слить
Оливковое масло для жарки
1 луковица, очистить и нашинковать
3 зубчика чеснока, очистить и раздавить
1 ст. л. каперсов
200 г черных маслин без косточек (например, сорта каламата), жидкость слить
1 бутылка (750 мл) сухого белого вина
1 банка (400 г) консервированных томатов в собственном соку, без кожицы
Морская соль и свежемолотый черный перец

1. Разогрейте духовку до 170 ºC.

2. Выложите куски грудинки на разделочную доску и распластайте. Каждый кусок с обеих сторон посолите и поперчите. С той стороны, которая не прилегала к коже, равномерно присыпьте орегано, хлопьями чили и тремя четвертями лимонной цедры. Сверху разложите анчоусы.

3. Начиная с более узкого конца сверните каждый кусок мяса плотным рулетом и перевяжите по всей длине бечевкой.

4. Обжарьте колбаски из грудинки в большой раскаленной и смазанной маслом форме минуты три, чтобы зарумянились со всех сторон. Достаньте мясо и отложите, а в форму добавьте лук и чеснок. Готовьте на среднем огне минут пять. Добавьте по щепотке хлопьев чили и орегано, оставшуюся цедру лимона, затем каперсы и оливки.

5. Деглазируйте форму вином, соскребая приставшие ко дну кусочки лопаткой. Прокипятите 5 минут, затем добавьте томаты и снова медленно доведите до кипения. Выложите в эту же форму мясо и полейте сверху получившимся соусом.

6. Накройте форму крышкой и поставьте в разогретую духовку на 2–2,5 часа, до мягкости мяса. Часто переворачивайте рулеты и поливайте соусом.

7. Достаньте форму из духовки, дайте мясу несколько минут постоять, затем нарежьте толстыми ломтями. Снимите с поверхности соуса излишки жира и полейте оставшимся соусом мясо.

КАК ИСПОЛЬЗОВАТЬ СУШЕНУЮ ЗЕЛЕНЬ

В наши дни всем кажется, что готовить следует только со свежей зеленью. Действительно, некоторые пряные травы, такие как базилик и петрушка, плохо переносят сушку, а вот майоран, лавровый лист и орегано прекрасны и в сушеном виде. Я бы не стал добавлять их в готовое блюдо, зато для тушения они подходят замечательно: естественным образом впитывают жидкость и отдают вкус мясу. Сушеной зелени следует брать меньше, ведь вкус у нее очень насыщенный.

КУРИЦА С ЭНДИВИЕМ ПОД СОУСОМ ИЗ МАРСАЛЫ

НА 2 ПОРЦИИ

Из куриных грудок легко и быстро получается основное блюдо, но поскольку жира в курином мясе мало, его очень легко пересушить. В этом рецепте курица сначала обжаривается в сковороде для красивого цвета, а затем тушится в курином бульоне со сливочным маслом и марсалой. Марсала – это сицилийское крепленое вино, его можно заменить мадерой или полусладким хересом.

Оливковое масло для жарки
2 куриные грудки с кожей
2 вилка эндивия, очистить и разрезать вдоль пополам
4 веточки тимьяна
1 зубчик чеснока, очистить и слегка раздавить
3 ст. л. марсалы
150 мл куриного бульона
Сливочное масло
Морская соль и свежемолотый черный перец

1. Нагрейте сковороду с толстым дном на среднем огне и добавьте немного оливкового масла. Куриные грудки посолите и поперчите с обеих сторон, положите кожей вниз в горячую сковороду. Добавьте эндивий срезом вниз, 2 веточки тимьяна и чеснок – и готовьте 3–4 минуты, до появления красивой золотистой корочки.

2. Переверните грудки и эндивий. Деглазируйте сковороду марсалой, лопаткой соскребите приставшие ко дну кусочки, затем добавьте куриный бульон и несколько кусочков сливочного масла. Готовьте на среднем огне 10 минут, время от времени поливая курицу соусом, до готовности.

3. Подавайте курицу с эндивием, полив соусом и украсив оставшимися веточками тимьяна.

ГОВЯЖЬЯ ГРУДИНКА С ПИКАНТНЫМ САЛАТОМ ИЗ МОЛОДОГО КАРТОФЕЛЯ

НА 6 ПОРЦИЙ

Грудинка-брискет – это грудной отруб с нижней части грудной клетки коровы, из которого обычно готовят говяжью солонину и пастрому. В этом рецепте я мясо не солю, а поширую со вкусовыми добавками, предварительно обжарив для более яркого вкуса. Как и пастрома, приготовленная таким образом говядина очень хорошо сочетается с пикантным картофельным салатом.

2 кг говяжьей грудинки, без костей, распластанного в виде большого куска и связанного рулетом
Оливковое масло для жарки
1 морковь, очистить и крупно нарезать
2 черешка сельдерея, очистить и крупно нарезать
1 головка чеснока, разрезать вдоль пополам
1 ч. л. черного перца горошком
1 ч. л. гвоздики
1 ч. л. свеженатертого мускатного ореха
Морская соль и свежемолотый черный перец

ДЛЯ ПИКАНТНОГО САЛАТА ИЗ МОЛОДОГО КАРТОФЕЛЯ
500 г молодого картофеля примерно одинакового размера
1 небольшой кочан цветной капусты, нарезать на соцветия
275 г зеленой стручковой фасоли, кончики обрезать
1 морковь, очистить и натереть
1 небольшая луковица шалота, очистить и тонко нашинковать
3 стебля зеленого лука, зачистить и мелко порубить
Щепотка молотой куркумы
1–2 ч. л. горчичного порошка, по вкусу
1 ст. л. зерновой горчицы
1–2 ч. л. меда, по вкусу
3 ст. л. белого винного уксуса
100 мл оливкового масла

1. Разогрейте духовку до 140 ºC.

2. Грудинку натрите со всех сторон солью и перцем. Разогрейте на плите большую жаропрочную сковороду или глубокую форму для запекания. Плесните масла и обжаривайте мясо минут 5, до красивого цвета со всех сторон. Убавьте огонь до среднего, добавьте морковь, сельдерей, чеснок и специи, перемешайте, чтобы все покрылось маслом со дна сковороды.

3. Залейте грудинку водой практически полностью. Доведите до кипения и плотно накройте крышкой. Поставьте форму в разогретую духовку и оставьте на 3–4 часа, до полной мягкости мяса. В середине процесса переверните. Выньте мясо из бульона и оставьте на 20 минут отдохнуть.

4. Тем временем приготовьте салат. Отварите молодой картофель в подсоленной воде 15 минут, до мягкости. Цветную капусту и фасоль бланшируйте, опустив в подсоленную кипящую воду на 2 минуты, чтобы овощи были уже не сырыми, но еще хрустящими. Сразу же ополосните холодной водой.

5. Смешайте морковь, лук-шалот, зеленый лук и куркуму, добавьте картофель, цветную капусту и фасоль. Для заправки смешайте горчичный порошок с зерновой горчицей до однородной консистенции без комков. Добавьте мед и уксус, хорошо перемешайте, затем медленно влейте оливковое масло, помешивая венчиком до загустения. Заправьте салат, посолите и поперчите по вкусу.

6. Мясо нарежьте ломтями и подавайте с салатом.

ЗАПЕЧЕННАЯ ЦЕСАРКА С ЯБЛОКАМИ

НА 4 ПОРЦИИ

Цесарка – прекрасная альтернатива курице, вкус у нее более яркий, но, как и почти всякую птицу, готовить ее нужно аккуратно, чтобы не пересушить грудки. В ресторане мы отрезаем ножки и крылышки, а тушку пошируем в ароматном бульоне и затем быстро запекаем до корочки в духовке при высокой температуре. Я упростил этот рецепт для домашнего приготовления, с учетом того, что вам, может быть, захочется подать птицу целиком.

1 цесарка весом около 1 кг
6–8 полосок копченого бекона с прожилками сала
75 г сливочного масла
4 сладких яблока, сердцевины удалить, мякоть нарезать ломтиками
200 мл самых жирных сливок
100 мл кальвадоса или английского яблочного бренди
Морская соль и свежемолотый черный перец

1. Разогрейте духовку до 200 ºC.

2. Цесарку натрите солью и перцем, грудку накройте беконом и положите птицу в противень для запекания.

3. Растопите сливочное масло в чугунной сковороде и аккуратно положите в нее ломтики яблок. Готовить их обязательно нужно в один слой, так что лучше жарить порциями. Карамелизуйте яблоки 3–4 минуты, до красивого цвета, затем выложите вокруг цесарки. Смажьте грудку птицы оставшимся сливочным маслом и еще раз посолите и поперчите. Залейте половиной взятого количества сливок и готовьте в разогретой духовке 20 минут.

4. Снимите бекон с птицы и отложите в сторону. Температуру в духовке убавьте до 180 °C и готовьте птицу еще 20–25 минут, поливая выделяющимся соком.

5. Достаньте цесарку из духовки и переложите на подогретую тарелку вместе с беконом. Оставьте на 15 минут отдохнуть.

6. Налейте в противень бренди и оставшиеся сливки и доведите до кипения. Попробуйте, достаточно ли соли и перца. Залейте цесарку соусом и сразу подавайте, гарнировав беконом.

ОСТРЫЕ И ПРЯНЫЕ БЛЮДА

В МОЕМ ДЕТСТВЕ РОЛЬ ПРЯНОСТЕЙ В ЕДЕ БЫЛА ВТОРОСТЕПЕННОЙ. ДУМАЮ, ЭТО ВЕРНО ДЛЯ ВСЕГО НАШЕГО ПОКОЛЕНИЯ.

Конечно, иногда мы ели карри или чили кон карне, но готовили эти блюда с покупными смесями специй, в которых не было ничего примечательного, кроме чрезмерной остроты. Однако, став заниматься кулинарией профессионально, я постепенно осознал, каких интересных эффектов можно добиться с помощью специй и пряностей, какой простор они открывают для экспериментов. Всем нам знакома гвоздика в выпечке или тертый мускатный орех в рисовом пудинге, но рагу из баранины, приправленное анисом, стало для меня настоящим открытием. Невероятно, как изменилось блюдо, которое казалось мне таким знакомым. С тех пор я подсел на эксперименты с необычными сочетаниями, хотя всегда отталкивался от классического канона французской и английской кухни.

Несколько лет назад, отправившись в Индию, я познакомился со специями во всем великолепии их цветов и ароматов и до сих пор помню горы имбиря, куркумы, корицы, кардамона и шафрана на рынке в Кочи. Именно тогда мне захотелось научиться искусству употребления специй и пряностей. В Великобритании к ним относятся однобоко, рассматривая как добавку любимой многими остроты, но ведь специи также придают блюду аромат, вкус и изысканность. Научитесь пользоваться специями уверенно, и ваша готовка преобразится. Самое главное – подобрать именно те пропорции, которые вам понравятся.

Впрочем, давайте начнем с более привычного, с двух самых распространенных приправ: соли и перца. Они, подобно цементу, соединяют ваше блюдо в единое целое. Они помогают сочетать и комбинировать все остальные вкусы, являясь своего рода каркасом, вокруг которого повар выстраивает все прочие вкусовые нюансы. Солить и перчить нужно уверенно и в самом начале приготовления, – таким образом вкусы сохраняют свою насыщенность и равномерно пропитывают все блюдо.

Многие поражаются тому, как много соли и перца используют профессиональные повара. Говоря «щепотка», мы частенько подразумеваем

целую горсть. Но, как я уже говорил, именно это позволяет раскрыть всю глубину вкуса, и, хотя количество приправ может кому-то показаться чрезмерным, их в конечном итоге уйдет меньше, чем когда приходится досаливать уже в тарелке. Ходили слухи, что я установил скрытое видеонаблюдение за своим рестораном в отеле «Кларидж», чтобы подглядывать, кто из посетителей досаливает еду, и вышвыривать их из ресторана. Это неправда – хотя камеры у нас есть, но используются для того, чтобы отслеживать, не пора ли подавать следующую перемену блюд. По-моему, если кухня работает как следует, то блюда, приносимые в зал, приправлены именно так, как нужно.

БАЗОВЫЙ НАБОР СПЕЦИЙ

СОЛЬ

В моем доме очищенная соль никогда не используется, даже для варки овощей. Я всегда использую морскую соль. Лучше всего «флер де сель» из Бретани, но и малдонская соль из Эссекса тоже весьма хороша – дополнительные микроэлементы придают ей более сложный вкус, и требуется ее меньше, чем обычной соли. Итальянцы даже воду для варки пасты пробуют на соль. Они берут 10 г соли (2 чайные ложки) на каждый литр воды. Для варки овощей пропорция должна быть такой же.

ПЕРЕЦ

Сорта перца тоже бывают самые разные, хотя три его разновидности – черный перец, зеленый и белый – вырастают на одном и том же кусте. Черный перец горошком – это полностью созревшие семена, с наиболее сильным вкусом. Зеленый перец горошком – семена, которые собирают недозревшими, а затем сушат или маринуют. Вкус у них гораздо мягче. Такой перец часто используют в азиатской кухне. Белый перец – это очищенные от кожицы горошины черного перца. Аромат у него более пикантный, а вкус не такой резкий, как у черного перца. Используют белый перец в основном по эстетическим соображениям – к примеру, в белых соусах, в которых ни к чему черные точки. Конечно, покупать большие запасы перца не обязательно, но если купите, то, как и в случае со всеми специями, хранить перец горошком лучше целиком и молоть по мере надобности. В рецепте лапши дан-дан по-сычуаньски (стр. 127) используется сычуаньский перец, который на самом деле вовсе не перец, а боб совсем другого азиатского растения. Он обладает слабым лимонным привкусом и вызывает легкое онемение языка.

Пожалуй, у каждого из нас пылится в глубине кухонного шкафчика пара банок со специями, однако запасы следует обновлять не реже одного раза в год. Специи очень быстро портятся, особенно молотые, и за шесть месяцев теряют вкус. Итак, первое правило: не закупать специи в больших количествах. Покупайте только то, что планируете использовать в ближайшие полгода. Храните специи в плотно закрытых емкостях, вдали от жара и прямых лучей солнца (из этих соображений жестяные банки лучше стеклянных). Молотые специи сохраняют вкус хуже – по мере возможности покупайте их в целом виде и измельчайте сами, непосредственно перед готовкой. На следующей странице перечислены основные специи, которые я держу под рукой. Из этого набора можно приготовить, к примеру, собственную смесь «Мадрас» для супа-карри со сладкой кукурузой (стр. 115) или марокканскую смесь рас-эль-ханут для хумуса из печеной тыквы (стр. 121).

АНИС
Вкус у аниса ароматный и сладковатый. Анис является важным элементом китайской смеси «Пять специй». Подходит к чему угодно: от рагу из баранины до тарт-татена.

ГВОЗДИКА
Эти сушеные бутоны со слегка лекарственным привкусом – необходимая составляющая таких блюд, как выпечка, запеченный окорок, яблочный крамбл и глинтвейн. Пользуйтесь умеренно, гвоздика легко перебивает остальные вкусы.

ГОРЧИЦА В ЗЕРНАХ
Горчичные зерна обычно встречаются в баночной приправе, называемой зерновой горчицей. Если их обжарить, это приглушит естественную остроту и придаст ореховый привкус. Горчица необходима в блюдах индийской кухни.

ИМБИРЬ
Я стараюсь по мере возможности использовать свежий имбирь, потому что у него гораздо более яркий, резкий вкус. Однако молотый имбирь также неплох, например, в выпечке.

КАРДАМОН
Многофункциональная пряность с теплым, сладким вкусом. Можно использовать коробочки целиком или раздавить, извлечь зернышки и, по желанию, растолочь.

КОРИАНДР
Это сушеные семена со сладким ароматом, ничем не похожим на запах кинзы – растения, от которого их получают. Прекрасно сочетается с кумином в домашних бургерах, можно использовать и в бульоне для поширования рыбы.

КОРИЦА
Корица – молотая кора распространенного на Шри-Ланке растения; особенно удачно она сочетается с сахаром. Кроме того, корицу используют во множестве пикантных мясных блюд, например в марокканских тажинах.

КУМИН
Эти небольшие зернышки имеют сильный и резкий аромат и придают характерный привкус многим блюдам индийской и мексиканской кухни. Достаточно совсем небольшого количества.

КУРКУМА
Пряность ярко-желтого цвета, получаемая из сушеного корня растения. Именно она придает порошку карри характерный цвет; обладает густым горчичным ароматом.

МУСКАТНЫЙ ОРЕХ И МУСКАТНЫЙ ЦВЕТ
Обе эти пряности получают от одного растения – мускатного дерева, причем мускатный цвет – это сушеная шелуха самого мускатного ореха. У обеих этих пряностей теплый, яркий аромат, однако у мускатного цвета он чуть более резкий и сладкий; особенно хорошо мускатный орех подходит для десертов с заварным кремом, а также необходим для приготовления традиционного белого соуса или рисового пудинга.

ПАПРИКА
Ярко-красный порошок, получаемый из сушеных перцев. Бывает сладкий или острый, копченый или нет, характерен для испанской и венгерской кухни.

СУМАХ
Пряность темно-красного цвета, широко используется в ближневосточной кухне и придает блюдам резковатый лимонный привкус.

ФЕНХЕЛЬ В СЕМЕНАХ
Семена фенхеля обладают более отчетливым анисовым запахом, чем клубни, и особенно хорошо сочетаются со свининой.

ЧИЛИ В ПОРОШКЕ
Порошок чили из молотого сушеного перца чили бывает различной степени остроты – пользуйтесь с осторожностью. Кайенский перец получают из кайенского перца чили.

ПАЖИТНИК
Горьковатые семена средиземноморского растения, используются в порошках карри, по запаху напоминают сельдерей. Необходимая составная часть домашнего рас-эль-ханута – марокканской смеси специй, в которую также входят корица, гвоздика, кориандр и куркума.

КАК ИСПОЛЬЗОВАТЬ ПРЯНОСТИ

Если прокалить пряности перед началом готовки, они начнут выделять ароматические масла и лучше раскроют свой аромат. Вдобавок прокаленные пряности легче толочь. Жарьте на сухой сковороде на среднем огне, время от времени встряхивая, до появления теплого орехового аромата, около одной минуты. Снимите с огня и дайте остыть, а затем растолките в ступке пестиком.

Если в рецепте необходимо использовать пряности целиком, их можно слегка обжарить в растительном масле. Масло в этом случае впитает вкус и аромат пряности и передаст этот вкус любым другим ингредиентам, добавленным в ту же сковороду, к примеру, нашинкованному луку или помидорам. Только следите внимательно и непрерывно помешивайте пряности в сковороде, чтобы они не подгорели. Если нужно, добавьте еще масла или немного воды.

ЧИЛИ

Как и с большинством других ингредиентов, мы по-настоящему избалованы разнообразием доступных разновидностей перца чили. Совсем недавно требовалось еще поискать красный или зеленый чили. А теперь в большинстве супермаркетов предлагают огромный выбор чили, к тому же многие фермерские хозяйства принимают заказы на него по интернету. (Кто бы мог подумать, что в Англии так хорошо приживется тропическое растение?) Чили придает блюду не только остроту, но и чудесную фруктовую ноту.

Выбор того или иного вида чили для готовки зависит от того, насколько острая еда вам нравится. Остроту перцу придает алкалоид капсаицин, измеряется она в единицах по шкале Сковилла (ЕШС). Чили «птичий глаз» или «пири-пири» – небольшие красные перчики, использующиеся во многих блюдах тайской кухни – имеют 225 000 ЕШС, а очень острый чили «шотландская шапочка», который я использую в рецепте курицы по-ямайски (стр. 128), оценивается в 350 000 ЕШС. Если это для вас перебор, то у зеленого халапеньо всего 5 ЕШС, хотя жгучесть его усиливается по мере готовки. Копченый сушеный халапеньо называется перцем чипотле. Продается он в сушеном виде или в сладком соусе адобо и придает насыщенную остроту тушеному мясу и соусам.

Чтобы притушить жгучесть чили, удалите семена перед готовкой, потому что именно в них больше всего остроты. Для этого покатайте стручок перца в ладонях, отделяя семена от внутренних перегородок. Теперь отрежьте кончик стручка и вытряхните семена наружу. Инструкция по нарезке чили приведена на стр. 212.

СУП-КАРРИ СО СЛАДКОЙ КУКУРУЗОЙ

НА 4 ПОРЦИИ

Никакого порошка карри не существует – вот первое, что я узнал во время путешествий в Индию. В каждой семье есть свой любимый набор пряностей, слегка отличающийся от других. Ниже приведена моя фирменная версия пикантной смеси «Мадрас», которая превращает обыкновенный кукурузный суп в особенное блюдо. В предлагаемых рецептах очень важно, чтобы пряности были свежие, прокаленные на сухой сковороде и размолотые именно для конкретного блюда.

Оливковое масло для жарки
1 луковица, очистить и нарезать мелкими кубиками
1 большая картофелина, очистить и нарезать кубиками
1 л овощного или куриного бульона
1 банка (420 г) консервированной толченой кукурузы
2 банки (по 200 г) консервированной кукурузы в зернах
Морская соль и свежемолотый черный перец

ДЛЯ КАРРИ-ПАСТЫ «МАДРАС»
1 ст. л. зерен кориандра
1 ст. л. кумина
2 зубчика чеснока, очистить и раздавить
1 ч. л. порошка чили
1 ч. л. молотой куркумы
2 ч. л. очищенного и нарезанного корня свежего имбиря
½ ч. л. соли
Оливковое масло

1. Сначала приготовьте пасту карри. На среднем огне прокалите зерна кориандра и кумина на сухой сковороде примерно одну минуту, до появления отчетливого аромата. Растолките в ступке в тонкий порошок, затем добавьте чеснок и разотрите в однородную пасту. Добавьте порошок чили, куркуму, имбирь и соль и хорошо перемешайте. Слегка разведите небольшим количеством масла.

2. Для приготовления супа нагрейте большой, смазанный маслом сотейник на среднем огне. Припустите лук в течение 5 минут до мягкости, но не зажаривайте. Добавьте пасту карри и готовьте вместе с луком минуты 2, до появления яркого аромата. Добавьте картофель и перемешайте с карри. Влейте бульон, посолите, поперчите и доведите до кипения. Убавьте огонь и варите 7 минут, до готовности картофеля.

3. Добавьте толченую кукурузу, затем половину количества консервированной кукурузы с половиной количества жидкости из консервной банки. Прогрейте, снимите с огня и взбейте ручным погружным блендером, чтобы полностью размолоть картофель и получить суп однородной консистенции. Добавьте оставшуюся кукурузу вместе с жидкостью из банки. Прогрейте, попробуйте, если нужно – досолите. Подавайте горячим.

ПИКАНТНЫЕ БЛИНЧИКИ
НА 6 ШТУК

Это блюдо традиционно подают в Индии на завтрак. Понимаю, что многих такое количество специй и пряностей с утра удивит, но к острому легко пристраститься. Впрочем, никто не мешает вам подать эти блинчики к обеду или ужину, а запивать не чаем, а пивом.

1–2 ч. л. кумина
Оливковое масло для жарки
½–1 стручок зеленого перца чили, очистить от семян и мелко порубить, по вкусу
2 зубчика чеснока, очистить и тонко нашинковать
3 см корня свежего имбиря, очистить и мелко порубить или натереть
125 г муки
1 крупное яйцо
275 мл молока нормальной жирности и еще 1–2 ст. л. дополнительно
Морская соль и свежемолотый черный перец

ДЛЯ ПИКАНТНОЙ КАРТОФЕЛЬНОЙ НАЧИНКИ
Оливковое масло для жарки
1 ч. л. зерен горчицы
Половинка луковицы, очистить и тонко нашинковать
1 ч. л. молотой куркумы
4–6 холодных, очищенных отварных картофелин, нарезать произвольными кусками

ДЛЯ ПОДАЧИ
6 ст. л. натурального йогурта
2 ст. л. рубленой кинзы

1. Прокалите кумин со щепоткой соли на сухой, не слишком горячей сковороде около 1 минуты, до появления яркого аромата. Плесните немного масла и обжарьте чили с чесноком и имбирем еще 2 минуты, до мягкости. Снимите с огня.

2. Переложите чесночную смесь в миску. Просейте муку с солью и сделайте в середине углубление, затем разбейте в него яйцо и влейте половину молока. Медленно и тщательно перемешайте яйцо с мукой, затем постепенно добавьте оставшееся молоко. Продолжайте вымешивать смесь венчиком до гладкой консистенции густых сливок. Добавьте 1 чайную ложку оливкового масла, попробуйте на соль. Оставьте тесто на 10 минут отдохнуть.

3. Тем временем приготовьте пикантную картофельную начинку. Нагрейте немного масла в большой сковороде на среднем огне, выложите горчичные зерна и жарьте 1–2 минуты, пока зерна не начнут стрелять. Добавьте лук и пассеруйте 5 минут, до мягкости и золотистости. Добавьте куркуму и отварной картофель, посолите и продолжайте жарить на среднем огне 3–4 минуты, при необходимости добавив немного масла, пока картофель не прогреется. Отставьте в сторону, пока будете жарить блинчики.

4. Нагрейте большую широкую сковороду, налейте в нее немного масла. Если тесто слишком загустело, добавьте в него одну-две столовые ложки воды. Вылейте в сковороду половник теста и покачайте, чтобы тесто растеклось по дну тонким слоем. Жарьте минуту с одной стороны, до румяной хрустящей корочки. Переверните и дожарьте еще минуту с другой стороны. Переложите на тарелку и держите в тепле, пока будете жарить остальные блины.

5. Смешайте йогурт с кинзой, посолите и поперчите по вкусу.

6. Для подачи выложите по большой ложке картофельной начинки в центр каждого блинчика, по желанию добавьте ложку йогурта и сверните трубочками.

ЖАРЕНАЯ КУКУРУЗА В МЕКСИКАНСКОМ СТИЛЕ

НА 4 ПОРЦИИ

Теперь мы отправляемся на другой континент, в Мексику, туда, где уличные торговцы на каждом углу продают жареную кукурузу. Чипотле – это копченый сушеный перец халапеньо с густым и сладковатым вкусом, а у ланкаширского сыра – подходящая сливочность, чтобы притушить не слишком жгучую остроту чили.

Оливковое масло для жарки
4 початка кукурузы, очистить от листьев
80 г сливочного масла комнатной температуры
1–2 сушеных перца чипотле, замочить в воде, затем мелко порубить
2 ст. л. рубленой кинзы
4 ст. л. раскрошенного ланкаширского сыра
Морская соль и свежемолотый черный перец
Ломтики лайма для подачи

1. Нагрейте большую сковороду с толстым дном на среднем огне. Добавьте немного растительного масла и слегка обжарьте початки кукурузы минут 5, до румяности. Добавьте 3–4 столовые ложки воды в сковороду и продолжайте готовить на среднем огне 8 минут, пока жидкость не выпарится, до готовности кукурузы (если начнет пригорать, слегка убавьте огонь).

2. Тем временем смешайте сливочное масло с перцем чипотле, кинзой, небольшим количеством соли и перца.

3. Когда кукуруза будет готова, достаньте из сковороды, выложите поверх початков кусочки сливочного масла, ароматизированного перцем чипотле, чтобы оно растаяло на горячей кукурузе. Посыпьте сыром и подавайте с ломтиками лайма.

ХУМУС ИЗ ПЕЧЕНОЙ ТЫКВЫ

НА 8–10 ПОРЦИЙ

Точно так же, как не бывает универсального порошка карри, нет и универсальной смеси рас-эль-ханут. В переводе с арабского это означает «хозяин лавки» и представляет собой традиционную смесь лучших специй, которые может предложить покупателям тот или иной торговец. Из нее в сочетании с нутом, печеной тыквой и тахини получается замечательный соус, который можно подать с питой к коктейлям либо заправить салат для прекрасного легкого обеда.

1 ореховая тыква весом около 850 г, очистить от кожицы и семян, нарезать кубиками
2 зубчика чеснока, раздавить
3 см свежего корня имбиря, очистить и мелко порубить
Оливковое масло
1 ст. л. тахини
1 банка (400 г) консервированного нута, жидкость слить, нут промыть
Сок половинки лимона
Морская соль и свежемолотый черный перец
Пита или лепешки, подогретые на сковороде или гриле, для подачи

ДЛЯ СМЕСИ СПЕЦИЙ РАС-ЭЛЬ-ХАНУТ
1 палочка корицы
1 ч. л. гвоздики
1 ст. л. кориандра
½ ст. л. пажитника
½ ст. л. семян фенхеля
1 ст. л. зерен горчицы
½ ст. л. кумина
1 ч. л. паприки

1. Сначала приготовьте смесь специй. Разломайте палочку корицы на кусочки. Положите в сухую сковороду вместе с гвоздикой и остальными пряностями (кроме паприки) и прокалите на среднем огне 1 минуту, чтобы зерна дали отчетливый аромат и начали стрелять (по мере нагревания потряхивайте сковороду, чтобы пряности не подгорели).

2. Снимите пряности с огня и добавьте паприку. Переложите в мельницу для специй, блендер или ступку и измельчите в порошок; если нужно – просейте. Эту смесь можно хранить в плотно закрытой емкости до 3 месяцев.

3. Разогрейте духовку до 180 °C.

4. Теперь приготовьте хумус. В большой миске смешайте кубики тыквы, зубчики чеснока и имбирь с 2 столовыми ложками оливкового масла и 1 столовой ложкой смеси специй. Посолите, поперчите и выложите в один слой на противень. Поставьте в разогретую духовку и готовьте 30 минут, до мягкости.

5. Когда тыква будет готова, переложите содержимое противня в блендер (не забудьте удалить кожицу с зубчиков чеснока). Добавьте тахини, нут, немного лимонного сока и 2 столовые ложки оливкового масла. Взбейте до однородности. Попробуйте – возможно, стоит добавить немного лимонного сока.

6. Переложите хумус в миску и слегка присыпьте смесью рас-эль-ханут. Сбрызните оливковым маслом и подавайте с теплой или разогретой на гриле питой.

ЛАПША С ЧИЛИ, ИМБИРЕМ И ЛЕМОНГРАССОМ

НА 2 ПОРЦИИ

Для этого блюда лучше всего использовать тонкую вермишель-фунчозу, свернутую плоскими «гнездами», которую продают в азиатских супермаркетах. Она не настолько плотно спрессована, как та, что продается в виде круглых «гнезд» или пластин в обычных магазинах, а значит, гораздо лучше расплетется и набухнет, попав на сковородку. Если не хотите жарить лапшу, просто замочите ее по инструкции на упаковке.

Оливковое масло для жарки
1 маленькая луковица, очистить и мелко нарезать кубиками
2 зубчика чеснока, очистить и мелко порубить
1 стручок красного перца чили, очистить от семян и мелко порубить
3 см свежего корня имбиря, очистить и натереть
1 стебель лемонграсса, очистить и разрезать пополам
1 лист каффир-лайма
1 ч. л. молотого кумина
½ ч. л. молотого кориандра
½ ч. л. молотой куркумы
500 мл овощного или куриного бульона
150 мл кокосовых сливок
Рыбный соус по вкусу
250 мл растительного или арахисового масла для фритюра
150 г тонкой рисовой лапши
Морская соль и свежемолотый черный перец
Листья кинзы и красный перец чили колечками для украшения

1. Нагрейте сотейник на среднем огне и добавьте немного масла. Обжарьте лук 3–4 минуты, до мягкости, затем добавьте чеснок, чили и имбирь, жарьте еще 2 минуты, до мягкости чеснока.

2. Добавьте лемонграсс и лист каффир-лайма. Посыпьте пряностями (следите, чтобы не подгорели) и сразу же влейте бульон и кокосовые сливки. Приправьте рыбным соусом, солью и перцем. Доведите до кипения, затем убавьте огонь и варите 10–15 минут, чтобы соус слегка загустел и приобрел насыщенный вкус и аромат. Попробуйте; если нужно, добавьте рыбного соуса.

3. Чтобы приготовить лапшу, раскалите растительное масло в большом воке или глубокой сковороде до температуры 170 °C (брошенный в масло кусочек хлеба должен сразу же зашипеть и поджариться за 30 секунд). Опускайте лапшу небольшими порциями в горячее масло – не наклоняйтесь слишком близко, лапша при нагреве увеличится. Как только лапша разбухнет, переверните «гнезда» кухонными щипцами и обжарьте с другой стороны 1 минуту. Следите, чтобы лапша не зажарилась и не подгорела. Достаньте из сковороды, обсушите бумажным полотенцем и обжарьте таким образом все оставшиеся «гнезда».

4. Разложите лапшу в две широкие сервировочные миски. Удалите лемонграсс и лист каффир-лайма из соуса и залейте этим соусом лапшу. Снизу соус впитается, но сверху лапша частично останется сухой и хрустящей. Подавайте, украсив кинзой и чили.

ОСТРЫЙ САЛАТ С ГОВЯДИНОЙ

НА 4 ПОРЦИИ

Во Вьетнаме и Камбодже я влюбился в простую заправку из чеснока, чили, рыбного соуса, сахара и лайма. Это идеальное сочетание сладкого, кислого, соленого и горького вкусов, которое подходит почти ко всем морепродуктам и мясу, но особенно хорошо работает со стейком из говядины.

2 стейка из толстого края говяжьей вырезки (весом около 200–250 г каждый)
Оливковое масло для жарки
2 моркови, очистить и нарезать лентами
6 редисок, очистить от хвостиков и нарезать тонкими кружками
200 г помидоров черри, нарезать половинками
Пучок мяты, только листья, нашинковать
1 небольшая банановая (удлиненная) луковица шалота, очистить и тонко нашинковать
3 стебля зеленого лука, очистить и нашинковать
Половинка длинноплодного огурца, очистить от кожицы и семян, нарезать ломтиками
2 кочана салата «литл джем», нашинковать
Морская соль и свежемолотый черный перец
4 ст. л. очищенного арахиса для украшения

ДЛЯ ТАЙСКОЙ ЗАПРАВКИ
1 зубчик чеснока, очистить и крупно порубить
1 стручок красного перца чили, очистить от семян и порубить
2 ч. л. пальмового сахара (если не нашли, замените мелким коричневым тростниковым или обычным мелким сахаром)
2–3 ст. л. рыбного соуса или по вкусу
Сок 1–2 лаймов

1. Стейки щедро посолите и поперчите с обеих сторон, втирая специи в мясо. Плесните немного масла в раскаленную сковороду и обжарьте стейки на сильном огне с каждой стороны по 2–3 минуты (до средней прожарки). Вытопите жир с жирной стороны мяса, прижав кусок ко дну сковороды. Когда мясо дойдет до готовности и нужной степени прожарки, снимите стейки с огня и дайте отдохнуть, полив сверху выделившимся мясным соком.

2. Для заправки поместите чеснок и чили в ступку вместе со щепоткой соли, разотрите в пасту. Добавьте сахар, рыбный соус и сок лайма, перемешайте ложкой. Попробуйте; при необходимости добавьте сок лайма.

3. Тем временем с помощью овощечистки нарежьте морковь лентами. Выложите в миску вместе с редисом, помидорами, мятой, луком-шалотом, зеленым луком, огурцами и салатом. Добавьте 4–6 столовых ложек заправки и хорошо перемешайте.

4. Мясо нарежьте под углом толстыми ломтями. Арахис прокалите со щепоткой соли на чистой сухой сковороде, слегка порубите. Выложите мясо поверх салата и присыпьте рубленым арахисом. Сбрызните оставшейся заправкой и сразу подавайте.

КАК ВЫБРАТЬ САЛАТНЫЙ ЛУК
Банановый лук-шалот особенно хорош в сыром виде в салатах. Он сладкий, ароматный и совсем не такой резкий, как обычный репчатый лук.

БАГЕТ С ГОВЯДИНОЙ ВО ВЬЕТНАМСКОМ СТИЛЕ

НА 2 ПОРЦИИ

Связи между Францией и Вьетнамом существуют с девятнадцатого века, так что сочетанию кухонь этих стран удивляться не следует. Использованные в этом рецепте ингредиенты – французский багет и вьетнамский маринад – замечательно работают вместе, доказывая, что иногда в кулинарии самое важное – неожиданные комбинации.

1 ст. л. соевого соуса
1 ст. л. жидкого меда
2 тонких говяжьих стейка из заднепоясничной части, зачистить от жира и нарезать полосками по 1 см
1 морковь, очистить и натереть
1,5 ч. л. рисового уксуса
1 багет
Оливковое масло для жарки
Половина длинноплодного огурца, очистить от семян и нарезать жюльеном (см. стр. 58)
Морская соль и свежемолотый черный перец
2 ст. л. рубленой кинзы, по вкусу

ДЛЯ ЗАПРАВКИ
1 ст. л. рыбного соуса
Сок ½–1 лайма, по вкусу
1 ч. л. мелкого сахара
Половинка стручка красного перца чили, очистить от семян и мелко порубить

1. Смешайте в миске соевый соус с медом. Затем добавьте туда же полоски говядины, перемешайте и оставьте мариноваться не дольше двух часов.

2. Тем временем соедините все ингредиенты для заправки и перемешайте до растворения сахара. Попробуйте на соль и перец, при необходимости добавьте еще немного сока лайма.

3. Смешайте тертую морковь с рисовым уксусом и оставьте мариноваться.

4. Обрежьте кончики багета и разрежьте батон поперек надвое. Разрежьте каждую половину вдоль и примните мякоть к корке.

5. Насадите кусочки говядины на шпажки (если используете бамбуковые шампуры, заранее замочите их в воде на 20 минут), оставшийся маринад сохраните. На сильном огне раскалите сковороду, плесните немного масла и обжарьте мясо на шпажках по 1 минуте с каждой стороны, поливая маринадом.

6. Снимите мясо с шампуров и выложите в раскрытые половинки багета, прижимая к хлебу так, чтоб тот впитал мясной сок. Морковь достаньте из уксуса и разложите по двум сэндвичам. Сверху выложите огурцы, посолите и поперчите по вкусу.

7. Сбрызните начинку заправкой. Присыпьте кинзой, сложите половинки сэндвичей вместе и подавайте.

ЛАПША ДАН-ДАН ПО-СЫЧУАНЬСКИ

НА 2 ПОРЦИИ

Лапша дан-дан – классическое китайское блюдо провинции Сычуань, славящейся острыми блюдами. В данном случае остроту придает не свежий чили, а паста чили. Если не найдете в продаже, замените ½–1 столовой ложкой китайского масла с чили.

250 г свиного фарша
½ ст. л. рисового вина шаосин
½ ст. л. соевого соуса и еще немного, по вкусу
½ ст. л. кунжутного масла и еще немного, для подачи
Оливковое масло для жарки
2 зубчика чеснока, очистить и раздавить
2 см свежего корня имбиря, очистить и порубить
1 ч. л. сычуаньского перца
½–1 ст. л. китайской пасты чили, по вкусу
Рисовый уксус, по вкусу
200 г сухой китайской яичной лапши
Морская соль и свежемолотый черный перец

ДЛЯ ПОДАЧИ
2 стебля зеленого лука, очистить и нашинковать
1 ст. л. обжаренных семян кунжута

1. Замаринуйте фарш в вине шаосин, соевом соусе и кунжутном масле. Оставьте как минимум на 10 минут.

2. Разогрейте вок на среднем огне и плесните немного масла. Добавьте в сковороду чеснок и имбирь и готовьте 30 секунд, чтобы смягчить резкость вкуса. Добавьте фарш с остатками маринада и сычуаньский перец. Обжаривайте в течение 5 минут, размешивая фарш лопаткой, до равномерной румяности со всех сторон. Попробуйте; если нужно, дополнительно приправьте соевым соусом. Добавьте пасту чили и несколько капель рисового уксуса.

3. Обжарьте фарш еще 2 минуты, чтобы вкус стал богаче. Добавьте 1–2 столовые ложки воды и перемешайте на слабом огне, чтобы образовался соус.

4. Тем временем отварите лапшу по инструкции на упаковке. Откиньте, затем смешайте со свиным фаршем в воке. Попробуйте, достаточно ли приправ. Подавайте, сбрызнув кунжутным маслом, присыпав зеленым луком и обжаренными семенами кунжута.

КУРИЦА ПО-ЯМАЙСКИ

НА 4 ПОРЦИИ

Это настоящая карнавальная еда. Ничего сложного и вычурного, но жар специй, подчеркнутый жгучей остротой чили «шотландская шапочка», неизменно вызывает у меня улыбку. Если очень острая еда вам не нравится, можно уменьшить количество чили или даже взять менее острую разновидность, скажем, табаско или халапеньо.

4 больших куриных окорочка с кожей, отрезать ножки от бедер, надсечь кожу ножом
Оливковое масло для жарки
2 ст. л. вустерского соуса
Рис, для подачи
4–5 веточек тимьяна для украшения (по желанию)

ДЛЯ МАРИНАДА

1–2 стручка чили «шотландская шапочка», очистить от семян и мелко порубить
2 зубчика чеснока, очистить и раздавить
1 ч. л. молотой гвоздики
1 ч. л. молотой корицы
1 ч. л. молотого мускатного ореха
2 ч. л. молотого ямайского перца
5–7 веточек тимьяна, только листья (примерно 2 ст. л.)
Свежемолотый черный перец
Оливковое масло

1. Разогрейте духовку до 220 °C.

2. Сначала подготовьте маринад, соединив все ингредиенты с большой щепоткой черного перца и небольшим количеством масла. Хорошо натрите надсеченные куски курицы этой смесью. Оставьте мариноваться хотя бы на час (а лучше – на ночь).

3. Разогрейте большую жаропрочную сковороду на среднем огне и плесните масла. Обжаривайте куски курицы минут 10, до золотистой корочки со всех сторон. Добавьте вустерский соус и готовьте еще 2 минуты.

4. Накройте сковороду жаропрочной крышкой или фольгой и поставьте в разогретую духовку на 20 минут, до готовности (если у вас нет жаропрочной сковороды, просто переложите курицу на противень). В последние 5 минут фольгу снимите, если курицу нужно дополнительно подрумянить.

5. Подавайте курицу горячей, с рисом.

ОСТРАЯ КУРИНАЯ ШАУРМА В ЛЕПЕШКАХ

НА 2 ПОРЦИИ

Шаурма – это мясо, жаренное на вертикальном вертеле, как в арабских ресторанах, и подаваемое обычно в лепешках с табуле, огурцами и помидорами, гарнированное хумусом или тахини. Этот популярный ближневосточный фастфуд не менее вкусен и в домашнем приготовлении. В моем рецепте вместо лепешек используются тортильи, но при желании их можно заменить питой.

4 куриных бедрышка, без костей и кожи
2–4 лепешки тортильи или питы
Оливковое масло для жарки
2 стебля зеленого лука, очистить
   и мелко нашинковать
Четверть кочана капусты, тонко нашинковать

ДЛЯ МАРИНАДА
½ ч. л. молотой корицы
½ ч. л. молотого имбиря
½ ч. л. молотого кориандра
Зернышки из 3 коробочек кардамона, растолочь
   в ступке
Щепотка свеженатертого мускатного ореха
2 зубчика чеснока, очистить
Сок четверти лимона
Небольшой пучок кинзы, зелень порубить
Оливковое масло
Морская соль и свежемолотый черный перец

ДЛЯ ПОДАЧИ
Майонез
Соус чили или тот, какой любите

1. Сначала приготовьте маринад. Поместите пряности, чеснок, сок лимона и кориандр в небольшой блендер или ступку, измельчите до однородности. Добавьте 5 столовых ложек оливкового масла, большую щепотку соли и перца, хорошо взбейте. Переложите маринад на большое блюдо. Выложите туда курицу и тщательно обмажьте маринадом каждый кусок, втирая пальцами. Оставьте мариноваться часа на два.

2. Разогрейте духовку до 200 °C.

3. Разогрейте сковороду-гриль на среднем огне. Достаньте куски курицы из маринада (излишки стряхните) и обжарьте на горячей сковороде по 3–4 минуты с каждой стороны, чтобы мясо слегка подпеклось, но не подгорело. Переложите на противень и запеките в духовке 5–8 минут, до готовности. Выключите духовку и дайте постоять.

4. Тем временем приготовьте лепешки тортильи. На чистой, слегка смазанной маслом сковороде-гриль обжарьте каждую лепешку по 2 минуты с каждой стороны, чтобы лепешки хорошо прогрелись, но не пересохли и не стали хрупкими. Уберите их в теплое место.

5. Достаньте курицу из духовки и мелко нарежьте. Положите немного курицы на каждую лепешку, присыпьте зеленым луком и нашинкованной капустой. Добавьте майонез и соус чили по вкусу, сверните рулетом и подавайте.

ГОВЯДИНА С ЧИЛИ В САЛАТНЫХ ЛИСТЬЯХ

НА 4 ПОРЦИИ

Вкусные блюда не обязательно сложные – что и доказывает эта простая закуска. Готовится она очень быстро и прекрасно подойдет к пиву. Фарш очень важно красиво поджарить. Не бойтесь подрумянить мясо как следует.

Оливковое масло для жарки
200 г нежирного говяжьего фарша
200 г свиного фарша
Кунжутное масло для жарки
2 зубчика чеснока, очистить и мелко порубить
5 см корня свежего имбиря, очистить и мелко порубить
1–2 стручка красного перца чили, очистить от семян и порубить
1 ст. л. светлого коричневого сахара
1 ст. л. рыбного соуса
Цедра 1 лайма, сок четвертинки лайма
3 стебля зеленого лука, очистить и порубить
Морская соль и свежемолотый черный перец
2 кочана салата «литл джем», разобрать на листья, для подачи

ДЛЯ ЗАПРАВКИ

1 ст. л. соевого соуса
Сок половинки лайма
1 ч. л. кунжутного масла
Половина стручка красного перца чили, нашинковать тонкими кольцами
Небольшой пучок кинзы, порубить
1–2 ч. л. рыбного соуса, по вкусу
1 ч. л. светлого коричневого сахара
1 ст. л. оливкового масла

1. Раскалите большую сковороду и добавьте немного масла. Смешайте фарш из говядины и свинины. Посолите, поперчите и хорошо перемешайте, чтобы специи распределились равномерно. Обжарьте фарш на горячей сковороде 5–7 минут, до румяной корочки, разбивая крупные куски лопаткой. Откиньте поджаренный фарш на сито, чтобы лишняя жидкость стекла и он остался хрустящим.

2. Протрите сковороду бумажными салфетками и добавьте столовую ложку кунжутного масла. Добавьте чеснок, имбирь и чили. Обжарьте вместе со щепоткой соли и сахара 2 минуты. Добавьте фарш из сита и перемешайте.

3. Влейте в фарш рыбный соус и прогрейте все вместе. Вмешайте сок и цедру лайма, затем добавьте зеленый лук и держите на огне, помешивая, еще 30 секунд. Снимите с огня.

4. Смешайте все ингредиенты для заправки, по вкусу.

5. Для подачи выложите фарш ложкой в салатные листья и сбрызните кунжутным маслом.

КАРРИ ИЗ СВИНОЙ ШЕЙКИ С МАНГОВОЙ САЛЬСОЙ

НА 4–6 ПОРЦИЙ

Это мой любимый рецепт карри: яркие вкусы тайской кухни в сочетании с незаслуженно забытым свиным отрубом, а сверху – удивительно свежая, легкая сальса с манго. Не пугайтесь длинного списка ингредиентов, это одно из тех блюд, которые сначала требуют подготовки, но затем доходят сами собой.

Оливковое масло для жарки
1 кг свиной шейки, нарезать кубиками со стороной 2,5 см
1 луковица, очистить и тонко нашинковать
1 банка (400 мл) кокосового молока
750 мл куриного бульона
1 ст. л. пальмового или тростникового сахара
1,5 ст. л. соевого соуса, по вкусу
1,5 ст. л. рыбного соуса, по вкусу
Рис, для подачи

ДЛЯ ПАСТЫ КАРРИ

1 стебель лемонграсса, очистить и мелко порубить
4 листа каффир-лайма, 2 из них мелко нашинковать
1–2 стручка красного перца чили, очистить от семян и мелко порубить, по вкусу
4 см свежего корня имбиря, очистить и натереть
3 зубчика чеснока, очистить и крупно порубить
1 ч. л. молотой корицы
2 ч. л. молотого кориандра
2 ст. л. оливкового масла
Морская соль и свежемолотый черный перец

ДЛЯ МАНГОВОЙ САЛЬСЫ

1 плод манго, не слишком спелый, очистить и нарезать мелкими кубиками
1 маленькая красная луковица, очистить и нарезать мелкими кубиками
Небольшой пучок кинзы, крупно порубить
2 ст. л. рубленого обжаренного арахиса
Сок 1 лайма
1 стручок красного перца чили, очистить от семян и мелко порубить

1. Сначала приготовьте пасту карри. В небольшом кухонном комбайне соедините лемонграсс, порванные листья каффир-лайма, чили, имбирь, чеснок, корицу, кориандр и большую щепотку соли и перца. Взбейте в однородную пасту и слегка разведите оливковым маслом.

2. Нагрейте немного масла в сковороде с толстым дном на среднем огне и обжарьте свинину (возможно, удобней жарить порциями, в зависимости от размера сковороды) минут пять, до равномерной корочки со всех сторон. Выньте и отставьте в сторону. В сковороду долейте еще немного масла, добавьте лук и пассеруйте 3–4 минуты, до мягкости и пока не зазолотится по краям.

3. Добавьте пасту карри, помешайте, чтобы появился отчетливый аромат, а специи соединились с луком. Верните свинину в сковороду, перемешайте с карри, затем влейте кокосовое молоко. Тщательно перемешайте, отскребая лопаткой приставшие ко дну сковороды кусочки.

4. Добавьте куриный бульон, хорошо перемешайте, затем всыпьте сахар, добавьте целые листья каффир-лайма, соевый и рыбный соус. Попробуйте, при необходимости откорректируйте вкус, добавляя понемногу соевый или рыбный соус, соль и перец. Доведите до кипения и тушите на медленном огне 1 час, время от времени помешивая, чтобы соус получился густой и насыщенный, а свинина стала мягкой.

5. Тем временем смешайте ингредиенты для сальсы и приправьте по вкусу солью. Подавайте карри с рисом, гарнировав сверху сальсой.

ШОКОЛАДНЫЙ МУСС С ЧИЛИ И МАНГО

НА 4 ПОРЦИИ

Сочетание шоколада с чили – одно из тех, что придумали на небесах, а манго украшает его еще больше. Как во всех рецептах, обязательно выбирайте шоколад хорошего качества, а если сумеете отыскать в продаже сладкий, ароматный манго сорта «Альфонсо», сезон которого длится с апреля по май, будет только лучше.

50 г несоленого сливочного масла
2–3 стручка красного перца чили средней
   жгучести, очистить от семян и порубить
150 г темного шоколада
   (с содержанием какао 70 %)
2 крупных яичных желтка
60 г мелкого сахара
175 мл сливок жирностью 48 %
1 небольшой спелый плод манго

1. В небольшой кастрюле на слабом огне растопите сливочное масло вместе с рубленым чили. Настаивайте 30 минут, затем процедите, чили удалите.

2. Шоколад разломите на кусочки, выложите в большую жаропрочную форму. Добавьте настоявшееся сливочное масло и установите миску над кастрюлей со слабо кипящей водой. Нагревайте шоколад на водяной бане около 10 минут, часто помешивая, пока не растает, затем снимите с огня и остудите до комнатной температуры.

3. Тем временем в большую миску поместите яичные желтки с сахаром и 2 столовыми ложками холодной воды. Установите миску над кастрюлей со слабо кипящей водой. С помощью ручного электрического миксера взбивайте желтки с сахаром 5–10 минут, чтобы получилась бледно-желтая густая пена, в которой остается дорожка от венчика. Снимите миску с водяной бани.

4. В отдельной миске ручным венчиком слегка взбейте сливки. Когда растопленный шоколад и яичные желтки дойдут до той же температуры, что и взбитые сливки, большой металлической ложкой аккуратно вмешайте яйца в шоколад. Затем быстро и аккуратно вмешайте туда же сливки.

5. Разложите смесь в 4 небольших бокала и уберите в холодильник как минимум на 2 часа. Перед подачей срежьте мякоть манго с обеих сторон косточки, очистите от кожуры и нарежьте тонкими ломтиками. Аккуратно выложите ломтики манго поверх каждой порции мусса и подавайте.

КАК ВЗБИВАТЬ СЛИВКИ

Сливки очень легко перебить, а от электрического миксера они могут расслоиться. Взбивать сливки вручную тяжелее, зато это даст вам контроль над процессом и вы добьетесь идеальной, легкой и пышной текстуры – такой, какой и нужно.

ПИКАНТНЫЙ РИСОВЫЙ ПУДИНГ

НА 4–6 ПОРЦИЙ

В Индии я пристрастился к вкусу местного чая со специями. Если добавить те же специи и пряности – кардамон, гвоздику, ваниль и корицу – в рисовый пудинг, то из обыденного десерта получится что-то совершенно удивительное. Рис в этом случае промывать не надо, потому что крахмал пудингу только на пользу.

2 коробочки кардамона, слегка растолочь
1 стручок ванили, разрезать вдоль пополам и соскрести зернышки
3 бутона гвоздики
Половина палочки корицы, разломить пополам
1 банка (400 мл) кокосового молока
4 ст. л. мелкого тростникового сахара
600 мл молока нормальной жирности
2 ст. л. сливок жирностью 48 %
Цедра 1,5 лайма
225 г круглозерного риса
2 яичных желтка
2 ст. л. с горкой сыра маскарпоне

1. Разогрейте духовку до 200 °C.

2. Поместите коробочки кардамона, стручок и зернышки ванили вместе с гвоздикой и корицей в форму для запекания, которую можно использовать и на плите. Поставьте на средний огонь и прогрейте 2 минуты, до появления густого аромата.

3. Добавьте кокосовое молоко, сахар, обычное молоко и сливки и медленно доведите до кипения, аккуратно помешивая. Добавьте цедру 1 лимона, попробуйте, если хотите – добавьте еще немного. Добавьте рис и хорошо перемешайте. Доведите до кипения, убавьте огонь и варите 5 минут, все время помешивая.

4. Смешайте яичные желтки с маскарпоне и добавьте к снятому с огня рису; хорошо перемешайте. Присыпьте пудинг сверху оставшейся цедрой и поставьте в разогретую духовку на 15–20 минут, до готовности риса и золотистой корочки сверху.

КАК ОБЖАРИВАТЬ ПРЯНОСТИ

Если прокалить пряности на сухой сковороде буквально несколько секунд, их запах станет еще ярче и насыщенней. Следите, чтобы специи не подгорели, иначе они сделаются горькими, и это будет чувствоваться в готовом блюде.

ВКУСНО
И НЕДОРОГО

ВСЕ МЫ ЗАМЕТИЛИ, ЧТО В ПОСЛЕДНИЕ ГОДЫ СТАЛИ ТРАТИТЬ НА ЕДУ ГОРАЗДО БОЛЬШЕ.

Чеки растут – это чувствуется и дома, и в ресторанах, и, судя по всему, ситуация будет только усугубляться. Мы привыкли к тому, что на еду уходит совсем небольшой процент наших доходов, а теперь вынуждены перестраиваться. Вот почему полезно научиться готовить прекрасные блюда из дешевых ингредиентов.

Что знает об экономии мишленовский шеф-повар? Мы не покупаем самые лучшие продукты, самые дорогие куски мяса и не выставляем затем соответствующие счета нашим клиентам. Лучшие продукты – да; самые дорогие – вовсе нет. Конечно, посетители модного ресторана ожидают увидеть в меню такие блюда, как тюрбо, гребешки и седло барашка, но дорогие блюда всегда приходится уравновешивать более дешевыми ингредиентами. Секрет в том, как заставить эти дешевые ингредиенты заиграть всеми красками.

В начале 1990-х годов я открыл ресторан «Aubergine». Денег у меня было в обрез, поэтому я придерживался двух принципов. Во-первых, следил, чтобы абсолютно ничего не пропадало: мясные кости, овощные очистки, каждый кусок вчерашнего хлеба – все шло в дело, на бульон или обеды для персонала. Таких пустых мусорных баков, как у нас, не было нигде в Лондоне.

Во-вторых, я использовал не самые модные, а более дешевые куски мяса, такие, от которых воротили носы претенциозные рестораны, – скажем, свиную подчеревину, бычьи хвосты и ягнячьи рульки. Я знал: я как повар сумею извлечь максимум из этих скромных отрубов, оптимально раскрыть их вкус.

Любой (ну, почти любой) может приготовить роскошный ужин из хорошего стейка или куска дикого лосося – бросил на сковороду и подал. Однако гораздо интереснее сделать нечто волшебное из обычной бараньей грудинки или простой сардины. Возможно, потребуется чуть больше усилий, чуть больше воображения, но в итоге можно прекрасно поужинать за гораздо меньшие деньги.

Первая задача: определить ингредиенты, представляющие наибольшую ценность. Основной источник белка – мясо или рыба – это самый дорогой компонент в тарелке, поэтому начинать экономить нужно именно с него. Тут есть два варианта: либо использовать мясо или рыбу подешевле, либо сократить их количество.

Говоря «мясо подешевле», я не имею в виду низкое качество. Плохое мясо хуже готовится, хуже на вкус и в конечном итоге дает лишь иллюзию экономии. Совсем другое дело – более дешевые отруба от высококачественного животного. К сожалению, мы едим гораздо меньше печени или почек, чем прежде, а ведь это очень вкусно, да и готовится быстро. В целом дешевые отруба предполагают медленную готовку, о чем я и расскажу в следующей главе, предлагая рецепты дешевых рагу из самого разного непопулярного мяса: ягнячья шея, реберный край говяжьей грудинки или бычьи хвосты.

Выбирая рыбу, мы по привычке смотрим на самое лучшее: филе трески, лосось, тушка сибаса. Между тем дешевая рыба – сардины или скумбрия – обладает прекрасным вкусом и может быть приготовлена не менее аппетитно. Если не верите, сами попробуйте спагетти по моему рецепту с чили, сардинами и орегано (стр. 154).

Впрочем, лучший способ экономить состоит в том, чтобы использовать в готовке больше овощей, риса и других круп. Они создают объем и прекрасно дополняют мясо или рыбу в ризотто или джамбалайе с креветками, к тому же вкусны сами по себе. Главное – их чуточку акцентировать, подчеркнуть специями и выстроить сочетания вкусов.

Овощи всегда дешевле мяса, особенно в сезон. Идут бесконечные разговоры о продовольственных ресурсах, о происхождении тех или иных продуктов, о том, откуда их привозят, об экологической цене того или иного сельскохозяйственного производства, и эти дискуссии явно продлятся еще много лет. Однако покупка сезонных овощей хороша именно тем, что вы получаете самое лучшее качество за самые небольшие деньги. Спаржа, импортированная из Перу в ноябре? Нет, спасибо. Подожду до апреля, когда в Англии появится местная спаржа, с более насыщенным вкусом – и за полцены. Яблоки, привезенные из Новой Зеландии, я не буду использовать в готовке в том же количестве, как яблоки местного урожая, когда ими будут завалены все магазины и рынки.

Старайтесь использовать сезонные дары по максимуму. Поезжайте в хозяйства, где можно самостоятельно собирать ягоды, – в июне за крыжовником, а в сентябре за ежевикой; то, что не съедите сразу, заморозьте, и тогда вам не придется переплачивать зимой за то, что выросло летом. Очень полезно думать загодя, планировать меню не только на два или три дня вперед (хотя и это важно, чтобы потом не выбрасывать испортившиеся продукты), а на целые месяцы.

На использование овощей и круп меня вдохновили мои путешествия по миру. Индийцы способны приготовить целый обед из чечевицы, мексиканцы – из фасоли, тайцы – из обычной рисовой лапши. Нам есть чему поучиться. Развивающимся странам пришлось выдумывать полезные, питательные и дешевые блюда по необходимости, а теперь этот урок не помешает и Западу.

Во всех этих блюдах – как тех, о которых речь пойдет в этой главе, так и в целом, при готовке – очень важно заставить продукты работать по полной программе. Если вы используете меньший набор или меньшее количество ингредиентов, необходимо получить максимальную отдачу из того, что у вас есть. Нельзя потерять ни капли вкуса. К примеру, никогда не спешите с пассерованием лука. Дайте луку медленно и терпеливо томиться в сливочном или растительном масле, а в награду получите совершенно неожиданную сладость вкуса. Надсеките на колбасках шкурку, и они отдадут гораздо больше вкуса. Этот вкус разойдется по всей кастрюле, и колбаска отдаст свой аромат и вкус остальным ингредиентам блюда.

Наконец, не забывайте о том, что всегда знали рачительные хозяйки: используйте остатки и ничего не выбрасывайте. Из черствого хлеба получится замечательный пудинг, а еще его можно измельчить в панировочные сухари, которые дополнят мясо в домашних котлетах. Вчерашнее картофельное пюре или печеный картофель годятся не только для картофельной запеканки – в сочетании с рикоттой из них получатся домашние ньокки (стр. 150), прекрасная альтернатива пасте. Если вы научитесь использовать остатки на следующий день, вы не только станете питаться разнообразней, но и сэкономите кучу денег.

ПИКАНТНАЯ ЧЕРНАЯ ФАСОЛЬ С ФЕТОЙ И АВОКАДО

НА 4 ПОРЦИИ

Это один из лучших образчиков мексиканской уличной еды, который доказывает, что вкусное блюдо можно приготовить и без мяса. Черная фасоль обладает богатым вкусом и питательна, она – визитная карточка мексиканской кухни. Специи, фета и лаймовый сок заставят блюдо заиграть всеми красками. Если завернуть фасоль в поджаренные тортильи, называемые «тостадо», получится прекрасная закуска к пиву или перекус.

1 маленькая луковица, очистить и мелко порубить
1 ст. л. оливкового масла
1 стручок красного перца чили, очистить от семян и мелко порубить
2 зубчика чеснока, очистить и раздавить
1 ч. л. молотого кумина
½ ч. л. молотой корицы
2 банки (по 400 г) консервированной черной фасоли, жидкость слить и сохранить
Морская соль и свежемолотый черный перец

ДЛЯ ТОСТАДО (ПО ЖЕЛАНИЮ)
Растительное масло для жарки
2–3 тортильи, каждую разрезать на 6 сегментов

ДЛЯ ПОДАЧИ
100 г сыра фета, раскрошить
1 авокадо, очистить, удалить косточку, нарезать произвольными кусками
Небольшой пучок кинзы, порубить
Ломтики лайма

1. Обжарьте лук в оливковом масле минут пять, до мягкости, затем добавьте чили и чеснок и готовьте еще 2–3 минуты. Добавьте кумин и корицу, прогрейте еще минуту до появления отчетливого аромата. Добавьте фасоль и несколько столовых ложек жидкости из банки.

2. Накройте фасоль крышкой и потушите на медленном огне 10 минут, чтобы бобы начали слегка развариваться, затем снимите с огня и дайте немного остыть. Примерно три четверти количества фасоли слегка растолките вилкой или тыльной стороной ложки, часть оставьте целиком. Либо, для более элегантной подачи, переложите фасоль в блендер и взбейте до однородности. Аккуратно прогрейте; если смесь получилась слишком густая, разведите небольшим количеством жидкости из банки. Посолите и поперчите по вкусу.

3. Фасоль можно подать самостоятельно, присыпав фетой, авокадо, кинзой и сбрызнув лаймом. Если хотите приготовить тостадо, налейте в большую сковороду растительного масла на 2 см и поставьте на средне-сильный огонь. Когда масло нагреется, обжарьте тортильи порциями по 1–2 минуты с каждой стороны, до румяности. Достаньте шумовкой и промокните бумажным полотенцем.

4. Хрустящие ломтики тортильи нужно гарнировать непосредственно перед подачей, чтобы лепешки не размокли: смажьте их слоем фасоли, посыпьте раскрошенной фетой, авокадо и кинзой. Подавайте с дольками лайма.

СЕВЕРОАФРИКАНСКАЯ ЯИЧНИЦА

НА 2–4 ПОРЦИИ

Яйца, пошированные в помидорах, перце, чили и луке, – типичное блюдо для завтрака на всем Ближнем Востоке. Оно станет прекрасным началом дня или подойдет для позднего бранча. Состав специй варьируется от страны к стране и может включать что угодно, от семян фенхеля до тмина или имбиря, но кумин всегда неизменен. Если хотите приготовить более сытное блюдо, добавьте каких-нибудь колбасок с пряностями. Сначала надсеките их шкурку и потушите 20 минут в томатном соусе.

Оливковое масло для жарки
1 луковица, очистить и нарезать кубиками
1 красный сладкий перец, очистить от семян и нарезать кубиками
1 сладкий зеленый перец, очистить от семян и нарезать кубиками
2 зубчика чеснока, очистить и нарезать лепестками
1 стручок красного перца чили, очистить от семян и порубить
1 ч. л. кумина
5 спелых помидоров, нарезать произвольными кусками (если помидоры недостаточно спелые, добавьте щепотку сахара)
4 яйца
Морская соль и свежемолотый черный перец

ДЛЯ ПОДАЧИ
1 ст. л. рубленой зелени кинзы
1 стебель зеленого лука, очистить и мелко нашинковать
Хлеб с хрустящей корочкой

1. Нагрейте сковороду с толстым дном на среднем огне. Плесните немного масла и потомите репчатый лук минут пять, до мягкости. Добавьте сладкий перец и тушите еще 5 минут, затем добавьте чеснок и чили, жарьте все вместе 1–2 минуты, до мягкости.

2. Добавьте кумин и пожарьте еще 1 минуту, затем добавьте помидоры, посолите, поперчите и держите на огне 15–20 минут, чтобы помидоры ужарились. Если помидоры недостаточно сочные, добавьте 3–4 столовые ложки воды. Смесь должна иметь консистенцию густого соуса. Хорошо перемешайте, попробуйте на соль и перец.

3. Сделайте 4 углубления в томатной смеси и разбейте в каждое по яйцу. Накройте сковороду крышкой и готовьте на средне-слабом огне 5–6 минут, чтобы белки схватились, а желтки остались немного жидкими.

4. Подавайте, присыпав кинзой и рубленым зеленым луком. Не забудьте о хлебе с хрустящей корочкой, которым удобно собирать соус с тарелки.

КУРИЦА В ВОКЕ С ЖАРЕНОЙ ЛАПШОЙ

НА 2 ПОРЦИИ

Этот рецепт в самых разных вариациях встречается по всей Азии и показывает, каким замечательным может быть фастфуд. Готовя на сильном огне, важно все делать быстро и постоянно помешивать продукты в воке, особенно после того, как добавите чеснок, ведь он легко пригорает и начинает горчить. Если филе курицы раскатать скалкой, оно не только приготовится быстрее, но и получится мягче.

200 г плоской широкой рисовой лапши (по форме напоминающей итальянские тальятелле)
250 г филе куриной грудки
Растительное масло без запаха (например, арахисовое), для вока
2 зубчика чеснока, очистить и тонко нашинковать
200 г брокколи, разрезать соцветия пополам
Примерно 2 ст. л. соевого соуса, по вкусу
2 яйца, разболтать венчиком
Морская соль и свежемолотый черный перец
Ломтики лайма для подачи

1. Если вы используете сухую лапшу, замочите ее в теплой воде до мягкости, согласно инструкции на упаковке. Это займет около 10 минут, в зависимости от производителя.

2. Тем временем разрежьте филе курицы вдоль пополам, но не прорезайте насквозь, а распластайте одним куском. Раскатайте скалкой и нарежьте полосками по диагонали.

3. Раскалите вок на сильном огне и плесните немного масла. Курицу посолите, поперчите и быстро обжарьте в течение 3 минут, все время помешивая, до золотистой корочки и полуготовности.

4. Добавьте чеснок и жарьте, помешивая, еще 30 секунд, затем добавьте брокколи и продолжайте готовить еще несколько минут, до мягкости. Приправьте соевым соусом по вкусу. Когда брокколи будет готова, переложите содержимое вока на тарелку. Вок протрите бумажным полотенцем, добавьте еще немного масла и прогрейте.

5. Замоченную лапшу откиньте. Вылейте в раскаленный вок яйца и готовьте, помешивая, чтобы схватились снизу. Добавьте лапшу и хорошо перемешайте, разбивая яичные комки лопаткой. Верните в вок смесь курицы с брокколи и прогрейте, помешивая, на среднем огне.

6. Подавайте лапшу сразу, с ломтиками лайма, которые можно выжать поверх блюда.

КАК ЖАРИТЬ В ВОКЕ

Помешивание содержимого сковороды и встряхивание быстрым движением запястья не только эффектно выглядит, но и позволяет вам контролировать равномерность прожарки. Фокус в том, чтобы толкнуть сковороду от себя и тут же снова дернуть на себя. От себя, к себе, от себя, к себе. Придется немножко потренироваться, но этому навыку стоит научиться.

ДОМАШНИЕ НЬОККИ

НА 4 ПОРЦИИ

Еще один прекрасный способ не дать пропасть печеному или отварному картофелю. Ньокки можно приготовить из муки с яйцами, однако картофель придаст им изумительную легкую консистенцию, а рикотта добавит насыщенный сливочный вкус. Получится великолепное блюдо! Даже не верится, что все началось со вчерашних остатков картошки.

2 большие картофелины крахмалистых сортов
50 г сыра рикотта
90 г муки
1 яйцо от курицы с экологической фермы, слегка взбить венчиком
1 веточка тимьяна, только листья
Морская соль и свежемолотый белый перец
Тертый сыр пармезан для подачи

ДЛЯ СОУСА
Оливковое масло для жарки
Свежемолотый черный перец
150 г зеленого горошка (если свежий, то вынуть горошины из стручков, если замороженный – разморозить)
Сливочное масло
1 веточка тимьяна, только листья
Цедра 1 лимона

1. Разогреть духовку до 200 °C.

2. Картофель запеките в кожуре, примерно 1 час или чуть дольше, до мягкости и полной готовности. Очистите от кожуры (лучше всего пока картофель еще теплый) и растолките до гладкости, – здесь лучше всего подойдет картофельный пресс. Вмешайте рикотту, щепотку соли и белого перца и муку. В середине сделайте углубление, добавьте разболтанное яйцо и вымешайте присыпанными мукой руками. Добавьте листья тимьяна и продолжайте вымешивать, чтобы получилось гладкое тесто. Не перестарайтесь, иначе тесто станет слишком плотным и ньокки не набухнут при варке.

3. Разрежьте тесто пополам и раскатайте каждый кусок в длинную колбаску толщиной около 1,5 см. Тупой стороной присыпанного мукой ножа нарежьте каждую колбаску из теста на кусочки или «подушечки» длиной 2 см – ньокки. Аккуратно прижмите каждый кусочек по центру присыпанным мукой пальцем. В это углубление впитается больше соуса, и ньокки получатся вкуснее.

4. Вскипятите большую кастрюлю воды. Опустите в воду ньокки, слегка покачайте кастрюлю, чтобы они не слиплись, и варите примерно 1,5–2 минуты, пока не всплывут. Слейте воду, оставьте ньокки на 1–2 минуты подсохнуть.

5. Тем временем начинайте готовить соус. Разогрейте сковороду на средне-сильном огне и добавьте немного оливкового масла. Выложите ньокки в горячую сковороду со щепоткой соли и черного перца и обжарьте по 1–2 минуте с каждой стороны, до красивого золотистого цвета.

6. Добавьте в сковороду зеленый горошек с куском сливочного масла и тимьяном. Прогрейте, встряхивая сковороду, и добавьте цедру лимона. Подавайте с тертым пармезаном.

РЁШТИ С ЛУКОМ-ПОРЕЕМ, ГРЮЙЕРОМ И ЯИЧНИЦЕЙ-ГЛАЗУНЬЕЙ

НА 2 ПОРЦИИ

У каждого хорошего повара всегда найдутся варианты использования остатков картошки. Это альпийское блюдо – одно из моих любимых. Иногда швейцарцы добавляют в рёшти бекон, лук или даже яблоко, а мне нравится лук-порей – этакая импровизация на тему английских картофельных котлет с капустой. Из рёшти с зеленым салатом получится легкий ужин, а если приготовить это блюдо порционно, небольшими блинчиками, они замечательно подойдут к жареной курице или свинине.

500 г картофеля низкокрахмалистых сортов, клубни примерно одинакового размера
3 ст. л. оливкового масла и еще немного для яичницы
Примерно 40 г сливочного масла
1 стебель лука-порея, очистить и тонко нарезать
60 г сыра грюйер, натереть
2 яйца
Морская соль и свежемолотый черный перец
Зелень эстрагона для украшения

1. Отварите картофель в посоленной кипящей воде почти до готовности, но не до полной мягкости (примерно 10 минут на 2 клубня среднего размера). Слейте воду и остудите картофель (если у вас есть время, сварите до готовности и уберите в холодильник на ночь).

2. Разогрейте в сковороде столовую ложку оливкового масла и кусочек сливочного масла. Обжарьте лук-порей 3–4 минуты, до мягкости (не зажаривайте); посолите и поперчите по вкусу.

3. Когда картофель остынет, очистите его от кожуры и натрите на крупной терке. Промокните бумажным или чистым льняным полотенцем.

4. Аккуратно перемешайте тертый картофель с луком-пореем и сыром. Посолите, поперчите и снова перемешайте.

5. Разогрейте сковороду на среднем огне. Добавьте еще столовую ложку оливкового масла и кусочек сливочного масла. Когда масло растает, выложите картофельную смесь и встряхните сковороду, чтобы распределить ровным слоем. Жарьте 10 минут на среднем огне до золотистости (убавьте огонь, если картофель поджаривается слишком быстро).

6. Накройте сковороду тарелкой и переверните так, чтобы блинчик рёшти оказался на тарелке поджарившейся стороной вверх. Добавьте в сковороду еще столовую ложку оливкового масла и кусочек сливочного масла и, когда оно растает, положите рёшти на сковороду поджарившейся стороной вверх. Готовьте еще 10 минут, до готовности и румяности.

7. Тем временем на отдельной горячей, смазанной маслом сковороде поджарьте яичницу-глазунью так, как любите.

8. Подавайте рёшти, гарнировав яичницей и эстрагоном.

КАК ЖАРИТЬ НА СЛИВОЧНОМ МАСЛЕ

Сливочное масло при жарке делает вкус гораздо богаче, но готовить на нем нужно с осторожностью, чтобы не пригорело. Если добавить к сливочному маслу немного оливкового, температура точки горения увеличится, что позволит лучше зарумянить картофель, без ухудшения вкуса.

СПАГЕТТИ С ЧИЛИ, САРДИНАМИ И ОРЕГАНО

НА 2 ПОРЦИИ

Не стоит воротить нос от рыбных консервов – любой студент знает, что из них можно приготовить кучу быстрых и недорогих блюд. В этих итальянских спагетти на скорую руку я использовал сардины, но и скумбрия подойдет не хуже. Фокус в том, чтобы красиво подрумянить хлебные крошки, они получатся чесночные, хрустящие и добавят интересный текстурный контраст к пасте и рыбе.

Оливковое масло для жарки (при желании используйте масло от консервированных сардин)
2 зубчика чеснока, очистить и мелко порубить
75 г хлебных крошек (размолоть из черствого хлеба)
200 г сухих спагетти
1 стручок красного перца чили, очистить от семян и мелко порубить

1 консервная банка (120 г) качественных сардин без косточек, в оливковом масле или собственном соку, жидкость слить
5 веточек орегано (только листья) или ½ ч. л. сушеного орегано
50 г рукколы
Морская соль и свежемолотый черный перец

1. Разогрейте небольшую сковороду на среднем огне. Плесните масла, а когда раскалится, добавьте половину взятого количества чеснока и хлебные крошки. Готовьте на среднем огне минуты 3, до румяности крошек; чеснок за это время станет мягким и слегка покоричневеет. Посолите, поперчите и перемешайте. Выложите на бумажное полотенце, чтобы впитались излишки жира.

2. Отварите пасту в кипящей подсоленной воде до готовности аль-денте согласно инструкции на упаковке.

3. Тем временем нагрейте сковороду на среднем огне и добавьте немного масла. Обжарьте оставшийся чеснок вместе с чили 1–2 минуты. Сардины разберите на небольшие кусочки и перемешайте в сковороде с чесноком и чили.

4. Готовую пасту откиньте на сито, затем добавьте в сковороду к сардинам. Встряхните, чтобы все хорошо перемешалось. Добавьте орегано, попробуйте на соль и перец.

5. Перед подачей добавьте рукколу, размешайте и разложите по порционным тарелкам. Присыпьте хрустящими хлебными крошками с чесноком и сразу подавайте.

КАК ИСПОЛЬЗОВАТЬ ЧЕРСТВЫЙ ХЛЕБ
Из зачерствевшего хлеба получаются прекрасные панировочные сухари, а еще – замечательные крутоны и даже классический тосканский салат «панцанелла» на основе черство хлеба, помидоров, оливок, сладкого перца и каперсов.

АРОМАТНЫЙ ЖАРЕНЫЙ РИС НА СКОРУЮ РУКУ

НА 4 ПОРЦИИ

Почти каждый из нас пробовал рис, жаренный с яйцом, в ближайшем китайском ресторане, но в этом рецепте я иду на шаг дальше и добавляю в рис брокколи и зелень, так что рис превращается в полноценный ужин, как это и было некогда задумано изначально. Вкусно, дешево и питательно – прекрасный способ утилизации остатков риса.

Растительное масло без запаха (например, арахисовое), для жарки
1 стручок красного перца чили, очистить от семян и порубить
2 зубчика чеснока, очистить и мелко порубить
3 см корня свежего имбиря, очистить и мелко порубить
250 г брокколи, нарезать небольшими соцветиями
2 больших пучка нарезанных зеленых овощей, например салата или пекинской капусты
600 г вчерашнего отварного риса сорта жасмин (из 200 г сухого риса)

2 яйца, разболтать венчиком
2 стебля зеленого лука, очистить и тонко нашинковать
Рыбный соус, по вкусу
Щепотка мелкого сахара, по вкусу

ДЛЯ ПОДАЧИ
2 стебля зеленого лука, очистить и нарезать
2–4 ломтика лайма

1. Нагрейте большую глубокую сковороду, или вок, на среднем огне. Плесните немного масла и обжарьте чили с чесноком и имбирем 30 секунд, до появления отчетливого аромата.

2. Добавьте в сковороду брокколи и зелень с 1–2 столовыми ложками воды, чтобы овощи готовились на пару. Готовьте на сильном огне примерно 1 минуту, пока вода не выпарится, а овощи не начнут становиться мягкими.

3. Добавьте рис и обжарьте, постоянно помешивая, все вместе. Готовьте 1–2 минуты, чтобы рис полностью прогрелся.

4. В середине горки риса сделайте углубление и добавьте разболтанные яйца. Посыпьте зеленым луком и добавьте немного рыбного соуса. Готовьте яйца как взбитую яичницу-болтунью (непрерывно помешивая лопаткой) на средне-сильном огне до готовности, затем перемешайте получившиеся яичные комочки с рисом.

5. Теперь, когда яйца готовы и соединились с рисом, попробуйте. Добавьте щепотку сахара и приправьте рыбным соусом.

6. Подавайте жареный рис, украсив зеленым луком и ломтиками лайма, чтобы блюдо можно было при желании сбрызнуть соком.

КАК ПОЛУЧИТЬ ПЫШНЫЙ ОТВАРНОЙ РИС

Чтобы зерна риса не прилипали друг к другу, а текстура получилась воздушной, рис перед варкой обязательно нужно подержать в сите под проточной водой, смывая крахмал. Если отварной рис подавать будете не сразу, его следует остудить, выложив тонким слоем на противень, и убрать в холодильник. Для обжаривания в воке нужен рис, который постоял в холодильнике хотя бы несколько часов (от этого он станет суше). Если этого не сделать, получится клейкая масса.

СУФЛЕ С ТРЕМЯ ВИДАМИ СЫРА

НА 6 ПОРЦИЙ

Его можно назвать и гигантским яичным блинчиком, и огромным омлетом с мукой – это уже вопрос терминологии. Можете как угодно экспериментировать с сырами, я же обязательно добавляю творог или домашний сыр, чтобы блюдо получилось не таким тяжелым.

30 г сливочного масла и еще немного,
   для смазывания
50 г муки
1 ч. л. мелкого сахара
1 ч. л. разрыхлителя
6 яиц, разболтать венчиком
225 мл молока нормальной жирности
   (см. подсказку ниже)
Морская соль и свежемолотый черный перец
200 г зернистого или домашнего творога
350 г сыра монтерей джек, натереть (если не найдете, замените сыром пор-салю, молодым чеддером или эдамом)
75 г мягкого сливочного сыра

1. Разогрейте духовку до 180 °C. Смажьте сливочным маслом форму для запекания размером 20×30 см.

2. Смешайте в миске муку, сахар и разрыхлитель. В середине сделайте углубление и добавьте разболтанные яйца, молоко, по щепотке соли и перца. Хорошо взбейте венчиком.

3. Вмешайте зернистый творог и тертый сыр. Сверху выложите небольшие кусочки сливочного сыра и сливочного масла, перемешайте ложкой.

4. Вылейте смесь в смазанную маслом форму и выпекайте 30–40 минут, до золотистой корочки, чтобы суфле уплотнилось. Подавать лучше всего с легким салатом из помидоров и водяного кресса.

КАК СДЕЛАТЬ СУФЛЕ МЕНЕЕ КАЛОРИЙНЫМ

У этого суфле роскошный сливочный вкус, но если вас беспокоит содержание жира, замените обычное молоко обезжиренным и используйте зернистый творог и сливочный сыр пониженной жирности.

НЕСЛОЖНЫЕ АРАНЧИНИ

НА 18 ШТУК

Количество ингредиентов в этом рецепте можно и удвоить, ведь, в сущности, это два блюда в одном. Сначала готовим чудесное грибное ризотто с богатым вкусом, которое можно подать к ужину (сбрызнув оливковым маслом), а на следующий день приготовить из остатков эти рисовые шарики. Аранчини идеально подойдут к бокалу просекко (или шампанского, если вы так и не приноровились ко всей этой экономии).

25 г ассорти сушеных лесных грибов
Сливочное масло
Растительное масло без запаха (например, арахисовое), для жарки
1 небольшая луковица, репчатая или шалот, очистить и тонко нашинковать
1 зубчик чеснока, очистить и раздавить
250 г риса для ризотто
125 мл сухого белого вина
500 мл овощного или куриного бульона
25 г сыра пармезан, натереть
9 мини-шариков моцареллы или половинку обычной моцареллы
1–2 яйца, разболтать венчиком
Примерно 100 г муки
125 г панировочных крошек «панко» или обычных панировочных сухарей
Морская соль и свежемолотый черный перец
Ломтики лимона для подачи (по желанию)

1. Замочите грибы в 250 мл горячей воды на 20 минут.

2. Нагрейте толстостенную глубокую сковороду или сотейник на среднем огне. Добавьте хороший кусок сливочного масла и немного растительного, потомите лук с чесноком минут пять, до мягкости, но не зажаривайте.

3. Добавьте рис и энергично помешивайте несколько минут, чтобы зерна сделались слегка прозрачными по краям. Деглазируйте сковороду вином и соскребите лопаткой приставшие ко дну кусочки. Доведите до кипения, затем убавьте огонь и выпарите спирт в течение 1–2 минут.

4. Тем временем подогрейте бульон и добавьте в него жидкость, в которой замачивали грибы. Влейте половник горячего бульона в рис и готовьте, помешивая, на среднем огне, пока жидкость не впитается; затем добавьте еще половник бульона. Повторяйте, пока не закончится весь бульон или рис не станет мягким, но останется аль-денте. Обязательно непрерывно помешивайте, чтобы получилось кремовое ризотто. Это займет около 20 минут.

ПРОДОЛЖЕНИЕ НА СТР. 160

5. Набухшие грибы нарежьте небольшими кусочками и аккуратно вмешайте в готовое ризотто. Добавьте кусок сливочного масла и пармезан и хорошо перемешайте. Попробуйте на соль и перец и дайте ризотто остыть (это произойдет быстрее, если выложить его в один слой на противень).

6. Если используете мини-моцареллу, разрежьте шарики пополам; обычную нарежьте кубиками со стороной 1,5–2 см.

7. Приготовьте три тарелки или неглубокие миски. В одну поместите разболтанное яйцо, в другую – муку, приправленную щепоткой соли и перца, а в третью – панировочные сухари.

8. Когда ризотто остынет (не обязательно полностью, главное, чтобы стало не таким жидким и с ним можно было работать руками), сформуйте рисовые шарики размером с мяч для гольфа. В середину каждого шарика поместите кусочек моцареллы (постарайтесь, чтобы сыр был полностью утоплен в рисе). Уберите в холодильник хотя бы на 30 минут или на всю ночь, чтобы шарики схватились.

9. Разогрейте фритюрницу до 170 °C или наполните большой сотейник на одну треть растительным маслом без запаха и раскалите так, чтобы опущенный в масло кусочек хлеба сразу же зашипел и зарумянился за 30 секунд.

10. Обваляйте рисовый шарик в муке, стряхните излишки, затем окуните в яйцо и тоже дайте стечь лишнему. Наконец, хорошо обваляйте в панировочных сухарях. Повторите с остальными шариками.

11. Обжаривайте аранчини во фритюре порциями, по 2–3 минуты, до золотистости. Доставайте из фритюра шумовкой и выкладывайте на бумажное полотенце, чтобы излишки жира впитались. Сразу же подавайте, пока начинка в центре не застыла. При желании сбрызните лимонным соком.

КАК ПОЖАРИТЬ АРАНЧИНИ БЕЗ ФРИТЮРНИЦЫ

Если у вас осталось неиспользованное ризотто, можете приготовить аранчини из него. Их также можно жарить без фритюрницы, на сковороде. Готовьте на среднем огне и часто переворачивайте, все время поливая имеющимся в сковороде маслом.

ЯГНЕНОК С КРУТОНАМИ

НА 2 ПОРЦИИ

Стейк из ягнятины вырезают из верхней части ноги, мясо получается на косточке, в которой много вкуснейшего костного мозга. Поскольку это дешевый отруб, для того чтобы вкус раскрылся наиболее полно, его нужно очень хорошо обжарить со всех сторон. Вот почему, хотя ягнятину можно приготовить и на гриле, она никогда не получится так же хорошо, как то же самое мясо, «запечатанное» в сковороде и политое выделившимся соком. К этой ягнятине с анчоусной заправкой и крутонами нужен всего лишь зеленый салат или зеленая стручковая фасоль – и получится полноценный ужин. Кто бы мог подумать, что такое вкусное блюдо можно приготовить из недорогого мяса и черствого хлеба?

2 стейка из ягнячьей ноги
Оливковое масло для жарки
2 зубчика чеснока, не чистить, раздавить
200 г белого хлеба с хрустящей корочкой, нарезать кубиками
3–4 ст. л. молока
Морская соль и свежемолотый черный перец

ДЛЯ АНЧОУСНОЙ ЗАПРАВКИ

25 г анчоусов, консервированных в оливковом масле
1 ст. л. каперсов
1,5 ч. л. дижонской горчицы
2 ст. л. красного винного уксуса или по вкусу
Оливковое масло первого холодного отжима
Небольшой пучок петрушки, зелень порубить не слишком мелко

1. Каждый кусок мяса слегка надсеките по краям, чтобы стейки не съежились при жарке. Хорошо посолите и поперчите (к баранине нужно много перца), вотрите специи в мясо. Это будет легче сделать, если заранее достать мясо из холодильника и довести до комнатной температуры.

2. Хорошо раскалите сковороду и плесните немного масла. Когда масло будет горячим, положите туда ягнятину и чеснок. Подрумяньте мясо по 2,5–3 минуты с каждой стороны, поливая маслом из сковороды и часто переворачивая чеснок, чтобы не подгорел. Достаньте мясо из сковороды и оставьте отдохнуть, полив выделившимся в сковороду соком; чеснок сохраните.

ПРОДОЛЖЕНИЕ НА СТР. 162

3. Тем временем приправьте куски хлеба солью и перцем. Замочите в молоке, перемешав, чтобы хлеб пропитался равномерно. Молоко придаст крутонам богатую сливочную консистенцию, почти как у французских тостов (гренков).

4. Приготовьте заправку: разотрите в ступке обжаренный чеснок с анчоусами и каперсами в однородную пасту. Вмешайте горчицу, уксус и достаточное количество оливкового масла, чтобы получился густой соус. Добавьте в ступку петрушку и хорошо перемешайте ложкой. Попробуйте на соль и перец.

5. Нагрейте немного оливкового масла в чистой сковороде на среднем огне. Выньте хлеб из молока, отожмите и обжарьте, дополнительно посолив и поперчив, 4–5 минут, часто переворачивая, до золотистости. Достаньте из сковороды и обсушите на бумажном полотенце.

6. Для подачи выложите заправку ложкой на тарелки, посыпьте половиной крутонов, сверху выложите мясо. Посыпьте оставшимися крутонами, полейте соусом. Подавайте немедленно.

КАК ПРАВИЛЬНО ЖАРИТЬ МЯСО

При жарке любого мяса очень важно, чтобы мясо на сковороде шипело, – это свидетельствует о том, что и сковорода, и масло достаточно накалились. Если шипения не слышно, выньте мясо, а масло раскалите получше. У таких кусков, как говяжий толстый край или бараний стейк, по периметру есть слой жира, который нужно обжарить до золотистости. Для этого всегда кладите кусок мяса на сковороду жиром от себя, а сковороду наклоняйте так, чтобы вытапливающийся жир стекал к центру и кипел.

ПИКАНТНЫЙ РИС С КОЛБАСКАМИ

НА 4 ПОРЦИИ

Это блюдо готовится, как старомодная джамбалайя – смесь из риса с мясом и овощами, наподобие ризотто, только все время перемешивать не надо. Колбаски стоят недорого, но вкус у них очень насыщенный, причем он еще лучше передастся рису, если предварительно снять с колбасок оболочки. Подойдут любые: чоризо, мергез, свиные или говяжьи сардельки – в зависимости от той степени остроты, которая вам нравится.

Оливковое масло для жарки
1 красная луковица, очистить и нашинковать
1 красный сладкий перец, очистить от семян и порубить
2 зубчика чеснока, очистить и тонко нашинковать
5 острых колбасок, например итальянских с чили
1 ч. л. с горкой копченой паприки
200 г длиннозерного риса

½ стакана белого вина
500 мл куриного бульона
4 стебля зеленого лука, очистить и порубить
1 помидор, нарезать кусочками
Небольшой пучок петрушки, порубить не слишком мелко
Морская соль и свежемолотый черный перец

1. Налейте немного масла в глубокую толстостенную форму и обжарьте лук 5 минут, до мягкости (но не зажаривайте). Добавьте сладкий перец и чеснок и готовьте 2 минуты. У колбасок надрежьте оболочку, раскрошите мясо в форму и подрумяньте на среднем огне 4–5 минут. Добавьте копченую паприку и перемешайте. Приправьте солью и перцем по вкусу.

2. Добавьте рис и тщательно перемешайте, чтобы он впитал все вкусы. Деглазируйте сковороду белым вином и соскребите лопаткой приставшие ко дну кусочки. Влейте бульон и доведите до кипения. Варите на медленном огне 15–20 минут, до мягкости риса, жидкость за это время почти вся впитается.

3. Снимите с огня, аккуратно добавьте зеленый лук, помидор и петрушку, перемешайте и подавайте.

КАК ПАССЕРОВАТЬ ЛУК
Лук для пассерования не шинкуйте слишком тонко, иначе он не успеет карамелизоваться и подгорит. Не спешите. Оставьте лук в сковороде на 5 или 6 минут, не трогая.

ФРИКАДЕЛЬКИ ИЗ СВИНИНЫ С КРЕВЕТКАМИ В АРОМАТНОМ БУЛЬОНЕ

НА 2 ПОРЦИИ

Мне всегда нравилось сочетание мяса с морепродуктами, а из этих простых фрикаделек из свинины с креветками в согревающем бульоне получится прекрасный легкий обед или ужин. Как всегда, блюдо очень важно пробовать в процессе приготовления, чтобы контролировать вкус бульона. Чем дольше вы будете готовить, тем насыщенней он станет.

100 г сырых креветок, очистить, удалить кишечную жилу (см. подсказку ниже)
250 г свиного фарша
1,5 ст. л. мелко рубленного шнитт-лука
1,5 см корня свежего имбиря, очистить и нарезать кубиками
Растительное масло без запаха (например, арахисовое), для жарки
2 больших пучка шпината
Морская соль и свежемолотый черный перец
1 стебель зеленого лука, очистить и тонко нашинковать, для украшения

ДЛЯ БУЛЬОНА
1 л куриного или рыбного бульона, домашнего или из бульонных кубиков
2 звездочки аниса, целиком
1–2 ч. л. устричного соуса, по вкусу
1–2 ч. л. соевого соуса, по вкусу
2 см корня свежего имбиря, очистить и порубить

1. Креветки мелко порубите, поместите в миску вместе со свининой, шнитт-луком и имбирем, приправьте хорошей щепоткой соли и перца. Вымешайте как следует, чтобы получился липкий фарш. Сформуйте небольшие шарики, диаметром примерно 2,5 см, выложите на тарелку, накройте и уберите в холодильник.

2. Тем временем приготовьте бульон. Нагрейте бульонную основу в сотейнике, добавьте остальные ингредиенты и хорошо перемешайте. Доведите до кипения, убавьте огонь и варите 10 минут, чтобы бульон настоялся, затем попробуйте и, если нужно, досолите и доперчите. Чтобы бульон получился более насыщенного вкуса, варите на медленном огне дольше.

3. Нагрейте сковороду с толстым дном на среднем огне и плесните немного масла. Обжарьте фрикадельки из свинины с креветками, часто переворачивая, 6–7 минут, чтобы они зарумянились со всех сторон. Переложите в слабо кипящий бульон и тушите 5 минут, до готовности. Добавьте шпинат и припустите в течение еще 1 минуты.

4. Попробуйте на соль и перец. Подавайте, присыпав зеленым луком.

КАК ПОДГОТОВИТЬ КРЕВЕТКИ
Сначала отломите голову, затем удалите панцирь с креветочного хвоста. Кончиком острого ножа сделайте надрез вдоль спины и вытащите темную жилу. Перед использованием очищенные креветки сполосните.

КЮФТА ИЗ НУТА С КУМИНОМ И ШПИНАТОМ, С ЗАПРАВКОЙ ИЗ ТАХИНИ

ПРИМЕРНО НА 20 ШТУК

Нут сам по себе довольно пресный, но замечательно впитывает острые вкусы. Благодаря своей текстуре этот вид гороха прекрасно заменит фарш – скажем, в котлете для бургера или в классической кюфте. Шарики кюфты важно выдержать в холодильнике, чтобы потом они не развалились при жарке.

200 г шпината
Оливковое масло для жарки
1 ст. л. кумина
2 банки (по 420 г) консервированного нута, жидкость слить
1 ч. л. паприки
½ ч. л. молотой куркумы
2 ст. л. нутовой муки и еще немного для обваливания
Морская соль и свежемолотый черный перец

ДЛЯ ЗАПРАВКИ

150 г натурального йогурта
1–2 ст. л. пасты тахини, по вкусу
Сок половинки лимона
2 ст. л. рубленой кинзы
Оливковое масло (по желанию)

1. Шпинат промойте и припустите, помешивая, на довольно горячей, смазанной маслом сковороде. Хорошо отожмите от излишков жидкости и мелко порубите.

2. Кумин прокалите на сухой сковороде около 1 минуты до золотистости и яркого аромата, затем растолките в ступке пестиком.

3. Поместите нут с кумином, пряностями и большой щепоткой соли и перца в блендер и взбейте в однородную пасту. Если смесь получается слишком сухая и неклейкая, добавьте 2–3 столовые ложки воды и снова взбейте. Добавьте шпинат, всыпьте муку и хорошо вымешайте.

4. Руки присыпьте мукой, наберите столовую ложку смеси и сформуйте комочек в форме яйца. Если это слишком сложно, просто скатайте шарики. Повторите с оставшейся смесью и выкладывайте шарики на присыпанную мукой тарелку или противень. Уберите в холодильник как минимум на 1 час перед дальнейшей готовкой.

5. Разогрейте духовку до 120 °С.

6. Нагрейте немного масла в сковороде и порциями обжарьте кюфту на среднем огне по 2–3 минуты, до золотистой корочки со всех сторон, чтобы шарики полностью прогрелись изнутри. Готовые шарики промокните бумажным полотенцем и поместите в теплую духовку.

7. Соедините все ингредиенты для заправки, приправьте солью и перцем по вкусу. Добавьте немного оливкового масла, если предпочитаете более жидкую консистенцию.

8. Подавайте кюфту в теплом виде, гарнировав соусом.

ШАРАНТСКАЯ ДЫНЯ С КРЕМ-ФРЕШ

НА 4 ПОРЦИИ

Покупать фрукты и ягоды в самый разгар сезона не только дешевле – с ними не нужно делать ничего особенного, чтобы максимально ярко раскрыть вкус. В этом рецепте показано, как просто приготовить фруктовый салат: дыня, сахарный сироп и виноград. Чтобы проверить спелость дыни, понюхайте ее у хвостика. У спелой дыни запах сладкий. Если запах напоминает конфеты дюшес, значит, дыня переспела.

1 спелая шарантская дыня или дыня сорта «галия»
1 ст. л. лимонного сока
200 мл сахарного сиропа (см. ниже)
4 ст. л. крем-фреш
Несколько виноградин без косточек,
   нарезать половинками
8 веточек мяты для украшения

1. Дыню очистите, семена удалите, мякоть выберите специальной ложкой. Поместите в кухонный комбайн вместе с лимонным соком и сахарным сиропом, взбейте до однородной консистенции. Уберите в холодильник на 3–4 часа.

2. Выложите пюре ложкой в 4 охлажденные стеклянные креманки, сверху уложите крем-фреш и виноград, украсьте мятой и подавайте.

КАК ПРИГОТОВИТЬ САХАРНЫЙ СИРОП
Вскипятите 150 мл воды с 75 г сахара в течение 5 минут, остудите. В процессе готовки можете положить любые добавки: полоску лимонной цедры, кусочек имбиря или звездочку аниса, все это прекрасно сработает.

СЛИВОЧНЫЙ ХЛЕБНЫЙ ПУДИНГ

НА 6–8 ПОРЦИЙ

В детстве хлебный пудинг был моим самым любимым десертом. Мама всегда готовила его из дешевого белого хлеба в нарезке, но с тех пор я успел поэкспериментировать с самым разным хлебом: багетом, батонами, бриошами, круассанами. Сейчас мне больше всего нравятся шоколадные слойки – кусочки шоколада превращают привычный хлебный пудинг в особенное блюдо.

50 г сливочного масла комнатной температуры и еще немного для смазывания формы
2–3 ст. л. абрикосового джема
6 слоек с шоколадом, нарезать ломтиками толщиной 1 см
1–2 ст. л. молотой корицы
4 ст. л. сахара демерара
35 г светлого изюма
500 мл молока нормальной жирности
120 мл сливок жирностью 48 %
6 яиц
2 стручка ванили, соскрести зернышки

1. Разогрейте духовку до 180 °C. Слегка смажьте сливочным маслом форму для выпечки размером 18×23 см.

2. Джем подогрейте в кастрюле на слабом огне в течение пары минут, чтобы он растаял, и снимите с плиты.

3. Ломтики слоек смажьте сливочным маслом с одной стороны и положите в большую миску. Присыпьте смазанную форму для выпечки примерно 2 чайными ложками корицы и 2 столовыми ложками сахара и высыпьте туда весь изюм. Залейте почти всем джемом, сохранив немного для глазирования в самом конце.

4. Взбейте венчиком молоко, сливки, яйца, зернышки ванили и 1 чайную ложку корицы и залейте слойки половиной этой смеси. Когда слойки слегка намокнут, выложите куски внахлест в форму для выпечки. Уложите таким образом все слойки, затем залейте оставшейся яично-молочной смесью, а сверху посыпьте оставшимся сахаром и корицей.

5. Поместите в разогретую духовку и выпекайте 35–40 минут, до румяности.

6. Смажьте пудинг оставшимся растопленным джемом и подавайте.

ГОТОВИМ ЗАРАНЕЕ

УВЕРЕННЫЙ В СЕБЕ ПОВАР ГОТОВИТ СПОКОЙНО И БЕЗ СПЕШКИ, А САМЫЙ ЛУЧШИЙ СПОСОБ ДОСТИЧЬ ТАКОЙ УВЕРЕННОСТИ – КАК МОЖНО БОЛЬШЕ ПОДГОТОВИТЬ ЗАРАНЕЕ.

Это значит не просто достать все ингредиенты до начала готовки и почистить овощи перед тем, как включать плиту (несмотря на всю важность такой подготовки), но иногда и полностью приготовить блюдо загодя. Вам будет легче устроить обед или ужин, зная, что одна из перемен блюд уже готова. Некоторые блюда, постояв, становятся гораздо вкуснее. Со всех сторон – польза. В некоторых случаях и выбора-то нет: бывают блюда, которые необходимо готовить заранее. Скажем, баночка чатни замечательно украсит самый простой ужин, но вряд ли вы, вечером открыв холодильник и обнаружив там ветчину, решите: «Так-так, сейчас я быстренько приготовлю к этой ветчине чатни». Такие вещи готовят загодя, с запасом и хранят в холодильнике или кладовке. Благодаря содержащимся в них уксусу и сахару они не портятся годами, если банки простерилизовать как следует – умение, которым славились наши бабушки. Для стерилизации банки и крышки следует тщательно вымыть и просушить на льняном полотенце. Затем разогрейте духовку на минимальном огне, поместите банки и крышки на противень и прогрейте в духовке в течение 30 минут.

Кроме того, если нужно приготовить много еды впрок, очень облегчает жизнь морозилка. В последние лет десять мы стали воротить нос от замороженной еды – думаю, потому, что нас приучили воспринимать охлажденные продукты как более свежие. На самом деле замороженные зачастую лучше (я предпочитаю замороженный зеленый горошек, а не так называемые «свежие» стручки, продающиеся в супермаркетах круглый год, да и с рыбой зачастую так же). Если вы готовите самостоятельно, имеет смысл приготовить сразу много и часть заморозить. У меня в морозилке всегда наготове такие вещи, как куриный бульон, томатный соус и фрикадельки, расфасованные порциями удобного размера и ждущие своего часа. Фрикадельки – это хороший пример, они замечательно переносят заморозку и настолько универсальны, что после размораживания с ними можно делать что угодно: хоть мексиканский суп, хоть макаронную запеканку, хоть сэндвич с растопленным сыром…

Блюда, которые следует подавать при комнатной температуре, удобно готовить тогда, когда есть время. Это не только пироги, выпечка и прочее, но и более нежные блюда, скажем, киш. Слишком горячую еду обычно проглатывают, не чувствуя вкуса; у слишком холодных блюд вкус умирает. Вот почему, достав из холодильника сыр или холодное мясо, перед подачей их обязательно нужно довести до комнатной температуры, чтобы вкус раскрылся. Нет ничего плохого и в основном блюде комнатной температуры, скажем, в пошированном лососе. И опять-таки – меньше забот повару.

А еще есть блюда, у которых вкус со временем значительно улучшается. Самые очевидные примеры: маринады и рагу. В кулинарии важно максимально раскрыть все вкусы, заставить ингредиенты работать в блюде. Проще всего это сделать, если оставить компоненты в контакте друг с другом подольше, чтобы вкусы соединились, а ингредиенты пропитали друг друга. Если замариновать кусок мяса в травах и вине на пару часов, оно впитает некоторые вкусовые качества маринада и сделается нежнее. Оставьте тот же кусок мариноваться на сутки – и ваши старания вознаградятся стократ. Приготовьте рагу за день до подачи – и мясо, погруженное в ароматную подливу, как губка, впитает все вкусы, а на следующий день после аккуратного подогревания сделается только сочнее и вкуснее. Этим фокусом мы часто пользуемся в ресторанах.

Кроме того, в эту главу я включил блюда, требующие долгой готовки: томленая свинина с фенхелем, томленые говяжьи ребрышки (см. стр. 189 и 194). Их не обязательно готовить заранее, хотя в случае с говяжьими ребрышками к этому нет никаких препятствий. В сущности, вы просто делаете всю подготовительную работу загодя, а потом предоставляете еду самой себе. Медленная готовка лучше всего подходит для жирных, жестких, дешевых отрубов мяса, таких как щеки, шейка и подчеревина – сытной еды как она есть. Десять минут, потраченные на то, чтобы как следует обжарить мясо, выпарить вино и насытить ингредиенты вкусом, через несколько часов дадут вам тающее во рту, вкусное, нежное блюдо, достойное самого изысканного ужина. А главное – мытье посуды сводится к минимуму, ведь еда готовится в одной кастрюле или форме.

ОСТРЫЙ СУП С ФРИКАДЕЛЬКАМИ

НА 4–6 ПОРЦИЙ

Фрикадельки в густом и остром бульоне — по-настоящему питательное и согревающее блюдо. Его вкус невероятно украсит перец чипотле в соусе адобо (острый перец халапеньо в подкопченном кисло-сладком пюре), но если в продаже этого ингредиента нет, попробуйте сирийский перец чили сорта «алеппо» с приятным копченым привкусом или обычный чили с 1–2 чайными ложками копченой паприки.

1 луковица, очистить и нарезать кубиками
2 зубчика чеснока, очистить и тонко нашинковать
1 ч. л. кумина
½–1 ст. л. пасты из перца чипотле или чипотле в соусе адобо
1 банка (400 г) рубленых помидоров в собственном соку
1 ч. л. сушеного орегано
1 л говяжьего или куриного бульона
1 банка (340 г) консервированной кукурузы, жидкость слить
2 кабачка, очистить и нарезать кубиками со стороной 2 см

ДЛЯ ФРИКАДЕЛЕК

1 маленькая луковица, очистить и нарезать мелкими кубиками
2 зубчика чеснока, очистить и тонко нашинковать
1 ч. л. хлопьев сушеного чили
500 г говяжьего фарша
75 г хлебных крошек
3–4 ст. л. молока
Оливковое масло для жарки
Морская соль и свежемолотый черный перец

ДЛЯ ПОДАЧИ

1 большая горсть кукурузных чипсов, слегка поломать
4 ст. л. рубленой кинзы
2 ст. л. перца халапеньо, очищенного от семян и порубленного

1. Сначала приготовьте фрикадельки. Обжарьте лук с чесноком, солью и перцем на горячей, смазанной маслом сковороде примерно 5 минут, до мягкости и легкой зажаристости, через 1–2 минуты после начала добавьте хлопья чили. Поместите фарш в большую миску, посолите и поперчите. В отдельной миске замочите хлебные крошки в молоке. Посолите, поперчите, затем хорошо перемешайте фарш с хлебными крошками и луковой смесью. Мокрыми руками разделайте фарш на шарики размером чуть меньше мяча для гольфа (диаметром примерно 3 см). Переложите на слегка смазанную маслом тарелку или противень и уберите в холодильник на 30 минут, чтобы фрикадельки схватились.

2. В большом сотейнике нагрейте немного масла и обжарьте лук с чесноком для бульона, вместе со щепоткой соли и перца, 4–5 минут, до мягкости. Добавьте кумин и фрикадельки, готовьте на сильном огне, чтобы семена зиры обжарились, а фрикадельки подрумянились со всех сторон.

3. Добавьте пасту чипотле и размешайте на сильном огне. Добавьте консервированные помидоры, орегано и бульон, доведите до кипения, затем убавьте огонь. Посолите, поперчите и варите на слабом огне 20 минут, до готовности фрикаделек; суп за это время слегка загустеет. При желании это можно сделать заранее и оставить суп на ночь, чтобы настоялся.

4. Перед подачей добавьте кукурузу и кабачки, готовьте 3–4 минуты, до мягкости. Подавайте суп, посыпав кусочками кукурузных чипсов, кинзой и перцем халапеньо.

КАК ЗАМОРОЗИТЬ ФРИКАДЕЛЬКИ

Фрикадельки из вышеприведенного рецепта прекрасно переносят заморозку и могут быть использованы во многих других блюдах. Только обязательно дайте луково-чесночной смеси полностью остыть перед тем, как соединять с фаршем и формовать шарики. Сразу же заморозьте фрикадельки, а перед дальнейшей готовкой дайте полностью разморозиться.

ФРИКАДЕЛЬКИ ИЗ ГОВЯДИНЫ С ОРЕКЬЕТТЕ, ЛИСТОВОЙ КАПУСТОЙ И КЕДРОВЫМИ ОРЕШКАМИ

НА 4 ПОРЦИИ

Орекьетте с итальянского переводится как «ушки» и означает пасту соответствующей формы, традиционно подаваемую в Апулии с брокколи, анчоусами и чили. Это блюдо я придумал по мотивам апулийских орекьетте, заменив брокколи листовой капустой (кале, грюнколь или каволо неро), а анчоусы и чили – на фрикадельки.

500 г сухой пасты орекьетте
2 зубчика чеснока, очистить и нашинковать
200 г листовой капусты, нарезать
4 ст. л. кедровых орешков, прокалить на сухой сковороде
Свеженатертый пармезан, по вкусу

ДЛЯ ФРИКАДЕЛЕК
1 маленькая луковица, очистить и нарезать мелкими кубиками
2 зубчика чеснока, очистить и тонко нашинковать
Оливковое масло для жарки
1 ч. л. сушеных хлопьев чили
500 г говяжьего фарша
75 г хлебных крошек
3–4 ст. л. молока
Морская соль и свежемолотый черный перец

1. Сначала приготовьте фрикадельки. Обжарьте лук с чесноком, солью и перцем на горячей, смазанной маслом сковороде примерно 5 минут, до мягкости и легкой зажаристости, через 1–2 минуты после начала добавьте хлопья чили. Поместите фарш в большую миску, посолите и поперчите. В отдельной миске замочите хлебные крошки в молоке. Посолите, поперчите, хорошо перемешайте фарш с хлебными крошками и луковой смесью. Мокрыми руками разделайте фарш на шарики диаметром примерно 2 см. Переложите на слегка смазанную маслом тарелку или противень и уберите в холодильник на 30 минут, чтобы фрикадельки схватились.

2. Отварите пасту аль-денте в кипящей подсоленной воде согласно инструкции на упаковке.

3. Тем временем разогрейте большую сковороду на среднем огне и добавьте немного оливкового масла. Обжарьте фрикадельки в течение 6 минут, до румяной корочки со всех сторон. Добавьте в сковороду чеснок и жарьте еще 2 минуты, до мягкости, затем добавьте листовую капусту, посолите и поперчите. Потомите капусту на среднем огне 5 минут с парой столовых ложек воды, в которой варилась паста. Попробуйте на соль и перец, затем добавьте кедровые орешки.

4. Пасту откиньте на сито, несколько столовых ложек воды сохраните. Переложите пасту в сковороду к фрикаделькам и хорошо перемешайте на средне-слабом огне. Добавьте большую пригоршню мелко натертого пармезана и перемешайте, добавив немного воды от орекьетте, чтобы соус хорошо соединился с пастой. Попробуйте; если нужно, досолите.

5. Подавайте, немного присыпав пармезаном.

КАК ТОМИТЬ ОВОЩИ

Овощи томят для того, чтобы они стали мягкими, но не зажарились. Сначала разогрейте толстостенную сковороду на среднем огне. Когда она раскалится, добавьте немного масла (или воды, в зависимости от рецепта), затем кладите овощи и обжаривайте, часто помешивая, в течение 5–10 минут. Очень важно следить, чтобы овощи не подрумянивались, иначе вкус может горчить.

СЭНДВИЧ С ФРИКАДЕЛЬКАМИ ИЗ ГОВЯДИНЫ, ТАЮЩЕЙ МОЦАРЕЛЛОЙ И ТОМАТНОЙ САЛЬСОЙ

НА 4 ПОРЦИИ

Это упрощенная вариация на тему бургера с говядиной и с моцареллой вместо швейцарского сыра. Сальса из помидоров с луком и кинзой – прекрасная замена кетчупу, только свежее.

1 маленькая луковица, очистить и нарезать мелкими кубиками
2 зубчика чеснока, очистить и тонко нашинковать
Оливковое масло для жарки
1 ч. л. сушеных хлопьев чили
500 г говяжьего фарша
75 г хлебных крошек
3–4 ст. л. молока
4 булочки для хот-догов
2 шарика сыра моцарелла, разломить на кусочки
Морская соль и свежемолотый черный перец

ДЛЯ САЛЬСЫ
3 помидора, мелко порубить
Половинка красной луковицы, очистить и мелко порубить
1 ст. л. рубленой кинзы
1 ч. л. белого винного уксуса
Щепотка сахара

1. Сначала приготовьте фрикадельки. Обжарьте лук с чесноком, солью и перцем на горячей, смазанной маслом сковороде примерно 5 минут, до мягкости и легкой зажаристости, через 1–2 минуты после начала добавьте хлопья чили. Поместите фарш в большую миску, посолите и поперчите. В отдельной миске замочите хлебные крошки в молоке. Посолите, поперчите, затем хорошо перемешайте фарш с хлебными крошками и луковой смесью. Мокрыми руками разделайте фарш на шарики диаметром примерно 4 см. Переложите на слегка смазанную маслом тарелку или противень и уберите в холодильник на 30 минут, чтобы фрикадельки схватились.

2. Налейте немного масла на сковороду и обжарьте фрикадельки на средне-слабом огне минут 10, чтобы зарумянились со всех сторон и полностью прожарились внутри. Снимите с плиты и дайте постоять.

3. Тем временем хорошо перемешайте все ингредиенты для сальсы. Отложите в сторону.

4. Разогрейте гриль. Булочки разрежьте пополам, обжарьте, чтобы разрезанная сторона стала золотистой. Достаньте из гриля; на половину ломтиков выложите фрикадельки, чуть вдавливая в хлеб. Сверху полейте оставшимся в сковороде мясным соком. Поверх выложите куски моцареллы и расплавьте под грилем. Когда сыр расплавится, поверх него выложите ложкой сальсу и накройте сэндвичи вторыми половинками булочек.

5. Подавайте в теплом виде, вместе с оставшейся сальсой.

ФРИКАДЕЛЬКИ ИЗ ГОВЯДИНЫ С ОРЕКЬЕТТЕ, ЛИСТОВОЙ КАПУСТОЙ И КЕДРОВЫМИ ОРЕШКАМИ

НА 4 ПОРЦИИ

Орекьетте с итальянского переводится как «ушки» и означает пасту соответствующей формы, традиционно подаваемую в Апулии с брокколи, анчоусами и чили. Это блюдо я придумал по мотивам апулийских орекьетте, заменив брокколи листовой капустой (кале, грюнколь или каволо неро), а анчоусы и чили – на фрикадельки.

500 г сухой пасты орекьетте
2 зубчика чеснока, очистить и нашинковать
200 г листовой капусты, нарезать
4 ст. л. кедровых орешков, прокалить на сухой сковороде
Свежанатертый пармезан, по вкусу

ДЛЯ ФРИКАДЕЛЕК
1 маленькая луковица, очистить и нарезать мелкими кубиками
2 зубчика чеснока, очистить и тонко нашинковать
Оливковое масло для жарки
1 ч. л. сушеных хлопьев чили
500 г говяжьего фарша
75 г хлебных крошек
3–4 ст. л. молока
Морская соль и свежемолотый черный перец

1. Сначала приготовьте фрикадельки. Обжарьте лук с чесноком, солью и перцем на горячей, смазанной маслом сковороде примерно 5 минут, до мягкости и легкой зажаристости, через 1–2 минуты после начала добавьте хлопья чили. Поместите фарш в большую миску, посолите и поперчите. В отдельной миске замочите хлебные крошки в молоке. Посолите, поперчите, хорошо перемешайте фарш с хлебными крошками и луковой смесью. Мокрыми руками разделайте фарш на шарики диаметром примерно 2 см. Переложите на слегка смазанную маслом тарелку или противень и уберите в холодильник на 30 минут, чтобы фрикадельки схватились.

2. Отварите пасту аль-денте в кипящей подсоленной воде согласно инструкции на упаковке.

3. Тем временем разогрейте большую сковороду на среднем огне и добавьте немного оливкового масла. Обжарьте фрикадельки в течение 6 минут, до румяной корочки со всех сторон. Добавьте в сковороду чеснок и жарьте еще 2 минуты, до мягкости, затем добавьте листовую капусту, посолите и поперчите. Потомите капусту на среднем огне 5 минут с парой столовых ложек воды, в которой варилась паста. Попробуйте на соль и перец, затем добавьте кедровые орешки.

4. Пасту откиньте на сито, несколько столовых ложек воды сохраните. Переложите пасту в сковороду к фрикаделькам и хорошо перемешайте на средне-слабом огне. Добавьте большую пригоршню мелко натертого пармезана и перемешайте, добавив немного воды от орекьетте, чтобы соус хорошо соединился с пастой. Попробуйте; если нужно, досолите.

5. Подавайте, немного присыпав пармезаном.

КАК ТОМИТЬ ОВОЩИ
Овощи томят для того, чтобы они стали мягкими, но не зажарились. Сначала разогрейте толстостенную сковороду на среднем огне. Когда она раскалится, добавьте немного масла (или воды, в зависимости от рецепта), затем кладите овощи и обжаривайте, часто помешивая, в течение 5–10 минут. Очень важно следить, чтобы овощи не подрумянивались, иначе вкус может горчить.

ФРИКАДЕЛЬКИ В АРОМАТНОМ КОКОСОВОМ БУЛЬОНЕ

НА 2–4 ПОРЦИИ

Для меня во фрикадельке самое главное – нежная текстура, тающая во рту. Замачивание хлебных крошек в молоке делает фарш воздушней, в него уже не нужно добавлять яйцо для клейкости. Не делайте фрикадельки слишком мелкими, иначе они высохнут, размер мячиков для гольфа – то, что нужно. По классическому рецепту фрикадельки отвариваются в замечательном ароматном бульоне и впитывают всю его свежесть и остроту. В азиатской кухне кокосовое молоко используется для обогащения вкуса соусов точно так же, как сливки – в классической французской кухне, но оно, разумеется, не такое жирное.

2 ч. л. кориандра
4 коробочки кардамона, слегка растолочь
1 ч. л. молотой куркумы
½ ч. л. молотой корицы
1–2 ч. л. сушеных хлопьев чили, по вкусу
2 стебля лемонграсса, очистить и нарезать кусочками
5 см свежего корня имбиря, очистить и нашинковать
400 мл куриного бульона
1 банка (400 г) кокосового молока
Цедра и сок 1 лайма

ДЛЯ ФРИКАДЕЛЕК

1 маленькая луковица, очистить и нарезать мелкими кубиками
2 зубчика чеснока, очистить и тонко нашинковать
Оливковое масло для жарки
1 ч. л. сушеных хлопьев чили
500 г говяжьего фарша
75 г хлебных крошек
3–4 ст. л. молока
Морская соль и свежемолотый черный перец

1. Сначала приготовьте фрикадельки. Обжарьте лук с чесноком, солью и перцем на горячей, смазанной маслом сковороде примерно 5 минут, до мягкости и легкой зажаристости, через 1–2 минуты после начала добавьте хлопья чили. Поместите фарш в большую миску, посолите и поперчите. В отдельной миске замочите хлебные крошки в молоке. Посолите, поперчите, затем хорошо перемешайте фарш с хлебными крошками и луковой смесью. Мокрыми руками разделайте фарш на шарики размером примерно с мяч для гольфа. Переложите на слегка смазанную маслом тарелку или противень и уберите в холодильник на 30 минут, чтобы фрикадельки схватились.

2. Обжарьте фрикадельки на чистой, смазанной маслом сковороде в течение 4–5 минут, часто переворачивая, чтобы они красиво зарумянились со всех сторон.

3. Добавьте кориандр, кардамон, куркуму, корицу, хлопья чили, лемонграсс и имбирь. Прогрейте, помешивая, до появления отчетливого аромата, затем добавьте бульон и кокосовое молоко, доведите до кипения на слабом огне. Попробуйте; если нужно, досолите. Тушите 8–12 минут, чтобы фрикадельки дошли до готовности, а соус напитался вкусами и загустел.

4. Добавьте цедру и сок лайма. Подавайте блюдо горячим.

КАК ХРАНИТЬ КОКОСОВОЕ МОЛОКО

Остатки кокосового молока можно хранить в холодильнике до пяти дней. Если вы не собираетесь использовать его в течение этого времени, то заморозьте кубиками в формочках для льда или в маленьких пластиковых контейнерах. После заморозки молоко расслоится, но вкус у него останется прежним.

СЭНДВИЧ С ФРИКАДЕЛЬКАМИ ИЗ ГОВЯДИНЫ, ТАЮЩЕЙ МОЦАРЕЛЛОЙ И ТОМАТНОЙ САЛЬСОЙ

НА 4 ПОРЦИИ

Это упрощенная вариация на тему бургера с говядиной и с моцареллой вместо швейцарского сыра. Сальса из помидоров с луком и кинзой — прекрасная замена кетчупу, только свежее.

1 маленькая луковица, очистить и нарезать мелкими кубиками
2 зубчика чеснока, очистить и тонко нашинковать
Оливковое масло для жарки
1 ч. л. сушеных хлопьев чили
500 г говяжьего фарша
75 г хлебных крошек
3–4 ст. л. молока
4 булочки для хот-догов
2 шарика сыра моцарелла, разломить на кусочки
Морская соль и свежемолотый черный перец

ДЛЯ САЛЬСЫ

3 помидора, мелко порубить
Половинка красной луковицы, очистить и мелко порубить
1 ст. л. рубленой кинзы
1 ч. л. белого винного уксуса
Щепотка сахара

1. Сначала приготовьте фрикадельки. Обжарьте лук с чесноком, солью и перцем на горячей, смазанной маслом сковороде примерно 5 минут, до мягкости и легкой зажаристости, через 1–2 минуты после начала добавьте хлопья чили. Поместите фарш в большую миску, посолите и поперчите. В отдельной миске замочите хлебные крошки в молоке. Посолите, поперчите, затем хорошо перемешайте фарш с хлебными крошками и луковой смесью. Мокрыми руками разделайте фарш на шарики диаметром примерно 4 см. Переложите на слегка смазанную маслом тарелку или противень и уберите в холодильник на 30 минут, чтобы фрикадельки схватились.

2. Налейте немного масла на сковороду и обжарьте фрикадельки на средне-слабом огне минут 10, чтобы зарумянились со всех сторон и полностью прожарились внутри. Снимите с плиты и дайте постоять.

3. Тем временем хорошо перемешайте все ингредиенты для сальсы. Отложите в сторону.

4. Разогрейте гриль. Булочки разрежьте пополам, обжарьте, чтобы разрезанная сторона стала золотистой. Достаньте из гриля; на половину ломтиков выложите фрикадельки, чуть вдавливая в хлеб. Сверху полейте оставшимся в сковороде мясным соком. Поверх выложите куски моцареллы и расплавьте под грилем. Когда сыр расплавится, поверх него выложите ложкой сальсу и накройте сэндвичи вторыми половинками булочек.

5. Подавайте в теплом виде, вместе с оставшейся сальсой.

ОСТРЫЙ ЧАТНИ

НА 750 МЛ

Специи в хорошем чатни – это именно то, что дает соусу глубину и характер; вот только с чили не перестарайтесь, ведь острота при хранении усиливается. Тамаринд – это тропический плод, по вкусу напоминающий кисловатые финики. Его используют в овощных карри и чатни, и он продается в большинстве супермаркетов в виде пасты.

6 сушеных листьев карри (мурайя)
1 ч. л. кумина
1–2 ст. л. зерен горчицы
1 ч. л. кориандра
3 сушеных стручка красного перца чили
Оливковое масло для жарки
1 луковица, очистить и натереть
3 зубчика чеснока, очистить и тонко нашинковать

4–6 ст. л. тамариндовой пасты или пюре из тамаринда (см. подсказку ниже)
3 ст. л. мелкого сахара
4 ст. л. с горкой кокосовой стружки
2 крупные моркови, очистить и натереть на крупной терке
Морская соль и свежемолотый черный перец

1. Прокалите листья карри, кумин, горчицу и кориандр на сухой сковороде на слабом огне минуты две, до появления отчетливого аромата (осторожно, чтобы не подгорели). Добавьте щепотку соли и сушеные стручки чили. Положите на сковороду немного масла и потомите в этой смеси лук в течение 2 минут. Затем добавьте чеснок и томите на слабом огне 1–2 минуты, до мягкости.

2. Добавьте тамариндовую пасту и сахар, готовьте на среднем огне минуты 2, пока сахар не растворится. Вмешайте кокосовую стружку.

3. Выложите туда же морковь и хорошо перемешайте. Доведите до кипения, убавьте огонь и тушите 5–6 минут, при необходимости добавив 2–3 столовые ложки воды для более жидкой консистенции. Попробуйте на соль и сахар. Снимите с огня.

4. Сразу перелейте чатни в стерилизованные банки (см. стр. 175) и плотно закройте крышками. Использовать можно сразу или хранить в холодильнике до 1 месяца. Подавайте к холодному мясу или к сыру.

КАК ПОДГОТОВИТЬ ПЮРЕ ИЗ МЯКОТИ ТАМАРИНДА

Замочите кусок тамаринда в небольшом количестве горячей воды, семена удалите, а мякоть растолките в густое пюре.

ТУШЕНЫЕ БАКЛАЖАНЫ

НА 4–6 ПОРЦИЙ, В КАЧЕСТВЕ ЗАКУСКИ

В этом овощном рагу используется простое сочетание ингредиентов, но в процессе готовки они совершенно преображаются, и блюдо становится чем-то большим, чем просто сумма его компонентов. Чем дольше рагу настаивается, тем вкуснее становится.

Оливковое масло для жарки
2 баклажана, очистить и нарезать кубиками по 3 см
3 зубчика чеснока, очистить и порубить
1 красная луковица, очистить и нарезать кубиками
1 банка (400 г) консервированной белой фасоли, жидкость слить, фасоль промыть
2 ст. л. гранатовой патоки (см. стр. 205)
1 банка (400 г) консервированных рубленых помидоров
Щепотка мелкого сахара
Морская соль и свежемолотый черный перец

ДЛЯ ПОДАЧИ

1 батон белого хлеба с хрустящей корочкой, например на закваске или деревенский
Небольшой пучок мяты, зелень порубить
100 г сыра фета, раскрошить

1. На сильном огне разогрейте толстостенную форму. Плесните масла и обжарьте баклажаны 3–4 минуты, до красивого цвета со всех сторон. Добавьте чеснок и лук и жарьте еще 5 минут, до мягкости лука.

2. Добавьте фасоль, гранатовую патоку, по большой щепотке соли и перца. Перемешайте, затем добавьте помидоры и сахар. Доведите до кипения, убавьте огонь и тушите без крышки 40–45 минут, чтобы баклажаны стали мягкими и ужарились, а соус выпарился и напитался вкусом. Если вам покажется, что жидкости слишком мало, добавьте несколько столовых ложек воды.

3. Для подачи нарежьте хлеб ломтями и подсушите с обеих сторон на сковороде до золотистости. Заправьте баклажаны мятой, выложите рагу ложкой на тосты и посыпьте раскрошенной фетой. Подавайте в теплом виде.

КАК СОЛИТЬ БАКЛАЖАНЫ

Хотя баклажаны перед жаркой солить не обязательно, соль все же вытягивает из них жидкость, так что баклажаны впитывают меньше масла. Нарежьте баклажаны так, как указано в рецепте, сложите в дуршлаг и посыпьте примерно 1 чайной ложкой соли. Оставьте на 30 минут, затем хорошо промойте водой, промокните насухо бумажным полотенцем и готовьте, как собирались.

ТОМЛЕНАЯ СВИНИНА С ФЕНХЕЛЕМ

НА 4 ПОРЦИИ

Свинина – мясо очень сладкое, его удачно дополняет анисовый привкус фенхеля. Свиную подчеревину готовить следует не спеша, чтобы сверху кожа запеклась красивой корочкой, напоминающей шкварки, а мясо протушилось в выделяющемся соке. Ромбовидные надрезы на коже позволяют приправам хорошо пропитать мясо; к тому же, как это ни странно, если мясо еще раз посолить после первоначальной обжарки, кожа еще лучше зарумянится. Подавайте с картофелем дофинуа и брокколи.

1 кг свиной подчеревины
Морская соль и черный перец
1 клубень фенхеля, очистить и крупно нарезать
4 свежих лавровых листа
3 зубчика чеснока, очистить и раздавить
1 ч. л. коробочек кардамона, растолочь
4 звездочки аниса
1 ст. л. семян фенхеля
Оливковое масло
325 мл белого вина
500–750 мл куриного бульона (в зависимости от размера посуды)
1 ст. л. зерновой горчицы

1. Нагрейте духовку до 180 °C (отметка 4 в газовой духовке).

2. Надсеките кожу на куске свинины по диагонали ромбами, с шагом 1,5 см. Щедро натрите кожу солью и перцем.

3. Поместите фенхель, лавровые листья, чеснок, кардамон, анис и половину взятого количества семян фенхеля в разогретый на плите противень, добавьте немного масла и прогрейте в течение 2 минут, до появления яркого аромата. Отодвиньте приправы к краю противня, рядом положите свинину кожей вниз и обжаривайте не меньше 5 минут, до золотисто-коричневого цвета. Переверните кожей вверх, еще раз посолите и присыпьте оставшимися семенами фенхеля. Деглазируйте противень вином, соскребите лопаткой приставшие ко дну кусочки (осторожно, постарайтесь не намочить вином свиную кожу). Доведите вино до кипения, долейте бульона так, чтобы жидкость дошла до слоя свиного жира прямо под кожей, и снова доведите до кипения.

4. Поставьте противень в разогретую духовку и готовьте 2,5 часа.

5. Выложите мясо в подогретую тарелку и отставьте в сторону, чтобы отдохнуло. Тем временем снимите с поверхности жидкости в противне излишки жира ложкой или проведите куском хлеба, чтобы жир впитался. Добавьте горчицу и прогрейте содержимое противня на плите. Перемешайте венчиком, попробуйте на соль и перец. Удалите из соуса анис и кардамон, перелейте в соусник. Подавайте свинину вместе с соусом.

КАК СОЛИТЬ И ПРИПРАВЛЯТЬ ПРЯНОСТЯМИ СВИНУЮ КОЖУ

Если слегка согнуть кусок свинины, когда будете натирать его солью и семенами фенхеля, насечки на коже раскроются шире, и приправы лучше пропитают мясо.

КУРИЦА С КИНЗОЙ, ИМБИРЕМ И ЧИЛИ

НА 4 ПОРЦИИ

Жареная курица по-индийски, или мург махани, — блюдо, которое я всегда заказываю в индийских ресторанах. Очень вкусную курицу мне подали на родине этого блюда, в Дели, в ресторане «Моти Махал», а этот рецепт – моя версия того, что я пробовал. Замаринуйте мясо накануне, с вечера, чтобы вкусы максимально раскрылись.

500 г куриных бедрышек без кожи и костей, нарезать кусочками по 4 см
Оливковое масло или топленое масло (ги) для жарки
1 маленькая луковица, очистить и нарезать мелкими кубиками
2 зубчика чеснока, очистить и мелко порубить
3 см свежего корня имбиря, очистить и мелко порубить
1 ч. л. молотого кориандра
1 ч. л. смеси пряностей гарам масала
½ ч. л. молотой куркумы
Щепотка порошка чили или по вкусу (по желанию)
2 ст. л. томатного пюре
25 г сливочного масла
Небольшой пучок свежей кинзы, листья слегка порубить, для украшения

ДЛЯ МАРИНАДА

2 зубчика чеснока, очистить и мелко порубить
4 см свежего корня имбиря, очистить и натереть
1 стручок красного перца чили, очистить от семян и мелко порубить
Сок четвертинки лимона
2 ч. л. кориандра
1 ч. л. кумина
½ ч. л. молотой куркумы
150 г натурального йогурта
Морская соль и свежемолотый черный перец

1. Поместите чеснок, имбирь, чили и сок лимона (из ингредиентов для маринада) в миску. Обмажьте этой смесью куски курицы, накройте крышкой и отставьте миску в сторону.

2. Продолжайте готовить маринад. Прокалите кориандр и кумин на сухой сковороде 1 минуту, до появления насыщенного аромата и потрескивания семян кориандра. Растолките в порошок, затем смешайте с куркумой, йогуртом и щедрой щепоткой соли и перца.

3. Залейте курицу йогуртовой смесью. Хорошо перемешайте, накройте крышкой и маринуйте не меньше 2 часов (а лучше всю ночь, если есть время).

4. Когда захотите приготовить курицу, раскалите большую тяжелую сковороду на среднем огне и добавьте немного оливкового масла или топленого сливочного (ги). Когда сковорода разогреется, обжарьте лук со щепоткой соли в течение 5 минут. Добавьте чеснок и слегка подрумяньте, а затем положите в сковороду имбирь и готовьте еще минуту.

5. Добавьте молотый кориандр, гарам масалу, куркуму и порошок чили (если используете), размешайте с луком на среднем огне, до появления яркого аромата. Добавьте томатное пюре и готовьте, помешивая, 30 секунд. Добавьте сливочное масло, дождитесь, когда растает, перемешайте.

6. Достаньте куски курицы и стряхните излишки маринада. Выложите курицу в сковороду и готовьте 10 минут, время от времени переворачивая, до готовности. Убавьте огонь, добавьте в сковороду оставшийся маринад и очень хорошо прогрейте в течение 5 минут, но не доводите соус до кипения, иначе он расслоится. Попробуйте на соль и перец. Подавайте, посыпав рубленой кинзой.

ЯГНЯТИНА ПО-МАРОККАНСКИ СО СЛАДКИМ КАРТОФЕЛЕМ И ИЗЮМОМ

НА 4–6 ПОРЦИЙ

Марокко славится своими томлеными тажинами – рагу, которые готовятся в керамических горшках характерной формы. Вот моя версия, приготовленная в обыкновенной толстостенной форме для запекания, но с использованием всех полагающихся специй и пряностей. Обязательно хорошо подрумянить ягнятину, именно это придаст бульону замечательную глубину вкуса. Блюдо получится еще вкуснее, если приготовить его накануне, а в день подачи разогреть.

Оливковое масло для жарки
750 г бескостной мякоти с ягнячьей ноги или лопатки, нарезать кубиками со стороной 4 см
2 красные луковицы, очистить и нарезать на 8 частей каждую
2 зубчика чеснока, очистить и порубить
½ ч. л. молотого имбиря
Щепотка рылец шафрана
½ ч. л. молотого кориандра
½ ч. л. кумина
½ ч. л. паприки
½ ч. л. семян фенхеля
1 палочка корицы
1 лавровый лист
1 ст. л. томатного пюре
375 г батата, очистить и нарезать кубиками со стороной 3 см
2 ч. л. изюма
500 мл куриного или бараньего бульона
Морская соль и свежемолотый черный перец
Рубленая зелень петрушки для украшения

1. Нагрейте большую толстостенную форму на сильном огне. Налейте немного оливкового масла и порциями обжарьте куски ягнятины минут по пять, до равномерной румяности со всех сторон. Достаньте из кастрюли и отложите в сторону.

2. Налейте в форму еще немного масла, добавьте лук и по щедрой щепотке соли и перца. Слегка спассеруйте лук 4–5 минут, затем добавьте чеснок, молотый имбирь, шафран, молотый кориандр, кумин, паприку, семена фенхеля, палочку корицы и лавровый лист. Готовьте, помешивая, 2 минуты, до появления насыщенного аромата.

3. Добавьте томатное пюре и держите на плите, помешивая, еще 30 секунд, затем добавьте батат и хорошо перемешайте. Верните в форму мясо и выделившийся из него сок, добавьте изюм и бульон. Доведите до кипения, собирая лопаткой приставшие ко дну кусочки.

4. Убавьте огонь и тушите на самом минимальном кипении, без крышки, в течение 1–2 часов, время от времени помешивая, пока ягнятина не разварится до полной мягкости. Если жидкость слишком сильно выкипает, накройте форму крышкой или добавьте стакан воды. Блюдо станет еще вкуснее, если настоится за ночь после готовки; затем его нужно разогреть на небольшом огне.

5. Подавайте, посыпав рубленой петрушкой.

ТУШЕНАЯ ГОВЯДИНА С АПЕЛЬСИНОВОЙ ГРЕМОЛАТОЙ

НА 4–6 ПОРЦИЙ

В классической версии итальянского оссобуко используются телячьи голяшки, но более дешевые, говяжьи, получаются ничуть не хуже. Костный мозг придает бульону тающую кремовую консистенцию, так что постарайтесь купить верхнюю часть голяшки, с более широкой костью. Для оптимального результата приготовьте блюдо накануне, а затем доведите до комнатной температуры и аккуратно разогрейте.

Оливковое масло для жарки
2 куска говяжьей голяшки, каждый весом около 450 г
1 морковь, очистить и нарезать кубиками
2 черешка сельдерея, очистить и нарезать кубиками
2 см корня свежего имбиря, очистить и порубить
2 зубчика чеснока, очистить и нашинковать
200 г небольших луковиц (например, шалот или жемчужный лук), очистить от шелухи и хвостиков, но не резать
1 ст. л. томатного пюре
сок 1 апельсина
1 стакан сухого белого вина
750 мл куриного бульона
Морская соль и свежемолотый черный перец

ДЛЯ ПЮРЕ ИЗ СЛАДКОГО КАРТОФЕЛЯ
750 г батата, очистить и нарезать кусками
Оливковое масло

ДЛЯ АПЕЛЬСИНОВОЙ ГРЕМОЛАТЫ
Цедра 1 апельсина
3 ст. л. рубленой петрушки
1 зубчик чеснока, очистить и очень мелко нарезать
2 ст. л. оливкового масла (по желанию)

1. На сильном огне раскалите толстостенную форму. Плесните немного масла и по очереди обжарьте обе голяшки минут 5, до равномерной корочки со всех сторон. Достаньте и отложите в сторону.

2. Если нужно, добавьте в форму еще немного масла и в течение 5 минут слегка спассеруйте морковь, сельдерей, имбирь, чеснок и мелкий лук. Добавьте томатное пюре и подержите на огне еще 1–2 минуты. Верните в форму говядину, залейте апельсиновым соком и вином, перемешайте, собирая лопаткой приставшие ко дну кусочки. Доведите до кипения, убавьте огонь и в течение 2 минут выпарите алкоголь.

3. Добавьте бульон, посолите, поперчите и доведите до кипения. Убавьте огонь, накройте крышкой и томите 1 час; затем крышку снимите и готовьте еще 20–30 минут, чтобы говядина стала мягкой, но не разваливалась.

4. Тем временем приготовьте пюре. Отварите батат в подсоленной кипящей воде в течение 15 минут, до мягкости. Слейте воду, дайте батату подсохнуть в течение 5 минут. Добавьте по щедрой щепотке соли и перца, немного оливкового масла и растолкните до однородной гладкой консистенции. Попробуйте на соль и перец.

5. Для гремолаты перемешайте апельсиновую цедру, петрушку и чеснок, по желанию добавьте оливковое масло, доведя смесь до консистенции густого соуса. Попробуйте, посолите и поперчите.

6. Выложите гремолату поверх мяса и сразу подавайте, гарнировав блюдо пюре из батата.

ТОМЛЕНЫЕ ГОВЯЖЬИ РЕБРЫШКИ

НА 2 ПОРЦИИ

Реберный край говяжьей грудинки сейчас переживает настоящий всплеск популярности, вслед за ягнячьей рулькой и свиными щеками. Это недорогой отруб мяса, с большим количеством жил и жира, которые исчезают при медленном томлении ребер в красном вине с бульоном. Предварительное обжаривание томатного пюре позволяет уравновесить его резкую кислоту.

Оливковое масло для жарки
6 толстых кусков реберного края говяжьей грудинки
1 большая головка чеснока, разрезать вдоль пополам
1 ст. л. с горкой томатного пюре
1 бутылка (750 мл) красного вина
1 л говяжьего бульона
150 г панчетты кубиками
250 г небольших шампиньонов, очистить и нарезать половинками
Морская соль и свежемолотый черный перец
Рубленая зелень петрушки для украшения

1. Разогрейте духовку до 170 °C.

2. Нагрейте глубокий противень на плите и плесните в него оливкового масла. Мясо тщательно посолите и поперчите, затем обжарьте в течение 10–15 минут, до очень хорошей корочки со всех сторон.

3. Добавьте разрезанную пополам головку чеснока и прижмите срезом вниз ко дну противня. Добавьте томатное пюре и прожарьте 1–2 минуты. Деглазируйте противень вином, собирая лопаткой приставшие ко дну кусочки. Доведите до кипения и в течение 10–15 минут выпарите жидкость вдвое, затем залейте бульоном, чтобы почти полностью покрыть мясо (если противень небольшой, бульона понадобится меньше). Снова доведите до кипения, поливая мясо бульоном.

4. Закройте противень фольгой и поставьте в разогретую духовку на 3–4 часа, иногда поливая бульоном, чтобы мясо разварилось до мягкости и легко отделялось от костей.

5. Примерно за 10 минут до готовности мяса обжарьте панчетту в течение 2–3 минут, до румяности. Добавьте грибы и жарьте еще 4–5 минут, до мягкости. Излишки жира слейте.

6. Готовое мясо достаньте из духовки и переложите на порционную тарелку. Выдавите чеснок из шкурки и протрите через сито. С жидкости, в которой готовилось мясо, снимите ложкой излишки жира, затем процедите и смешайте с чесноком. Если соус слишком жидкий, уварите в течение 10–15 минут после процеживания.

7. Подавайте мясо, посыпав горячей панчеттой с грибами и полив вокруг соусом. Украсьте рубленой петрушкой.

БЛОНДИ

НА 9 КВАДРАТИКОВ

Как понятно из названия, блонди – это брауни, только с белым шоколадом. По-моему, вкус у этого десерта более изысканный и прекрасно подходит для завершения ужина, особенно если добавить в тесто немного сушеной клюквы для интересной текстуры.

230 г сливочного масла и еще немного
  для смазывания формы
340 г темного коричневого сахара
Щепотка соли
1 ч. л. ванильной эссенции
2 яйца, слегка разболтать венчиком
280 г муки
½ ч. л. соды
1 ч. л. разрыхлителя
240 г белого шоколада, поломать
  небольшими кусочками
4 ст. л. сушеной клюквы

1. Разогрейте духовку до 180 °C. Слегка смажьте маслом квадратную форму для кексов со стороной 23 см и застелите бумагой для выпечки.

2. Сливочное масло растопите в сотейнике и вмешайте венчиком сахар и соль. Если взбить смесь как следует, она получится легче и пушистей. Добавьте ванильную эссенцию и снова взбейте венчиком. Снимите с огня.

3. Добавьте к масляной смеси яйца и хорошо перемешайте. Просейте муку с содой и разрыхлителем в большую миску, затем понемногу вмешайте туда же венчиком яично-масляную смесь. Это важно делать постепенно, чтобы не было комочков.

4. Дайте смеси слегка остыть, затем вмешайте в нее кусочки шоколада и клюкву. Если смесь будет слишком горячей, шоколад растает.

5. Выложите смесь ложкой в подготовленную форму для кекса и разровняйте. Выпекайте 35–40 минут, чтобы тесто схватилось по краям, а середина осталась чуть мягковатой.

6. Остудите на решетке не меньше 10 минут, затем нарежьте квадратами и подавайте. Остывшие блонди можно хранить в плотно закрытой емкости до недели.

КАК СДЕЛАТЬ, ЧТОБЫ ВЫПЕЧКА НЕ ПРИГОРАЛА

Выложенная в форму бумага для выпечки – надежная гарантия того, что блонди не пригорят; к тому же в смесь при этом можно добавить больше шоколада. Не забудьте разгладить поверхность теста ложкой, тогда кекс пропечется равномерно.

КАРАМЕЛИЗОВАННЫЙ ИНЖИР С РИКОТТОЙ

НА 4 ПОРЦИИ

Медленная готовка подходит не только для мяса, — фрукты таким образом получаются гораздо более сладкими за счет имеющихся в них сахаров. В этом рецепте инжир сначала томится в карамели с бальзамическим уксусом, а затем запекается в не слишком горячей духовке. Признаться, речь идет не о нескольких часах, а всего о 15 минутах, но и этого времени хватает, чтобы фрукты преобразились. Подавайте с рикоттой, чтобы не утяжелять блюдо.

4 толстые веточки розмарина
12 свежих плодов инжира
4 ст. л. сахарной пудры
3 ч. л. бальзамического уксуса
6 ст. л. мелкого сахара
30 г сливочного масла, нарезать кубиками

ДЛЯ ПОДАЧИ
150–200 г сыра рикотта
4 ст. л. обжаренного рубленого миндаля
Цедра 1 лимона

1. Разогрейте духовку до 180 °C.

2. Оборвите с веток розмарина листья, оставив небольшой венчик на конце каждой веточки, противоположные кончики заострите. Насадите инжир на веточки поперек через верхушки, на 1 см ниже черешка, по три штуки на каждую веточку.

3. Выложите инжир на «шампурах» на тарелку и щедро посыпьте сахарной пудрой. Сбрызните 1 столовой ложкой бальзамического уксуса.

4. Разогрейте жаропрочную сковороду на плите и ровным слоем насыпьте в нее мелкий сахар. Готовьте 3–4 минуты, чтобы сахар полностью растворился и начал карамелизоваться. Как только карамель приобретет темно-золотистый цвет, снимите с огня и вбейте венчиком сливочное масло. Добавьте оставшийся бальзамический уксус и 2 столовые ложки воды, перемешайте венчиком.

5. Выложите инжир в сковороду и полейте карамелью. Поставьте в разогретую духовку и запекайте 10–15 минут, периодически поливая стекающей карамелью.

6. Выложите инжир на порционную тарелку и полейте карамелью. Подавайте немедленно, с ложкой рикотты, посыпав обжаренным миндалем и лимонной цедрой.

БЛЮДА НА ОДНОГО ИЛИ ДВОИХ

КАК БЫ Я НИ ЛЮБИЛ ГОТОВИТЬ ПО ТОРЖЕСТВЕННЫМ ПОВОДАМ – Я ПОНИМАЮ: ЭТО СВЕТСКОЕ МЕРОПРИЯТИЕ И ШАНС СЛЕГКА ПОКРАСОВАТЬСЯ. А ПОВСЕДНЕВНАЯ ГОТОВКА – СОВСЕМ ДРУГОЕ ДЕЛО.

По большей части речь идет о поздних возвращениях домой с работы и необходимости быстро соорудить ужин, что предполагает совершенно другой набор навыков. Легко настроиться на гастрономию, когда впереди – встреча с благодарной аудиторией, готовой издавать одобрительные возгласы, а вот если предстоит кормить только самого себя или, может быть, еще друга или подругу, мотивацию легко утратить, и весь процесс быстро превратится в нудную обязанность. Именно тогда сильней всего соблазн вернуться к полуфабрикатам и еде на вынос.

Не смущайтесь, если узнали в этом описании себя, – я раскрою вам маленькую слабость практически всех поваров. Вернувшись домой после вечерней смены в ресторане, что они готовят себе на поздний ужин? Домашний бургер? Сырное суфле? Нет – тост с консервированной фасолью. Многие даже не разогревают фасоль, просто черпают ложкой из жестянки. Знаю, знаю: уже поздно, они весь день трудились на кухне и теперь хотят поскорее рухнуть в постель. Но этот пример показывает, что настоящей готовке препятствует вовсе не отсутствие навыков или умений, – только соображения удобства.

Итак, если нужно приготовить еду на небольшое количество людей, самое главное – сделать все как можно проще. Заказ пиццы по телефону и ожидание курьера в сравнении с готовкой должны выглядеть излишними усилиями. К этой цели я и стремлюсь. Нам кажется, что фастфуд – это то, что продается на вынос, в картонных коробочках, но в данной главе вы обнаружите соус болоньезе, который будет готов даже раньше, чем сварятся тальятелле (стр. 216); рыбные тефтели, которые можно приготовить буквально из пары консервных банок (стр. 218); и хот-дог с чили, на порядок отличающийся от привычных хот-догов (стр. 219). Когда блюда получаются быстро и вкусно, повседневная готовка превращается в удовольствие. Если вы хотите готовить без суеты, начинать нужно с самого начала и максимально упростить процесс покупки продуктов. Блюда должны строиться на основе двух или максимум трех главных вкусов в тарелке, как, например, в лазанье с грибами и луком-пореем (стр. 215), иначе вам придется делать много лишнего, а вкусовые ощущения окажутся смазаны.

На съемках телепередачи «Кухонные кошмары» я посещал различные непопулярные рестораны на грани закрытия, и именно эта ошибка встречалась мне чаще других. Ей особенно подвержены начинающие повара: им кажется, что в каждое блюдо нужно вложить все, и поэтому они чрезмерно усложняют еду, стараясь показать все свои умения. На самом деле все наоборот. Лучшие повара не прячутся за контрастными запахами и вкусами, а дают раскрыться одному главному компоненту. К примеру, в пасте с грибами и луком-пореем должен присутствовать вкус грибов и лука-порея. Может быть, вы захотите добавить чуточку эстрагона, который «поженит» основные ингредиенты, или немного бекона… Но вводить множество более сильных вкусов совершенно ни к чему. В этой пасте они не нужны. Отнеситесь к главным компонентам блюда с уважением, и они не подведут.

Такой подход дает и приятный побочный эффект: покупки становятся гораздо проще, особенно если иметь некоторые припасы дома. Взгляните на это как на своеобразный кулинарный трамплин: купите один-два ключевых ингредиента, скажем, колбаски или яйца, а затем, уже дома, готовьте из этого то, что захочется.

ОСНОВЫ

На следующей странице перечислены некоторые основные ингредиенты, которые удобно иметь под рукой. Этот список никоим образом не универсален, главное – докупать продукты по мере надобности. Не советую вам опустошать магазин в ходе массированной закупки. Постепенно вы поймете, какие компоненты часто используются в рецептах, которые вам нравятся, и незаметно соберете нужный именно вам арсенал продуктов, вооружившись для приятных кулинарных вечеров.

БОБОВЫЕ
Я часто использую красную и белую фасоль, нут и чечевицу. Бобовые лучше брать в сушеном виде и замачивать перед готовкой: вкус и текстура у них лучше, чем у консервированных. В воду для варки бобовых можно добавлять тимьян, лавровый лист и копченый бекон, но ни в коем случае не соль: от нее кожица бобов делается жесткой. И все же консервированную фасоль и бобы полезно иметь под рукой, чтобы приготовить что-нибудь наскоро.

ВАНИЛЬ В СТРУЧКАХ
У свежих стручков ванили гораздо более сладкий и ароматный вкус, чем у ванильной эссенции. Выбирайте толстенькие, маслянистые стручки с Мадагаскара. После того как используете зернышки, поместите пустой стручок в пакет с сахаром – сахар впитает ванильный аромат и замечательно подойдет для выпечки.

ГРАНАТОВАЯ ПАТОКА
Это гранатовый сок, уваренный до темно-коричневой, сладковатой и терпкой жидкости. Гранатовая патока необходима для многих блюд ближневосточной кухни и продается в арабских или азиатских магазинах и через интернет.

КОНСЕРВЫ
Итальянские помидоры (целиком, потому что качество у них обычно лучше); белая фасоль; анчоусы; сардины; скумбрия.

РАСТИТЕЛЬНОЕ МАСЛО
Вам понадобится хорошее оливковое масло первого холодного отжима для заправки готовых блюд и приготовления соусов, обычное оливковое масло – для жарки, и в некоторых случаях – растительное масло без запаха. Идеально подойдет арахисовое, но и рапсовое набирает популярность, а вдобавок у него высокая температура кипения, так что вы не сожжете продукты. Для сбрызгивания готовых блюд пригодятся масло из фундука, кунжутное и трюфельное масло.

РИС
Длиннозерный рис басмати варится лучше и вкуснее любых других сортов; круглый рис необходим для пудингов; рис сортов бомба и каласпарра – для паэльи; еще нужен рис для ризотто с более высоким содержанием крахмала, к тому же не так сильно разваривающийся и сохраняющий текстуру аль-денте. Я предпочитаю сорт карнароли, но и арборио тоже хорош.

СОУСЫ
Соевый соус естественной ферментации и рыбный соус – необходимые составляющие азиатской кухни, придающие блюдам соленость. Кроме того, на кухне полезно иметь соус табаско, экстракт тамаринда, английскую и зерновую горчицу, вустерский соус и конечно же томатный кетчуп.

СПЕЦИИ
Более подробно я о них рассказывал на стр. 111–114, но не забудьте, что специи и пряности быстро теряют вкус, так что покупайте чаще, но меньше. В азиатских лавках специи обычно дешевле, чем в супермаркетах; к тому же специи там свежее благодаря большему товарообороту.

УКСУСЫ
Уксус необходим не только для соусов и заправок, но и для деглазирования сковороды. Уксус из хереса, бальзамический, белый винный, яблочный и красный винный уксусы обладают характерными ароматами. Рисовый уксус, более мягкий и сладкий, часто используется в китайской и вьетнамской кухне. Обычный солодовый уксус лучше оставить для рыбы с жареной картошкой.

ШОКОЛАД
Использование высококачественного темного шоколада с содержанием какао-бобов не менее 70 процентов позволяет гораздо лучше контролировать готовку, потому что горечь шоколада при желании всегда можно компенсировать добавкой сахара и/или молока. Мой любимый производитель – «Вальрона».

Кроме того, я обычно стараюсь иметь в запасе муку (обычную хлебопекарную и самоподнимающуюся); макаронные изделия (пасту); кленовый сироп; желатин в пластинах (им пользоваться проще, чем порошковым); моментальные (сухие) дрожжи; каперсы; орехи (они, как и специи, быстро теряют вкусовые качества, так что покупайте их в небольших количествах).

БРУСКЕТТА С ЧЕСНОКОМ, ПОМИДОРАМИ, КАПЕРСАМИ И ПЕКОРИНО

НА 2 ПОРЦИИ

Брускетта – прекрасная закуска для вечеринки или приятное блюдо для легкого ужина, если лень готовить. Хлеб можно использовать любой, с хрустящей корочкой, – багет, французский, деревенский или хлеб на закваске, – такой, который хорошо подсыхает при обжарке и отлично впитывает чесночно-томатный соус.

8 ломтиков хорошего багета
Оливковое масло для смазывания
½ зубчика чеснока, очистить
8 помидоров черри, нарезать половинками
8 каперсов, нарезать по диагонали
50 г сыра пекорино, нарезать тонкой стружкой
Оливковое масло первого холодного отжима
Морская соль и свежемолотый черный перец

1. Хорошо раскалите сковороду-гриль. Смажьте ломтики багета оливковым маслом и обжарьте по 1–2 минуты с каждой стороны, до золотистости и поджаристых полосок от гриля.

2. Снимите хлеб со сковороды и, пока не остыл, слегка натрите срезы чесноком. Каждый ломтик багета натрите двумя половинками помидора, вдавливая разрезанную мякоть в хлеб.

3. Посолите и поперчите брускетты. Сверху выложите каперсы и оставшиеся помидоры, затем присыпьте сыром пекорино. Подавайте, сбрызнув оливковым маслом первого холодного отжима.

КАК НАРЕЗАТЬ ПЕКОРИНО ТОНКОЙ СТРУЖКОЙ

Обычная овощечистка подходит не только для чистки овощей. Это идеальный инструмент для нарезки сыра и шоколада стружкой, а овощей (моркови, кабачков) – лентами.

КРОСТИНИ С БЕЛОЙ ФАСОЛЬЮ, АНЧОУСАМИ И ОЛИВКАМИ

НА 2 ПОРЦИИ

Белая фасоль сама по себе невыразительна и требует множества добавок. В этом рецепте анчоусы добавляют соли, маслины — немного горечи, оливковое масло — сладости, а уксус — кислоту.
Все четыре основных вкуса собраны на одном куске хлеба. Гениально.

6–8 ломтей чабатты
1 банка (400 г) консервированной фасоли,
    жидкость слить
Оливковое масло для смазывания
10 черных маслин без косточек, порубить
½ ст. л. красного винного или хересного уксуса
2 ст. л. рубленой зелени петрушки
4 консервированных филе анчоуса,
    слегка порубить
Морская соль и свежемолотый черный перец

1. Хорошо раскалите сковороду-гриль. Смажьте ломтики хлеба оливковым маслом и обжарьте по 2–3 минуты с каждой стороны, до золотистости и поджаристых полосок от гриля.

2. Тем временем разогрейте небольшой сотейник на среднем огне, выложите фасоль и сбрызните оливковым маслом. Слегка растолките вилкой или толкушкой для картофеля, затем добавьте маслины, уксус, петрушку, соль и перец по вкусу.

3. Выложите смесь с толченой фасолью на тосты, сверху добавьте кусочки анчоусов. Поперчите и подавайте.

ФАРФАЛЛЕ С РИКОТТОЙ, ПАНЧЕТТОЙ И ЗЕЛЕНЫМ ГОРОШКОМ

НА 2 ПОРЦИИ

Из бекона и зеленого горошка со сливками получается классический соус к пасте. В этом рецепте я сделал блюдо более легким, заменив двойные сливки на крем-фреш, а пармезан – на рикотту, в которой изначально мало жира.

200 г сухой пасты фарфалле
125 г копченой панчетты кубиками
1 зубчик чеснока, очистить и мелко порубить
100 г замороженного зеленого горошка
3 ст. л. крем-фреш
125 г сыра рикотта
Оливковое масло для сбрызгивания
Морская соль и свежемолотый черный перец

1. Отварите пасту аль-денте в кипящей подсоленной воде согласно инструкции на упаковке.

2. Тем временем выложите кубики панчетты на сухую сковороду достаточного размера, чтобы туда же поместилась готовая паста. Жарьте 5 минут, до готовности и легкой золотистости снаружи, затем добавьте чеснок и готовьте 1 минуту до мягкости, но не зажаривайте. Выключите огонь.

3. За 3 минуты до готовности пасты добавьте в ту же кастрюлю зеленый горошек, чтобы он сварился. Жидкость слейте, сохранив немного отвара.

4. Переложите пасту и горошек в сковороду к панчетте и хорошо перемешайте на слабом огне. Добавьте крем-фреш и размешайте, чтобы крем-фреш растопился, при необходимости добавьте 1–2 столовые ложки воды, оставшейся от варки пасты. Добавьте рикотту, слегка помешивая. Попробуйте на соль и перец.

5. Подавайте фарфалле в горячем виде, сбрызнув оливковым маслом.

КАК ПРИГОТОВИТЬ НЕЖНЫЙ СОУС К ПАСТЕ

Когда готовите пасту со сливочным соусом, обязательно добавляйте в соус немного воды от варки пасты – для шелковистой гладкости.

ЛЕПЕШКИ С ФЕНХЕЛЕМ И ФЕТОЙ

НА 2 ПОРЦИИ

В мире существуют бесчисленные разновидности пиццы, в которых основа из теста используется как тарелка под различные начинки. В этом рецепте солоноватый вкус феты замечательно сочетается с терпкой сладостью гранатовой патоки и анисовым привкусом хрустящего фенхеля.

2 ближневосточные лепешки, например арабский хлеб хобз
Оливковое масло для сбрызгивания
1 ч. л. семян фенхеля
1 небольшой клубень фенхеля, очистить
100 г сыра фета, раскрошить
1 ст. л. гранатовой патоки (см. стр. 205)
Морская соль и свежемолотый черный перец

1. Сбрызните лепешки с обеих сторон небольшим количеством оливкового масла, посолите и поперчите. На среднем огне нагрейте сковороду и поочередно обжарьте лепешки в течение 2 минут с каждой стороны, до золотистости и легкой хрустящести.

2. Снимите лепешки со сковороды и сохраните в тепле. Если нужно, протрите сковороду от остатков масла, затем обжарьте семена фенхеля в течение 1 минуты, до яркого раскрытия аромата. Выложите из сковороды.

3. Клубень фенхеля нарежьте тонкими пластинами с помощью терки-мандолины или овощечистки.

4. Выложите ломтики фенхеля на лепешки, сверху посыпьте фетой и семенами фенхеля. Каждую лепешку слегка полейте гранатовой патокой и подавайте.

КУКУРУЗНЫЕ ОЛАДЬИ С ЙОГУРТОВЫМ СОУСОМ

НА 8 МАЛЕНЬКИХ ОЛАДИЙ

У каждого из нас в кухонном шкафчике найдется 1–2 банки консервированной кукурузы, а эти вкусные пышные оладьи – пример того, как можно превратить консервы в интересный легкий обед или ужин. Секрет в том, чтобы сделать тесто не слишком влажным. Необходимо добиться сбалансированного сочетания: одна часть теста и две части наполнителя.

100 г муки
½ ч. л. разрыхлителя
1 яйцо, разболтать
4 ст. л. молока нормальной жирности
Оливковое масло
2 стебля зеленого лука, очистить и тонко нашинковать
1 стручок красного перца чили, очистить от семян и мелко порубить (см. подсказку ниже)
2 ст. л. рубленой зелени кинзы
250 г консервированной кукурузы, жидкость слить, промокнуть бумажным полотенцем
Морская соль и свежемолотый черный перец

ДЛЯ ЙОГУРТОВОГО СОУСА
250 г натурального йогурта
½–1 стручок красного перца чили, очистить от семян и мелко порубить, по вкусу
Сок половинки лайма
3 ст. л. рубленой кинзы

1. Сначала смешайте все ингредиенты для соуса. Попробуйте, посолите и поперчите. Дайте постоять.

2. Просейте муку с разрыхлителем в миску. Посолите и поперчите. Перемешайте, в середине сделайте углубление, добавьте яйцо и молоко. Вымешайте смесь, постепенно вбивая венчиком муку в жидкость. Добавьте 1 столовую ложку оливкового масла и снова вымешайте до гладкости, при необходимости добавив еще немного молока.

3. Добавьте в тесто зеленый лук, чили, кинзу и кукурузу и хорошо перемешайте.

4. Нагрейте большую сковороду и плесните масла. Выкладывайте смесь в сковороду по одной десертной ложке с горкой, в виде оладьев, слегка прижимая сверху. Жарьте порциями по 1–2 минуты с каждой стороны, до золотистости, затем убирайте в тепло.

5. Подавайте теплые оладьи с йогуртовым соусом.

КАК МЕЛКО НАРЕЗАТЬ ЧИЛИ
Прижмите стручок чили к рабочей поверхности и сделайте продольный надрез, чуть отступив от хвостика. Поверните стручок чили на 45 градусов и сделайте еще надрез. Повторите 8 раз, пока чили не станет напоминать веревочную швабру, держащуюся на стебле. Теперь крепко возьмите чили тремя пальцами, держа средний палец чуть впереди остальных, и, выставляя его костяшку как ограничитель для лезвия ножа, нашинкуйте чили поперек, аккуратно сдвигая пальцы назад.

ЛАЗАНЬЯ С ГРИБАМИ И ЛУКОМ-ПОРЕЕМ

НА 2 ПОРЦИИ

Существует очень мало блюд, которые нельзя упростить и вернуть их к изначальной сущности. Среди них – быстрая и простая открытая лазанья, которую даже не нужно запекать в духовке. Еще до того, как вы снимете пальто, поставьте на огонь чайник, чтобы вскипятить воду для варки пасты – тогда ужин окажется на столе уже через 10 минут.

Оливковое масло для жарки
8 шампиньонов, очистить и нарезать пластинами
1 зубчик чеснока, очистить и порубить
1 стебель лука-порея, очистить, разрезать на четыре части и нашинковать
250 мл куриного бульона
4–6 листов лазаньи, сухих или свежих
100 мл сливок жирностью 48 %
2 ст. л. крупно рубленной зелени эстрагона
Морская соль и свежемолотый черный перец

ДЛЯ ЧЕСНОЧНОЙ БРУСКЕТТЫ
2 куска чабатты
Оливковое масло
1 зубчик чеснока, очистить и разрезать пополам

1. Нагрейте большую сковороду и плесните немного масла. Грибы посолите, поперчите и начните обжаривать, добавив через 2 минуты чеснок, а еще через одну – лук-порей. Готовьте 6–8 минут, чтобы порей стал мягким, а грибы слегка зарумянились. Попробуйте, достаточно ли соли и перца.

2. Добавьте бульон и уварите в течение 5 минут вполовину.

3. Тем временем отварите листы лазаньи в большой кастрюле с подсоленной кипящей водой – варить 4 минуты или до аль-денте.

4. Пока паста варится, добавьте в сковороду к грибам и луку сливки и слегка уварите в течение 2–3 минут.

5. Отваренные листы лазаньи откиньте, затем добавьте в сковороду и хорошо перемешайте с соусом. Выключите огонь, добавьте зелень эстрагона и дайте настояться, пока будете жарить хлеб.

6. Для брускетты хорошо раскалите сковороду-гриль. Смажьте ломтики чабатты оливковым маслом и разрезанным зубчиком чеснока, обжарьте по 1–2 минуты с каждой стороны, до золотистости и поджаристых полосок от гриля.

7. Для подачи красиво выложите лазанью с грибами слоями на порционные тарелки. Гарнируйте обжаренными ломтиками брускетты.

КАК СДЕЛАТЬ, ЧТОБЫ ЛИСТЫ ЛАЗАНЬИ НЕ ПРИЛИПАЛИ ДРУГ К ДРУГУ ПРИ ВАРКЕ
Доведите воду до сильного кипения, а когда будете опускать в нее листы лазаньи, слегка покачайте кастрюлю из стороны в сторону, чтобы листы пасты не слиплись. Варите при медленном кипении до состояния аль-денте. Проверьте готовность, слегка сжав лист пасты пальцами. Если кончики пальцев чувствуют друг друга через пласт теста, значит, лазанья идеально сварилась аль-денте.

ТАЛЬЯТЕЛЛЕ ПОД СОУСОМ БОЛОНЬЕЗЕ ИЗ КОЛБАСНОГО ФАРША

НА 2 ПОРЦИИ

Из колбасок всегда можно приготовить прекрасный быстрый ужин. Часто я не поджариваю их на гриле, а надрезаю вдоль и выбираю фарш из оболочки. Он уже приправлен всем, чем требуется, а значит, экономится время и быстрее достигается насыщенный вкус.

Оливковое масло для жарки
1 маленькая луковица, очистить и нарезать мелкими кубиками
1 зубчик чеснока, очистить и порубить
3–4 итальянские колбаски лучшего качества (лучше с фенхелем или сицилийские, если найдете)
150 г сухих тальятелле
200 г помидоров черри, нарезать половинками
Морская соль и свежемолотый черный перец
Свеженатертый пармезан для подачи

1. Нагрейте сковороду достаточного размера, чтобы туда же поместилась готовая паста. Добавьте немного масла и потомите лук с чесноком 3–4 минуты, до мягкости. Выберете колбасный фарш из оболочек, добавьте в сковороду и подрумяньте 4–5 минут. Слегка разбейте комочки мяса лопаткой, чтобы смесь напоминала мясной фарш.

2. Тем временем отварите тальятелле аль-денте в подсоленной кипящей воде согласно инструкции на упаковке.

3. Когда колбасный фарш слегка подрумянится, добавьте к нему половинки помидоров, немного соли и перца и продолжайте готовить на среднем огне 5 минут, чтобы помидоры начали ужариваться. При готовке добавьте в сковороду 1–2 столовые ложки воды, оставшейся от варки пасты, чтобы смесь приобрела консистенцию соуса.

4. Пасту откиньте, сохранив немного воды, в которой она варилась. Переложите пасту в сковороду к соусу. Хорошо перемешайте, при необходимости разбавив соус небольшим количеством воды от пасты. Попробуйте на соль и перец. Подавайте в горячем виде, посыпав свеженатертым сыром пармезан.

ОСТРЫЕ КОТЛЕТКИ ИЗ ТУНЦА

НА 8 НЕБОЛЬШИХ КОТЛЕТОК

Еще одно чудесное преображение продукта, имеющегося в любом кухонном шкафчике. В рыбных котлетках очень важна текстура, а водяной орех делает ее чуть хрустящей и придает легкую пикантность. Натертый имбирь раскрывает всю свою резкую и сочную свежесть, так что обязательно постарайтесь тереть его над миской, чтобы не потерять ни капли сока.

400 г консервированного тунца хорошего качества
6 консервированных водяных орехов, жидкость слить, орехи тонко нарезать
3 стебля зеленого лука, очистить и нашинковать
3 см корня свежего имбиря, очистить и натереть
3 ст. л. рубленой кинзы
1 стручок красного перца чили, очистить от семян и мелко порубить
3 листа каффир-лайма, мелко порубить (если используете сушеные листья, замочите предварительно на 5 минут в кипятке)
2 ч. л. тайского рыбного соуса
2 яйца, разболтать
Растительное масло для жарки
Морская соль и свежемолотый черный перец

ДЛЯ СОУСА-ДИПА
Большая щепотка мелкого сахара
2 ст. л. тайского рыбного соуса
1 ст. л. рисового уксуса
Сок половинки лайма
2 ст. л. рубленой кинзы

1. Сначала приготовьте соус. Соедините все ингредиенты и хорошо перемешайте до растворения сахара. Попробуйте; добавьте то, чего, на ваш вкус, не хватает. Отставьте в сторону.

2. Тунец без жидкости выложите в миску, разомните вилкой. Добавьте водяные орехи, зеленый лук, имбирь, кинзу, чили и листья каффир-лайма; посолите и поперчите. Добавьте рыбный соус и яйца. Хорошо перемешайте.

3. Сформуйте шарики размером с мяч для гольфа, плотно сдавливая фарш в руках, чтобы стекла лишняя жидкость. Слегка придавите, чтобы придать котлеткам плоскую форму.

4. Нагрейте сковороду на среднем огне, добавьте немного масла и обжарьте котлетки с каждой стороны по 1–2 минуты, до равномерной золотистой корочки. Подавайте с соусом.

КАК ОБРАЩАТЬСЯ С ЧИЛИ
После того как вы нарезали чили, и перед тем как мыть руки, смажьте их оливковым маслом. Масло помогает нейтрализовать капсаицин — источник остроты в перце, вещество, которое лучше растворяется в масле, чем в воде. Затем его легко смыть под струей воды.

ХОТ-ДОГИ С ЧИЛИ

НА 2 ПОРЦИИ

Я не в силах устоять перед настоящим американским хот-догом — сочной сосиской под слоем карамелизованного лука и сладкой горчицей, вызывающей невольное привыкание. Еще лучше, если добавить к хот-догу чили кон карне. По этому рецепту чили получится много, так что остатков хватит и на завтрашний ужин.

2 длинные сосиски для хот-догов, типа франкфуртских
2 булочки для хот-догов
50 г ланкаширского сыра, раскрошить или натереть на терке
1 стебель зеленого лука, очистить и мелко порубить

ДЛЯ БЫСТРОГО ЧИЛИ КОН КАРНЕ
Оливковое масло для жарки
1 маленькая луковица, очистить и нарезать мелкими кубиками
2 зубчика чеснока, очистить и мелко порубить
½ ч. л. кумина
½–1 ч. л. порошка чили, по вкусу
300 г говяжьего фарша
1 ч. л. вустерского соуса
2 ч. л. томатной пасты
1 банка (400 г) консервированных рубленых томатов
Щепотка мелкого сахара
½ ч. л. сушеного орегано
Морская соль и свежемолотый черный перец

ДЛЯ КАРАМЕЛИЗОВАННОГО ЛУКА
2 красные луковицы, очистить и тонко нашинковать
1 ст. л. коричневого сахара
1 ст. л. бальзамического уксуса

1. Сначала приготовьте несложный чили кон карне. Разогрейте сотейник на среднем огне. Плесните немного масла, а когда оно раскалится, потомите лук в течение 4–5 минут, затем добавьте чеснок и обжарьте еще минуту до мягкости. Добавьте кумин и готовьте, помешивая, на среднем огне 1–2 минуты, до появления насыщенного аромата. Добавьте порошок чили и хорошо перемешайте.

2. Фарш посолите и поперчите. Прибавьте огонь и налейте в сотейник еще немного масла. Обжарьте фарш на сильном огне 6–8 минут, помешивая и разбивая кусочки лопаткой. Когда фарш слегка подрумянится, добавьте вустерский соус, убавьте огонь, добавьте томатную пасту и готовьте 1–2 минуты.

3. Добавьте томаты, сахар и орегано вместе со щепоткой перца. Доведите до слабого кипения, накройте крышкой и готовьте 20 минут, часто помешивая.

4. Тем временем приготовьте карамелизованный лук. Нагрейте небольшую сковороду на средне-слабом огне и плесните немного масла. Добавьте лук, щедрую щепотку соли и пассеруйте в течение 10–15 минут, чтобы лук стал совершенно мягким и приобрел глубокий золотистый цвет. Не пытайтесь ускорить процесс, прибавляя огонь, иначе лук подгорит. Когда лук зазолотится и станет очень мягким, добавьте сахар и бальзамический уксус. Увеличьте огонь до среднего и дайте луку не спеша карамелизоваться. Готовьте примерно 5 минут, пока жидкость не выпарится, а лук станет красивым и клейким. Попробуйте на соль.

5. Перед подачей сварите сосиски в течение 6 минут или поджарьте на гриле, чтобы они прогрелись изнутри. Разложите карамелизованный лук по двум надрезанным булочкам для хот-догов. Сверху положите по сосиске и добавьте в каждую порцию 1–2 большие ложки чили кон карне. Посыпьте сыром и мелкорубленым зеленым луком.

ТАКОС С ГОВЯДИНОЙ И МАЙОНЕЗОМ С ВАСАБИ

НА 6–8 ШТУК

Благодаря соединению мексиканских вкусов с японскими – обжаренный стейк, промаринованный в насыщенном сладком соусе и завернутый в подсушенную кукурузную лепешку-тортилью – получается вкуснейшее мясное блюдо. Обычно мясо маринуют перед готовкой, но в данном случае мы сначала приготовим стейк, а затем дадим ему остыть в маринаде и впитать все вкусы. Мясо в маринаде можно оставлять до четырех дней – чем дольше, тем лучше.

2 говяжьих антрекота
Оливковое масло для жарки
6–8 небольших (диаметром 14 см) кукурузных лепешек для подачи

ДЛЯ МАРИНАДА
2 ст. л. светлой пасты мисо
2 ст. л. мирина
1 ст. л. мелкого сахара
2 ст. л. оливкового масла
Морская соль и свежемолотый черный перец
Для маринованной капусты на скорую руку

Половина кочана китайской капусты, тонко нашинковать
1–1,5 ст. л. рисового уксуса или лимонного сока
½ ч. л. кунжутного масла
1 ч. л. сушеных хлопьев чили

ДЛЯ МАЙОНЕЗА С ВАСАБИ
½ ч. л. васаби, по вкусу
2 ст. л. с горкой майонеза

1. Приготовьте маринад. Соедините пасту мисо с мирином, сахаром и оливковым маслом, перемешайте до растворения сахара. Посолите, поперчите, если нужно, влейте столовую ложку воды.

2. Жир с говяжьих антрекотов не срезайте, чтобы мясо не пересохло при жарке. Хорошо приправьте антрекоты солью и перцем, обжарьте на раскаленной, смазанной маслом сковороде по 2–3 минуты с каждой стороны, до желаемой степени прожарки. Когда выложите их на сковороду, слегка встряхните, чтобы мясо не пригорело. Вытопите жир, повернув куски мяса набок, чтобы получилась золотистая хрустящая корочка. В процессе жарки поливайте мясо выделяющимся соком.

3. Готовые стейки снимите со сковороды, излишки жира срежьте. Положите мясо в маринад, так, чтобы он покрыл его со всех сторон. Оставьте постоять, время от времени поливая маринадом.

4. Тем временем сложите капусту в миску, посолите и поперчите. Добавьте рисовый уксус, кунжутное масло и хлопья чили. Перемешайте, чтобы капуста равномерно покрылась маслом со специями, и оставьте на несколько минут.

5. Смешайте васаби с майонезом, попробуйте. Если хотите получить более острый вкус, добавьте еще немного васаби.

6. Подогрейте тортильи в течение 30–60 секунд на открытом огне, чтобы они слегка подпалились и подсохли. Если плита электрическая, прокалите лепешки на сковороде. Горячую лепешку намотайте на скалку, чтобы получилась «лодочка».

7. Говядину слегка промокните, нарежьте ломтиками, выложите в готовые такос, сверху – слегка отжатую маринованную капусту и немного майонеза с васаби.

АНАНАС НА ГРИЛЕ С ПИКАНТНОЙ КАРАМЕЛЬЮ

НА 2 ПОРЦИИ

Десерты на 1–2 порции должны быть совсем несложными, иначе вам не захочется затевать готовку. Ананас на гриле по этому рецепту – именно то, что нужно. Блюдо готовится в считаные минуты, а знакомый фрукт обретает совершенно неожиданный вкус. Проверить спелость ананаса можно, оторвав листок с верхушки – он должен легко отделиться. В противном случае пусть ананас полежит еще пару дней в вазе с фруктами.

1 спелый ананас
4 ст. л. мелкого сахара и еще немного
  для глазировки
1 стручок ванили, выбрать зернышки
Щепотка китайской смеси «пять специй»
20 г сливочного масла
150 мл сливок жирностью 48 %

1. Сначала подготовьте ананас. Зубчатым ножом срежьте верхушку и донце, затем разрежьте ананас по вертикали на 8 ломтиков. Срежьте с внутренней части каждого ломтика сердцевину. Срежьте кожицу, как будто чистите ломтик дыни, только отступая от кожицы на 2 см.

2. Раскалите сковороду-гриль. Выложите ломтики ананаса на решетку и прижмите руками, чтобы лучше подрумянились. Готовьте по 2 минуты с каждой стороны, до появления полосок от гриля. За 1 минуту до окончания готовки посыпьте ананас небольшим количеством сахара, для глазировки.

3. Для карамели поместите 4 столовые ложки сахара, зернышки ванили и смесь «пять специй» в тяжелую сковороду и готовьте на среднем огне 3–4 минуты, до растворения сахара, чтобы карамель приобрела темно-золотистый цвет. Снимите с огня, добавьте сливочное масло и 2 столовые ложки сливок. Потрясите сковороду, чтобы масло растаяло, перемешайте венчиком, добавьте оставшиеся сливки.

4. Полейте ломтики ананасов карамельным соусом и сразу подавайте.

КАК ПОЛЬЗОВАТЬСЯ СКОВОРОДОЙ-ГРИЛЬ
Когда жарите что-то на сковороде-гриль, обязательно в самом начале прижмите продукт на несколько секунд к решетке. Таким образом на нем появятся полоски от гриля – это не только красиво, но и придает более интересный вкус.

ОЛАДЬИ ИЗ ЧЕРНИКИ И РИКОТТЫ, С ЙОГУРТОМ И МЕДОМ

НА 8 ШТУК

Кто сказал, что оладьи едят только на завтрак? Эти вкусны в любое время дня. Взбейте рикотту вилкой, чтобы легче ввести в тесто. Не забывайте, что яичные белки необходимо взбивать в безупречно чистой миске, чистейшим миксером. Достаточно малейшего пятнышка жира, и они не взобьются. Теста получится столько, что хватит и на следующий день.

125 г муки
1 ч. л. разрыхлителя
Щепотка соли
1 ст. л. мелкого сахара
2 яйца, отделить белки от желтков
100 мл молока нормальной жидкости
125 г сыра рикотта
100 г свежей черники и еще немного для подачи
Оливковое и сливочное масло для жарки
Греческий йогурт и жидкий мед, для подачи

1. Просейте муку с разрыхлителем, солью и сахаром в большую миску и перемешайте. Сделайте в середине углубление и добавьте яичные желтки. Постепенно добавьте молоко и медленно взбейте, собирая муку по краям, чтобы получилось однородное тесто. Вмешайте рикотту и чернику.

2. В отдельной миске взбейте яичные белки почти до мягких пиков. Вмешайте в тесто одну столовую ложку взбитых белков, чтобы чуть разбавить его, затем добавьте оставшиеся белки.

3. Нагрейте широкую антипригарную сковороду на среднем огне. Налейте немного оливкового масла и положите кусочек сливочного масла. Когда масло растает, начинайте жарить оладьи небольшими порциями, выкладывая тесто по 1 столовой ложке с горкой, а затем приминая тесто на сковороде. Готовьте по 1–2 минуты с каждой стороны, чтобы оладьи зарумянились, поднялись и пропеклись изнутри. Готовые оладьи держите в теплой духовке, пока жарятся остальные.

4. Перед подачей выложите оладьи в тарелки, добавьте к каждой порции ложку греческого йогурта, посыпьте свежей черникой и слегка полейте медом.

ГОТОВИМ НА БОЛЬШУЮ КОМПАНИЮ

ИНОГДА ПОВАРА – САМИ СЕБЕ ХУДШИЕ ВРАГИ.

Бывает, я ужинаю в гостях у друзей и едва не рыдаю при виде того, что они устраивают. Мужественно пытаются нарезать мясо, а на плите в это время кипят четыре кастрюли с разными овощами, а еще пора готовить соус, да и на тарелки все хочется выложить самостоятельно, и к столу подать тоже без всякой помощи. А тем временем гости сидят без дела и наблюдают, как нервничает повар, хотя могли бы помочь, только им не позволяют.

И мне тогда хочется спросить: «Ты что, спятил?» В таких условиях готовить ужин невозможно. Я более четверти века работаю профессиональным поваром, однако никогда не мечтал справиться со всем в одиночку.

В ресторане разные повара работают в разных цехах и подготавливают свою часть: мясо, овощи, соусы. Шеф-повар следит, чтобы в каждой тарелке все выглядело идеально. Блюда по залу разносит официант, для мытья посуды существует отдельный работник. Получается как минимум шесть человек. А вы пытаетесь все сделать в одиночку. Ничего удивительного, что вы устаете и нервничаете.

При готовке для большой компании гостей следует помнить, что еда не обязана быть идеальной. У вас тут не ресторан. Гости приходят, потому что хотят провести время в вашем обществе, а не ради бесплатного ужина от мишленовского повара. Поэтому успокойтесь и распланируйте ужин так, чтобы все делалось по порядку, а вы могли в то же время получить удовольствие от вечера.

Это предполагает соответствующее меню. Не важно, подадите ли вы одну перемену блюд или пять, главное – готовить то, что вас не затруднит. На кухне можно устать, с этим никто не спорит, но если все продумать загодя, то усталость вам грозит по минимуму. Подумайте, что вам предстоит. Можно ли все подготовить заранее или придется много чего доделывать в последнюю минуту? Надо ли жарить восемь стейков на единственной сковороде или лучше просто поместить мясо в духовку? Придется ли филировать рыбу перед раскладыванием по тарелкам? Именно такое планирование позволяет избежать большинства проблем и, будем надеяться, поможет вам не волноваться.

Для начала давайте поговорим о времени. По-моему, многие не понимают, как его планировать. Ориентируются на этакий последний отсчет, который печатают в разных журналах под Рождество: «10:30 – поставьте индейку в духовку; 12:15 – отварите картофель; 12:50 – начинайте готовить овощи». Цель в таких случаях – добиться готовности всего сразу, в один момент, чтобы, когда часы пробьют час дня, мясо было готово, картофель зажарился, брюссельская капуста и морковь сварились. Кажется, это успех? Вот только сразу же начинается всепоглощающая паника: скорей, слить овощи, нарезать индейку, выложить картофель в сервировочное блюдо, и все это одновременно!

С точки зрения шеф-поваров, планирование времени означает нечто противоположное. Мы стараемся все подгадать так, чтобы ингредиенты не были готовы одновременно. Гораздо удобней достать ростбиф из духовки за полчаса до подачи (мясу всегда полезно некоторое время отдохнуть), овощи сохранить в тепле в слабо разогретой духовке, а в последнюю минуту довести до готовности соус.

Хорошо все, что можно приготовить заранее. Речь идет не только о рагу и томленых блюдах, о которых я писал в главе «Готовим заранее» (хотя, конечно, они идеально подходят для многолюдных застолий). Не менее важны и блюда, которые можно приготовить за несколько часов до подачи, а потом, в последнюю минуту, останется только добавить последние штрихи. Свиные ребрышки (стр. 240) – идеальное блюдо для большой компании гостей, его можно подготовить заранее, а потом, уже в самом конце, довести до готовности на плите, что дает вам полнейший контроль над процессом.

Холодная закуска или гарнир – роскошный вариант. Такие блюда можно подготовить за несколько часов до прибытия гостей и потом ни о чем не беспокоиться. С салатами сложность только одна: как только вы их заправляете уксусно-масляными заправками, зелень тут же начинает увядать и в считаные минуты становится дряблой и склизкой. Избежать этого можно, например, следующим способом: налить салатную заправку на дно сервировочной миски, сверху поместить сервировочные щипцы и салатные ложки в качестве своеобразной подставки, препятствующей контакту зелени с заправкой. Таким образом, когда придет время подавать салат, его останется всего лишь перемешать, и готово. Либо можно приготовить что-нибудь из множества тех салатов, которым предварительная заправка только на пользу. Хороший пример – салат с зеленой папайей (стр. 232). Его можно сделать за несколько часов до подачи, и со временем он станет только вкуснее.

Если вы сверхорганизованный человек, не забудьте, что овощи можно заранее сбланшировать в кипящей воде за несколько минут, затем освежить в ледяной воде, а в последнюю минуту перед подачей разогреть в микроволновке или опустить в кипяток.

Несколько слов о том, как варить овощи для большого количества едоков. Как правило, воды следует брать не больше, чем нужно, чтобы покрыть то, что вы варите, – иначе продукт отдаст свой вкус в воду. Однако при варке овощей, особенно замороженных, необходимо вскипятить большую кастрюлю воды – так вода быстрее дойдет до кипения после того, как вы добавите овощи, а они соответственно не размякнут и сохранят свежий цвет.

Некоторые блюда требуют много работы в последний момент, так что не бойтесь просить о помощи. На кухне важно уметь распределить обязанности, и начинающие шеф-повара в первую очередь учатся руководить своей бригадой. Я всегда что-нибудь поручаю гостям: от подачи напитков до накрывания на стол. Привлекайте их к участию в работе. А еще лучше – превратите приготовление ужина в развлечение: предложите гостям самостоятельно свернуть вьетнамские роллы с креветками, попросите смешать салат.

Не следует забывать и о подаче блюд. Раскладывать ли еду по тарелкам на кухне или подать на большом блюде, чтобы каждый накладывал себе сам? Для меня в этом вопросе все зависит от того, что я готовлю. Если в меню предполагается одно впечатляющее блюдо, скажем, ростбиф, я разделаю его на порции за столом, чтобы гостям тоже было интересно. С другой стороны, восемь рыбных филе в индивидуальных сковородках выглядят совсем не так захватывающе, поэтому я скорее разложу их порционно по тарелкам, но позову кого-нибудь помочь. Таким образом, рыбу можно будет подать сразу же из теплой духовки, на подогретых тарелках (в случае с рыбой это особенно важно, ведь она очень быстро остывает). Овощи я обычно предлагаю гостям накладывать себе самостоятельно.

Если ужин не особенно торжественный (и, честно говоря, дома мы все чаще собираемся в неформальной обстановке), я выставляю на стол большие миски с салатом или рагу или чем-то еще, и гости кладут себе сами, сколько хотят. Такая подача достаточно элегантна, если потратиться на красивые сервировочные блюда и несколько чугунных форм с крышками; только не забудьте предупредить гостей, что посуда горячая.

Наконец, десерт. Именно в этот момент можно позволить себе покрасоваться. Это последнее блюдо, которое предстоит попробовать гостям, именно его они запомнят напоследок, так что почему бы не закончить с помпой? Блюдо не должно быть суперсложным, только казаться таким, так что выбирайте рецепты, не требующие больших временных затрат и приготовлений в последнюю минуту. Подавайте десерт в центр стола, а дальше уж дело за гостями.

САЛАТ С ЗЕЛЕНОЙ ПАПАЙЕЙ

НА 6–8 ПОРЦИЙ

Это замечательный салат для вечеринок. Он очень нежный, но при этом прекрасно выстоит до конца ужина. Его секрет – в кислой, вяжущей пасте, характерной для тайской кухни и придающей блюдам солоноватую глубину вкуса. Я использую в этом рецепте чрезвычайно острый перец чили «птичий глаз», так что будьте осторожны. Сахар сбалансирует остроту, но не уберет ее. Если гостей у вас не так много, ингредиенов следует взять вдвое меньше.

4–6 ст. л. сушеных креветок, по вкусу
Морская соль
2 зубчика чеснока, очистить и слегка порубить
2 красных стручка перца чили «птичий глаз», порубить
4 ст. л. мелкого коричневого сахара
2 ст. л. тамариндовой пасты
4 ст. л. рыбного соуса
Сок 2 лаймов
2 большие зеленые папайи, очистить и натереть на терке, сердцевину с семенами удалить (см. подсказку ниже).
2 луковицы шалота, очистить и натереть
2 моркови, очистить и натереть
6 ст. л. крупно рубленной зелени кинзы
6 ст.л. крупно рубленной зелени тайского базилика
6 ст. л. крупно рубленного арахиса без кожицы

1. В большой ступке пестиком растолките сушеные креветки со щепоткой соли, чтобы получились мелкие кусочки. Добавьте чеснок, чили, сахар, тамариндовую пасту и рыбный соус, и разотрите смесь в пасту. Разведите лаймовым соком.

2. Смешайте в миске папайю, лук-шалот, морковь, кинзу и базилик.

3. Рубленый арахис обжарьте со щепоткой соли на сухой сковороде, помешивая, в течение 2–3 минут, до золотистости. Таким образом вкус орехов получится более сладким и интересным. (Не рубите слишком мелко, иначе арахис подгорит.)

4. Добавьте в салат 6 столовых ложек получившейся креветочной пасты и хорошо вымешайте. Попробуйте, при необходимости добавьте еще немного пасты. Посыпьте салат арахисом и подавайте.

КАК ПОДГОТОВИТЬ ЗЕЛЕНУЮ ПАПАЙЮ

Зеленая папайя выглядит так себе, но вкус у нее удивительный. Мякоть по текстуре очень плотная, не хрупкая, прекрасно впитывает заправку и не вянет. Чтобы очистить папайю, поставьте ее на стол и срежьте кожуру, как с апельсина.

САЛАТ С ПЕЧЕНЫМ КРАСНЫМ ПЕРЦЕМ, ЧЕЧЕВИЦЕЙ И ТРАВАМИ

НА 6–8 ПОРЦИЙ

Я обычно добавляю в салаты чечевицу и другие бобовые, чтобы сытней накормить голодную толпу гостей. Таким образом салат возьмет на себя роль одновременно и овощного блюда, и солидного источника углеводов, так что вы можете сосредоточиться на приготовлении главного – скажем, жареной курицы с лимоном или бараньей ноги на гриле. Авокадо не режьте до самого последнего момента, иначе оно потемнеет.

400 г зеленой чечевицы пюи
2 литра горячего овощного бульона
2 лавровых листа
4 кабачка, очистить
4 красных сладких перца
Оливковое масло для запекания
350 г вяленых помидоров в оливковом масле
2 спелых авокадо
Сок 1 лимона
8 ст. л. рубленого шнитт-лука
Пучок базилика, листья порвать
Морская соль и свежемолотый черный перец

1. Разогрейте духовку до 200 °C.

2. Отварите чечевицу в бульоне с лавровым листом в течение 15 минут, только-только до готовности. Жидкость слейте, чечевицу переложите в большую миску и остудите.

3. Тем временем нарежьте кабачки и перцы небольшими кусочками. Обмакните в оливковое масло, посолите и поперчите. Выложите в один слой на противень и запеките в духовке в течение 12–15 минут, до мягкости, чтобы овощи слегка подрумянились по краям. Дайте остыть.

4. Помидоры достаньте из масла (масло сохраните) и нарежьте небольшими кусочками. Заправьте чечевицу 1–2 столовыми ложками оставшегося от них масла. Добавьте помидоры, кабачки, красный перец и хорошо посолите и поперчите.

5. Перед подачей нарежьте мякоть авокадо кубиками и добавьте к готовой чечевице вместе с лимонным соком, шнитт-луком и базиликом.

КАК СОЛИТЬ ЧЕЧЕВИЦУ

Бобовые, такие как чечевица, фасоль и нут, – прекрасный ингредиент для многих блюд. Однако если посолить их слишком рано, кожица бобов станет жесткой. Солить их нужно, только когда они окончательно сварятся.

ОВОЩНОЙ САЛАТ С СЫРОМ И САЛЯМИ

НА 6–8 ПОРЦИЙ

Еще один сытный салат, который заменит полноценный обед. Горьковатый вкус эндивия (цикорного салата) прекрасно сочетается со сладостью сыра и помидоров. Заправляйте непосредственно перед подачей, иначе салатные листья завянут.

- 2 луковицы шалота, банановые, очистить и очень тонко нашинковать
- 250 г небольших сливовидных помидоров или черри, нарезать половинками
- Оливковое масло для сбрызгивания
- 4 кочана салата романо, нашинковать
- 4 небольших кочана красного эндивия (радиккьо), нашинковать
- 2 красных сладких перца, очистить от семян и нарезать кубиками
- 2 банки (по 400 г) консервированного нута, откинуть на сито и промыть
- 300 г сыра эдам, нарезать тонкой соломкой
- 250 г салями, нарезать полосками
- Сок примерно половинки лимона
- Морская соль и свежемолотый черный перец
- 2 ст. л. сушеного орегано для украшения

ДЛЯ ЗАПРАВКИ
- 2 ст. л. хересного уксуса
- 1 ст. л. вустерского соуса
- 2 ч. л. мелкого сахара
- 2 зубчика чеснока, очистить и мелко порубить
- 180 мл оливкового масла

1. Положите шалот и помидоры в большую салатницу. Посолите, поперчите, затем слегка сбрызните оливковым маслом. Перемешайте.

2. Для заправки смешайте хересный уксус, вустерский соус и сахар (сахар должен раствориться). Добавьте чеснок и снова хорошо перемешайте. Постепенно влейте оливковое масло, непрерывно взбивая венчиком до густой и гладкой консистенции. Попробуйте на вкус; если нужно, добавьте еще уксуса.

3. Положите салатные листья, перец, нут, сыр и салями в миску с помидорами. Хорошо перемешайте, чуть-чуть досолите и доперчите.

4. Перед подачей выжмите на салат сок половины лимона и заправьте тремя четвертями соуса. Хорошо перемешайте и попробуйте; по желанию добавьте еще немного заправки и/или лимонного сока. Посыпьте сушеным орегано, снова перемешайте и подавайте.

ЧТОБЫ РАЗДЕЛОЧНАЯ ДОСКА НЕ СКОЛЬЗИЛА
Резать на неустойчивой доске опасно; чтобы доска не скользила по столу, смочите кухонное полотенце или чистую тряпку и подложите под доску, — так она не сдвинется с места.

САЛАТ ИЗ СТРУЧКОВОЙ ФАСОЛИ С ГОРЧИЧНОЙ ЗАПРАВКОЙ

НА 6–8 ПОРЦИЙ

Похоже, стручковая фасоль пришла на смену замороженному зеленому горошку в качестве универсального, круглый год доступного овоща. Этот рецепт – простой способ акцентировать ее свежий вкус в летние месяцы. Чеснок в печеном виде проявляет свою естественную сладость, но теряет присущую ему резкую остроту.

1 кг стручковой фасоли, обрезать кончики стручков
200 г миндальных лепестков
Морская соль и свежемолотый черный перец

ДЛЯ ЗАПРАВКИ
2 небольшие головки чеснока
2–3 ст. л. белого винного уксуса
2 ч.л. дижонской горчицы
2 ч. л. жидкого меда
150 мл оливкового масла

1. Разогрейте духовку до 180 °C.

2. Заверните в фольгу головки чеснока и запеките в духовке в течение 20–25 минут, до мягкости. Достаньте и остудите.

3. Тем временем сбланшируйте стручковую фасоль: опустите ее в кастрюлю с большим количеством кипящей подсоленной воды на полторы минуты, чтобы фасоль чуть подварилась, но осталась хрустящей. Сразу же откиньте на сито под холодную проточную воду.

4. Миндаль слегка подсушите на средне-сильном огне на сухой сковороде 2–3 минуты, до золотистого цвета. Дайте остыть.

5. Смешайте остывшую фасоль и миндаль, приправьте небольшим количеством соли и перца.

6. Выберите мякоть чеснока из кожицы и растолките с одной столовой ложкой белого винного уксуса в однородную массу. Добавьте горчицу и мед, хорошо перемешайте. Тонкой струйкой влейте оливковое масло, непрерывно помешивая, до загустения. Попробуйте; если нужно, добавьте еще немного уксуса.

7. Заправьте фасоль соусом, хорошо перемешайте и подавайте.

ЛЕГКИЙ СПОСОБ СМЕШИВАТЬ САЛАТНУЮ ЗАПРАВКУ
Вместо того чтобы взбивать все ингредиенты в миске венчиком, поместите их в банку с плотно прилегающей крышкой и энергично потрясите. Так смесь эмульгируется легче, чем при взбивании венчиком, а оставшуюся заправку можно хранить в той же банке и использовать по мере надобности.

СВЕЖИЕ СПРИНГ-РОЛЛЫ С КРЕВЕТКАМИ

НА 24–28 ШТУК

Я с детства любил спринг-роллы, а после поездок по странам Азии еще сильней зауважал это простое блюдо. Креветки придают роллам приятную сладкую ноту, но и о текстуре забывать не следует. Вот почему я включил в состав начинки салат «литл джем» и морковь, чтобы сделать ее более хрустящей. Роллы можно приготовить заранее и достать из холодильника буквально за секунды до прибытия гостей.

200 г сухой вермишели или тонкой рисовой лапши
500 г отварных королевских креветок, очистить и нарезать не слишком мелко (см. стр. 167)
2 кочана салата «литл джем», нашинковать
4 стебля зеленого лука, очистить и порубить
2 большие моркови, очистить и натереть
4 ст. л. рубленой кинзы
4 ст. л. рубленого тайского базилика
4 ст. л. рубленой мяты
Сок 2 лаймов
24–28 круглых листов рисовой бумаги (16 см диаметром)

ДЛЯ СОУСА-ДИПА

4 ст. л. мелкого сахара
4 ст. л. рисового уксуса
180 мл рыбного соуса
2 стручка красного перца чили, очистить от семян и мелко порубить
2 зубчика чеснока, очистить и мелко порубить
2 стебля зеленого лука, очистить и тонко нашинковать
4 ст. л. рубленой зелени кинзы
4 ст. л. рубленой мяты

1. Опустите тонкую лапшу в кипящую воду на 3–4 минуты; откиньте на сито и промойте под струей холодной воды. Когда лапша остынет, стряхните излишки воды и сложите в миску.

2. Для соуса соедините сахар, рисовый уксус, рыбный соус, чили и чеснок. Хорошо перемешайте до растворения сахара. Добавьте оставшиеся ингредиенты. Перемешайте, попробуйте; при необходимости скорректируйте вкус.

3. Слегка порубите лапшу в миске. Смешайте с креветками, нашинкованным салатом, зеленым луком, морковью, кинзой, базиликом и мятой. Добавьте сок лайма и 2 столовые ложки приготовленного соуса, перемешайте. Попробуйте; если нужно, добавьте еще соуса.

4. Опустите лист рисовой бумаги в миску с горячей водой секунд на 20, чтобы бумага стала мягкой. Положите круглый лист рисовой бумаги на разделочную доску, смоченную водой (чтобы бумага не прилипала), в центр выложите ложку начинки и заверните края конвертиком. Плотно скатайте в ролла; повторите с оставшимися листами бумаги.

5. Подавайте роллы вместе с соусом.

КАК ВЫЖАТЬ ИЗ ЦИТРУСОВЫХ МАКСИМУМ СОКА
Чтобы получить как можно больше сока из лимона или лайма, покатайте фрукт по столу, плотно прижимая ладонью, в течение минуты перед тем, как выжимать сок.

СВИНЫЕ РЕБРЫШКИ

НА 6–8 ПОРЦИЙ

Клейкие, упругие на зубах, кисло-сладкие ребрышки так приятно грызть, что просто невозможно устоять. Глазированы они насыщенным соусом с ярким лимонным привкусом, в котором сладость меда подчеркивает остроту специй. Фокус в том, чтобы хорошо подрумянить ребрышки, прежде чем добавлять остальные ингредиенты. При запекании в духовке приправы отдадут ребрышкам всю свою яркость, так что вкус и аромат окажутся совершенно невероятными.

2 кг свиных ребрышек, разобрать по косточкам
Морская соль и свежемолотый черный перец
Оливковое масло для жарки
6–8 зубчиков чеснока, очистить и нашинковать
10 см корня свежего имбиря, очистить и нашинковать
2–4 ч. л. сушеных хлопьев чили по вкусу
2 ч. л. сычуаньского перца
8 звездочек аниса
8 ст. л. жидкого меда
300 мл соевого соуса
4–5 ст. л. рисового уксуса
600 мл рисового вина шаосин или полусладкого хереса
10 стеблей зеленого лука, очистить и нашинковать
800 мл куриного бульона

1. Нагрейте духовку до 180 °C.

2. Натрите ребрышки солью и перцем. Налейте в противень для запекания немного оливкового масла, разогрейте на плите, подрумяньте ребрышки со всех сторон в течение 5–10 минут.

3. Добавьте чеснок, имбирь, хлопья чили, сычуаньский перец, анис и мед и продолжайте готовить еще 2 минуты, пока мед не начнет карамелизоваться. Добавьте соевый соус, рисовый уксус и вино шаосин, доведите до кипения и готовьте 1 минуту. Попробуйте на вкус; если нужно, добавьте еще уксуса. Добавьте зеленый лук, бульон и доведите до кипения. Поставьте в разогретую духовку и запекайте 1 час, до мягкости, в середине процесса перевернув ребрышки на другую сторону.

4. Достаньте противень из духовки и снова поставьте на плиту. Прогрейте маринад и выпаривайте в течение 8–10 минут, чтобы уварить соус до консистенции густого сиропа. Поворочайте каждое ребрышко, чтобы оно покрылось соусом со всех сторон, и подавайте.

КАК НАСЫТИТЬ РЕБРЫШКИ БОЛЕЕ ГЛУБОКИМ ВКУСОМ

После запекания в духовке ребрышки можно оставить в клейком маринаде на 1–2 дня, чтобы вкус настоялся. Затем, когда будете доводить блюдо до готовности, хорошо прогрейте их на плите в течение примерно 20 минут.

ЯГНЯТИНА, ФАРШИРОВАННАЯ ШПИНАТОМ И КЕДРОВЫМИ ОРЕШКАМИ

НА 6–8 ПОРЦИЙ

Все привыкли к сочетанию ягнятины с мятой, но иногда приятно отойти от привычного и подать мясо, как в этом рецепте, с фетой, кедровыми орешками и шпинатом. Блюдо дополняет замечательная йогуртово-огуречная заправка. Обязательно «запечатайте» мясо на плите перед тем, как отправлять в духовку, чтобы оно сразу начало обжариваться, и снаружи получилась красивая хрустящая корочка, контрастирующая с идеально розовой серединкой.

1 маленькая луковица, очистить и порубить
2 зубчика чеснока, очистить и нашинковать
Оливковое масло для жарки
3 ст. л. кедровых орешков
250 г молодого шпината, промыть
150 г сыра фета, раскрошить
Седло ягненка, весом около 1,75–2 кг (попросите мясника удалить кость)
1–2 ч. л. сумаха (см. стр. 113), по вкусу
Морская соль и свежемолотый черный перец

ДЛЯ ЗАПРАВКИ
Половинка длинноплодного огурца, очистить от семян и шкурки, нарезать кружками
150 мл натурального йогурта
Небольшой пучок мяты, мелко нашинковать
1 ст. л. гранатовой патоки (см. стр. 205), по вкусу
Цедра 1 лимона и немного лимонного сока

1. Обжарьте лук с чесноком на средне-горячей сковороде с небольшим количеством оливкового масла в течение 5 минут, до мягкости. Посолите, поперчите, добавьте кедровые орешки и жарьте еще 1 минуту до золотистости. Добавьте шпинат и слегка припустите на сковороде, перемешав с другими ингредиентами. Снимите с огня и смешайте с фетой.

2. Распластайте кусок мяса на разделочной доске, мякотью вверх. Посолите, поперчите, посыпьте сумахом. В середину выложите шпинатную начинку.

3. Сверните мясо с начинкой рулетом и перевяжите бечевкой. Сверху мясо посолите, поперчите и уберите в холодильник хотя бы на 30 минут или на ночь, чтобы рулет не развалился при обжаривании.

4. Разогрейте духовку до 190 °C.

5. Поставьте на плиту противень и хорошо прогрейте. Плесните немного масла и подрумяньте мясо со всех сторон в течение 10 минут. Поставьте в разогретую духовку и запекайте 45–55 минут, в зависимости от размера куска и желаемой степени прожарки. Готовому мясу дайте постоять.

6. Тем временем смешайте все ингредиенты для заправки и слегка посолите.

7. Подавайте мясо в горячем или холодном виде, нарезав толстыми ломтями, с заправкой.

КАК ФАРШИРОВАТЬ МЯСО
Секрет любой начинки в том, чтобы некоторые ингредиенты термически обработать заранее. Сырой лук и сырой чеснок внутри мяса будут готовиться целую вечность. Если мясо запекать будете не сразу, начинку перед дальнейшим использованием следует остудить. Фаршируя седло ягненка, положите побольше начинки по краям, потому что часть ее неизбежно вывалится, когда будете сворачивать мясо рулетом; не перевязывайте слишком туго.

ПАЭЛЬЯ

НА 8–10 ПОРЦИЙ

Оригинальное испанское блюдо из серии «все в одном». В отличие от ризотто паэлью при готовке не требуется помешивать, и она лучше подходит для вечеринки. Как обычно, нужно взять две части жидкости на одну часть риса. А еще необходимо закладывать морепродукты в зависимости от их времени приготовления: кальмары, скажем, добавляют в самом конце, иначе они станут «резиновыми» от слишком длительной готовки.

Оливковое масло для жарки
1 большая луковица, очистить и нарезать
1 большой красный сладкий перец, очистить от семян и нарезать кубиками
3–4 зубчика чеснока, очистить и тонко нашинковать
200 г колбасок чоризо для жарки, очистить от оболочки и нарезать
1 ч. л. копченой паприки
400 г куриных бедрышек без кожи и костей
500 г риса для паэльи, например сортов каласпарра или бомба
200 мл сухого белого вина
1 л горячего куриного бульона

Большая щепотка рылец шафрана
1 банка (400 г) консервированных рубленых томатов в собственном соку
24 мидии, почистить и промыть
300 г сырых королевских креветок, целиком или без голов
300 г кальмаров, очистить и нарезать тонкими кольцами
400 г зеленого горошка (если замороженный, разморозить)
Морская соль и свежемолотый черный перец
Горсть рубленой зелени петрушки, для украшения
2 лимона, нарезать дольками, для подачи

1. Нагрейте немного оливкового масла в большой сковороде для паэльи или в обычной. Добавьте лук и красный перец, и обжарьте 2–3 минуты, до мягкости. Добавьте чеснок и жарьте еще 2 минуты, а затем добавьте колбаски и паприку.

2. Тем временем нарежьте курицу на небольшие кусочки, посолите и поперчите. Добавьте в сковороду и обжарьте на сильном огне в течение нескольких минут, часто помешивая, чтобы мясо слегка зарумянилось.

3. Выложите в сковороду рис и готовьте, помешивая, 2–3 минуты, затем добавьте вино, выпаривайте минут 5, после чего влейте бульон. Доведите до слабого кипения, добавьте шафран и томаты. Посолите, поперчите и хорошо перемешайте.

4. Готовьте на небольшом огне 10 минут, затем аккуратно вдавите в рис мидии и креветки. Готовьте на среднем огне 5 минут, чтобы креветки стали матовыми, а мидии раскрылись (нераскрывшиеся раковины удалите). Добавьте кальмары, горошек, перемешайте и готовьте еще 2–3 минуты. (Рис к этому времени должен свариться и впитать всю жидкость.)

5. Попробуйте на соль и перец.

6. Снимите сковороду с огня, плотно затяните фольгой и оставьте на 10 минут. Украсьте петрушкой и дольками лимона и подавайте.

РОСТБИФ

НА 6–8 ПОРЦИЙ

Если вы купили хороший кусок говядины, с ним и делать-то почти ничего не придётся, достаточно просто слегка натереть оливковым маслом, хорошо посолить и поперчить и запечь в очень горячей духовке. Жир при готовке вытопится, пропитает мясо, и у вас получится прекрасный ароматный ростбиф. Не забудьте дать готовому мясу постоять минут 15 – отдохнуть и впитать выделившиеся соки. Традиционно горячий ростбиф подают с йоркширским пудингом, печёным картофелем и отварной брокколи. Или можно подать мясо комнатной температуры, с салатом (см. стр. 232–237).

1,5–2 кг говядины (толстый край), очистить от плёнок
2 ст. л. ложки оливкового масла
Несколько веточек розмарина, листья порубить
Морская соль и свежемолотый чёрный перец

ДЛЯ ПОДЛИВЫ

2 луковицы шалота, банановые, очистить и тонко нашинковать
1 зубчик чеснока, очистить и раздавить
2 ст. л. муки
1–2 ст. л. бальзамического уксуса
150 мл красного вина
500 мл говяжьего бульона
Несколько веточек эстрагона, зелень порубить

1. Разогрейте духовку до 230 ºC. Выложите кусок мяса на большой противень и сбрызните оливковым маслом. Присыпьте солью, перцем и рублеными листьями розмарина, вотрите приправы в мясо. Уложите кусок жиром вверх. Запекайте в горячей духовке в течение 20 минут, затем убавьте температуру до 200 ºC. Запекайте из расчёта 5–10 минут на каждые 500 г веса для слабой степени прожарки, или 10–15 минут на 500 г – для средней. Примерно в середине приготовления переверните мясо, чтобы оно пропеклось равномерно.

2. Переложите мясо на подогретое блюдо, прикройте фольгой и оставьте на 15–20 минут. Для подливы слейте из противня излишки вытопившегося жира, оставив немного для дальнейшего использования, и поставьте противень на плиту, на средний огонь. Добавьте шалот, чеснок, немного соли и перца. Пассеруйте, часто помешивая, 4–6 минут, чтобы шалот стал мягким. Добавьте муку и готовьте, помешивая, ещё несколько минут.

3. Влейте уксус и красное вино, доведите до кипения. Добавьте бульон и кипятите ещё минут 10, чтобы соус уварился и загустел, затем вмешайте эстрагон.

4. Нарежьте говядину тонкими ломтиками, а подливу подайте в подогретом соуснике.

САБАЙОН С ПОШИРОВАННЫМИ ЗИМНИМИ ФРУКТАМИ

НА 6 ПОРЦИЙ

Этот десерт доказывает, что вовсе ни к чему проводить долгие часы на кухне ради создания потрясающе вкусного десерта для завершения ужина. Хотя приготовление сабайона и требует некоторых физических усилий, сделать его очень просто непосредственно перед подачей. Время приготовления фруктов зависит от их изначальной спелости: их следует довести до мягкости, но не дать развариться.

1 бутылка (750 мл) красного вина, например кьянти
500 мл красного портвейна
50 г мелкого сахара
2 палочки корицы
2 твердые спелые груши
2 десертных (сладких) яблока
3 спелых инжира
3 спелые сливы
Миндальное печенье, например «амаретти», для подачи

ДЛЯ САБАЙОНА
5 яичных желтков
125 г мелкого сахара
100 мл сладкого десертного вина, например марсалы
1,5 ст. л. виски
1,5 ст. л. бренди

1. Налейте вино и портвейн в кастрюлю, добавьте сахар и палочки корицы. Поставьте на слабый огонь и прогрейте минут 5, до полного растворения сахара. Доведите до сильного кипения и уварите в два раза в течение 5–10 минут.

2. Тем временем подготовьте фрукты. Яблоки и груши очистите от кожицы и удалите сердцевины. Инжир и сливы разрежьте пополам, из слив удалите косточки.

3. Добавьте фрукты к выпаренному вину и потомите на слабом огне 10 минут, чтобы фрукты стали мягкими, приобрели насыщенный красный цвет, но сохранили форму. Переложите фрукты в большую миску, а жидкость снова вскипятите и уварите еще на две трети в течение 5–10 минут, чтобы получился желеобразный сироп. Залейте им фрукты и дайте настояться.

4. Тем временем приготовьте сабайон. Налейте немного воды в сотейник и доведите до кипения. Яичные желтки и сахар поместите в жаропрочную миску, которую можно плотно установить на сотейник таким образом, чтобы дно не касалось воды. Сначала поставьте миску на рабочую поверхность и взбейте яйца с сахаром погружным электрическим миксером 2–3 минуты, чтобы смесь осветлилась и загустела. Добавьте десертное вино, виски и бренди, и снова взбейте.

5. Установите миску над кастрюлей со слабо кипящей водой и продолжайте взбивать еще 8–10 минут, чтобы смесь загустела, приобрела гладкость и увеличилась в объеме почти втрое. Крем готов, когда смесь, стекая с венчиков, оставляет на поверхности дорожку.

6. Разложите фрукты вместе с сиропом по порционным вазочкам, сверху выложите горячий сабайон. По поверхности проведите горелкой или поставьте вазочки под раскаленный гриль на несколько минут, чтобы сабайон приобрел золотистый цвет. Сразу же подавайте с миндальным печеньем.

МИЛЬФЕЙ С МАЛИНОЙ

НА 4–6 ПОРЦИЙ

Десерты непременно должны поражать, а это блюдо как раз такое – очень простое в приготовлении, но на вид и на вкус изумительное. Если слегка присыпать слои теста сахарной пудрой, она карамелизуется, благодаря чему слои разделяются на «тысячу листков», от которых и произошло название пирожного.

320–375 г готового раскатанного слоеного теста
3 ст. л. сахарной пудры и еще немного для посыпки готового пирожного
Зернышки из 2 стручков ванили
600 мл сливок жирностью 48 %
Цедра 1 апельсина
½ ст. л. апельсинового ликера, например «Гран Марнье»
200 г свежей малины

1. Разогрейте духовку до 220 ºC.

2. Разверните пласт теста и выложите на антипригарный противень. Щедро посыпьте сахарной пудрой и выпекайте в разогретой духовке в течение 8 минут, затем убавьте температуру до 200 ºC и выпекайте еще 7–12 минут, до золотистой корочки. Достаньте и слегка остудите на решетке.

3. Тем временем смешайте зернышки ванили со сливками. Добавьте 3 столовые ложки сахара и взбейте смесь до мягких пиков (не переусердствуйте, иначе сливки расслоятся). Добавьте апельсиновую цедру и ликер, перемешайте лопаткой.

4. Переложите получившийся крем в кондитерский мешок с обычной насадкой и следка надавите, чтобы крем сместился ближе к отверстию. Уберите в холодильник.

5. Остывшее тесто при помощи хлебного ножа очень аккуратно нарежьте вдоль на 3 равные части.

6. Соберите мильфей непосредственно перед подачей. Достаньте из холодильника кондитерский мешок, выдавите немного крема на сервировочное блюдо в качестве клея и положите на нее пласт испеченного теста. Сверху выдавите слой крема, а по периметру выложите малину. Внутри малиновых границ выдавите еще слой крема, накройте следующим слоем теста и повторите еще раз кремово-малиновый слой. Накройте верхним слоем теста. Присыпьте сахарной пудрой и сразу подавайте.

КАК РАЗНООБРАЗИТЬ НАЧИНКИ ДЛЯ МИЛЬФЕЙ

Начинку мильфей можно разнообразить как угодно. Используйте крем-фреш, маскарпоне, клубнику, лайм – все, что захотите.

ТАРТ С АБРИКОСАМИ И МИНДАЛЬНЫМ КРЕМОМ

НА 8–10 ПОРЦИЙ

Этот миндальный тарт не сильно отличается от песочного торта, который можно дополнять любыми фруктами и ягодами по сезону: вишней, грушами, персиками или, как в данном рецепте, абрикосами. Подавайте в теплом или холодном виде, с ложкой крем-фреш; это несложный десерт, который можно приготовить заранее.

Сливочное масло для смазывания
500 г сладкого песочного теста
Мука для присыпки рабочей поверхности
4 больших или 6 маленьких абрикосов, нарезать половинками, косточки удалить
3–4 ст. л. абрикосового джема

ДЛЯ МИНДАЛЬНОГО КРЕМА

125 г несоленого сливочного масла комнатной температуры
125 г мелкого сахара
25 г муки
125 г молотого миндаля
1 крупное свежее куриное яйцо, слегка взбить

1. Слегка смажьте маслом разъемную форму для тартов диаметром 25 см.

2. Тесто раскатайте на слегка присыпанной мукой поверхности до толщины 3 мм. Выложите в форму, слегка прижимая к бортикам, таким образом, чтобы тесто немного выступало за края, примерно на 1 см.

3. Наколите тесто вилкой, затем застелите пергаментной бумагой и насыпьте слой керамических шариков или сухого риса. Уберите в холодильник на 20 минут.

4. Тем временем разогрейте духовку до 200 ºC.

5. Выпекайте охлажденную основу для тарта «вслепую» (под слоем шариков или риса для гнета) в течение 15 минут. Затем бумагу и гнет удалите, а основу для теста допеките еще в течение 5 минут.

6. Когда основа для тарта будет готова, острым ножом срежьте выступающие излишки теста; остудите.

7. Убавьте температуру духовки до 150 ºC.

8. Приготовьте миндальный крем: разотрите масло с сахаром, мукой и миндалем, затем медленно введите яйцо и тщательно вымешайте. Оставьте крем на 5 минут, затем выложите ровным слоем в выпеченную основу.

9. Каждую половинку абрикоса разрежьте на 3 или 4 дольки и выложите поверх миндального крема кожицей вверх. Слегка вдавите абрикосы в крем и выпекайте тарт в разогретой духовке 30–35 минут, до золотистости.

10. Слегка подогрейте абрикосовый джем в небольшой кастрюле в течение 2 минут. Достаньте тарт из духовки и, пока не остыл, смажьте растаявшим джемом.

11. Дайте тарту немного остыть, затем извлеките из формы и подайте, нарезав порционно.

ЖЕЛЕ С «ПИММС»

НА 6–8 ПОРЦИЙ

Это замечательный десерт для летнего обеда в саду, особенно если подать его в красивых бокалах или чашках. В зависимости от размера емкостей фрукты могут всплыть на поверхность. В таком случае наполняйте емкости желе в два приема, а фрукты кладите между слоями.

8 листков желатина
500 мл лимонада
200 г мелкой клубники без хвостиков
2 маленьких апельсина
1 кислое яблоко (например, сорта «грэнни смит»), очистить, удалить сердцевину и разрезать на 4 части
Сок 1 лимона
200 мл крюшона «Пиммс»
2 ст. л. мелкого сахара
125 г сыра маскарпоне
150 мл сливок жирностью 48 %
Несколько веточек мяты
Песочное печенье для подачи (по желанию)

1. Замочите желатин в холодной воде минут на пять. Тем временем нагрейте половину от взятого количества лимонада почти до кипения и снимите с огня. Отожмите желатин от воды и растворите, помешивая, в горячем лимонаде.

2. Клубнику разрежьте на четвертинки; 1 апельсин очистите и разберите на сегменты. Яблоко нарежьте кубиками одинакового размера, смочите их со всех сторон в половинном количестве лимонного сока.

3. Когда лимонад с желатином остынет, добавьте «Пиммс», оставшийся лимонад и лимонный сок. Процедите. Разложите подготовленные фрукты в 6–8 формочек, бокалов или чашек (количество зависит от объема емкостей), залейте полученной смесью и уберите в холодильник на 2–3 часа, до полного застывания.

4. Для крема натрите на мелкой терке цедру второго апельсина и выжмите из него сок. Смешайте с сахаром и кипятите в небольшой кастрюле минут 5, пока жидкость не уварится примерно до 2 столовых ложек. Венчиком вмешайте маскарпоне. Сливки слегка взбейте и тоже смешайте с апельсиновым маскарпоне. Уберите в холодильник.

5. Достаньте желе из холодильника за 20–30 минут до подачи, поставьте формочки на небольшие тарелки или блюдца, а если хотите, опрокиньте на тарелку. Каждую порцию желе украсьте апельсиновым кремом и листиками мяты. Подавайте с печеньем (если любите).

ВЫПЕЧКА

ЕСЛИ ВАШИ РОДИТЕЛИ ИЛИ БАБУШКИ С ДЕДУШКАМИ САМИ МНОГО И ХОРОШО ГОТОВИЛИ, ТО ВАМ ПОВЕЗЛО И, НАВЕРНОЕ, ЗАПАХ СВЕЖЕЙ ВЫПЕЧКИ ВСЕГДА ПРОБУЖДАЕТ У ВАС МНОЖЕСТВО ВОСПОМИНАНИЙ.

Меня он переносит в те времена, когда у мамы была чайная в Стратфорде-на-Эйвоне. Мы возвращались домой из школы, а нас встречали чудесные ароматы: запах остывающих кексов или свежеиспеченного хлеба…

Гастрономическая мода меняется циклично. Раньше повара в первую очередь оттачивали искусство выпечки, на школьных уроках домоводства неизменно готовили банановые кексы и бисквиты, а сейчас даже те, кто готовит регулярно, почти не пекут. Наверное, выпечка кажется чрезмерной возней, отнимающей время, а производители пищевых продуктов прикладывают все силы к тому, чтобы ни у кого не было недостатка в сладостях. Но ведь выпечка – это не только овсяное печенье или кексы к чаю. Она открывает целый мир закусочных блюд. Если освоить секрет идеального теста или легчайшего бисквита, ваша готовка сильно выиграет.

Многие сдаются, даже не попробовав, и уверяют: печь они не умеют, и точка. «У меня руки слишком теплые, – твердят они. – В кухне сквозняки…». Конечно, все это чепуха. А правда в том, что выпечка – это наука, требующая строгого соблюдения рецептуры. Совсем как на ненавистных уроках химии в школе: точность – прежде всего. Нужно не просто взять правильные ингредиенты, но и соединять их в правильном порядке. Самоподнимающаяся мука – не то же самое, что обычная высшего сорта, а обычная отличается от хлебопекарной. Если в тесто для кекса положить недостаточно разрыхлителя, оно не поднимется; если переложить – поднимется слишком сильно, но потом осядет. Я готовлю по наитию, многое оцениваю на глаз, но выпечка – единственное занятие, ради которого я достаю весы. Количество муки для блинчиков с кукурузой можно отмерить приблизительно, а для песочного печенья с фундуком точный вес муки очень важен. Итак, внимательно читайте рецепты и отмеряйте ингредиенты с точностью до грамма. Избыточное творчество здесь ни к чему. Следуйте правилам, и результат получится идеальным.

ХЛЕБ

Обожаю печь хлеб! В самом процессе есть что-то удивительно приятное, почти волшебное. Можно полностью отключиться от всех мыслей. Хлебопечению я научился в 22 года, когда работал в Париже. Начинал смену в полночь и к 7 утра заканчивал выпечку самых разных сортов хлеба: и белого, и с отрубями, и на закваске, и с сыром – всех достойных заведения с тремя мишленовскими звездами. Большая ответственность заставляла поволноваться – все время была тревога, что все может пойти не так. Однако я научился не бояться, не отступать и получать удовольствие. Вот и весь секрет.

Ознакомьтесь со списком ингредиентов обычного магазинного хлеба: эмульгаторы, фунгициды, стабилизаторы – химикатам нет конца. А для настоящей, выпекаемой по старинке буханки нужно очень мало: мука, соль, дрожжи и вода. И все. Это уже достаточный повод, чтобы печь хлеб самому.

Дрожжи отвечают за всхожесть теста и текстуру хлеба. Им требуется время «проснуться» и подпитаться содержащимися в муке углеводами. Проще и быстрей готовить хлеб без дрожжей – самые распространенные рецепты включают содовый хлеб и пресные лепешки. Как следует из названия, содовый хлеб, типичный для ирландской кухни, готовится с использованием пищевой соды, которая делает тесто воздушным. Сочетание ингредиентов в нем совсем простое, их почти не нужно вымешивать, а в результате получается прекрасная, плотная, ароматная буханка. Лепешкам расстаиваться незачем, приготовить их можно за полчаса.

Знакомство с рецептами дрожжевого хлеба лучше всего начинать с итальянской фокаччи. Рецепт несложный, а результат получается впечатляющий – хлеб с прекрасной, шелковистой, пышной структурой. Выпекается он на противне, формовать его несложно, а для вкуса добавляют что угодно: от помидоров, оливок и розмарина до бекона, лука или чоризо. Конечно, хлеб можно и купить, но как только вы попробуете домашнюю фокаччу, то уже не сможете от нее отказаться.

А еще хлебопечение – неплохая зарядка, ведь вымешивание требует физических усилий. В процессе вымешивания вы разминаете тесто и насыщаете его воздухом, то надавливая ладонью, то подтягивая к себе пальцами. Продолжайте, пока тесто не станет гладким на ощупь и эластичным и будет легко отставать от рабочей поверхности. Это займет до 15 минут.

ТЕСТО ДЛЯ ВЫПЕЧКИ

Это краеугольный камень хорошей домашней готовки. В наше время можно купить готовое тесто прекрасного качества: сам я редко готовлю слоеное теста дома, пользуюсь покупным – главное, чтобы оно было сделано на хорошем сливочном масле. Другое дело – песочное тесто. Сдобное, маслянистое и сытное, а к тому же простое в приготовлении, оно станет основой вашей кухни. Для замешивания теста требуется определенный навык, но как только вы им овладеете, это совершенно преобразит вашу готовку.

Готовя песочное тесто для закусочных блюд, следует пальцами перетереть холодное сливочное масло с мукой так, чтобы смесь превратилась в мелкую крошку. На этом этапе очень важно не трогать тесто руками больше, чем это необходимо, иначе масло начнет таять, а тесто после выпекания получится жестким (вот откуда взялся миф о «слишком теплых руках»). Затем добавляем достаточное количество воды (или слегка взбитое яйцо, если нужно получить более насыщенный вкус, хотя, по-моему, это ни к чему) и замешиваем тесто. Это еще один важный этап, и навык придет с практикой. Если при вымешивании тесто слишком сухое, то оно будет плохо раскатываться, крошиться и при выпекании потрескается. Со слишком влажным тестом легче работать, однако при выпекании вода испарится, и тесто в духовке усохнет и потрескается. Замешивать можно и в кухонном комбайне, но полезней делать это вручную, чтобы научиться определять нужную текстуру на ощупь. Вымешивайте песочное тесто очень быстро, несколько раз сворачивая пласт и снова разминая ладонями до однородности.

Затем тесту необходимо выстояться минут 20 в холодильнике, чтобы сливочное масло и мука соединились как следует. Вытянувшиеся во время замеса нити глютена впитают часть жидкости, сделаются более упругими, и тесто при раскатывании не потрескается. Выстоявшееся тесто станет плотнее. Как бы вам ни хотелось ускорить этот этап, не поддавайтесь искушению.

Теперь переходим к раскатыванию. Присыпьте рабочую поверхность мукой, положите перед собой сплюснутый диск теста и с помощью обваленной в муке скалки раскатайте один раз от себя. Поверните круг теста на 45 градусов и снова раскатайте. Поверните, раскатайте, поверните, раскатайте, поверните, раскатайте и так далее, дополнительно обваливая скалку в муке, если тесто начнет прилипать, пока не раскатаете до нужного размера и формы. Таким образом, благодаря вращению у вас получится пласт теста равномерной толщины.

Чтобы переложить тесто в форму для выпечки, приподнимите пласт от стола, наполовину навернув его на скалку, перенесите и, раскатав над формой, опустите так, чтобы края теста свисали с ее бортиков. Возьмите небольшой комок оставшегося теста и, словно мягкой колотушкой, аккуратно, но плотно придавите им тесто к внутренней поверхности бортиков. Следите, чтобы под тестом не остался воздух, иначе оно запузырится при выпекании.

Несмотря на привлекательный вид керамических форм для выпечки, жар они проводят плохо и тесто в них зачастую получается клеклое, а это нам совсем ни к чему. Всегда выбирайте металлические емкости: либо разъемные формы для тартов, либо жаропрочные сковороды, и ставьте их не непосредственно на решетку духового шкафа, а на заранее разогретый металлический лист-противень. Таким образом, снизу будет больше жара, и тесто пропечется до хруста.

Во многих рецептах вам предложат выпекать основу из теста вслепую, то есть сначала без начинки. Как правило, это относится к тем случаям, когда используется жидкая начинка, из-за которой тесто может размокнуть. Для выпекания вслепую застелите подготовленную форму с тестом фольгой или бумагой для выпечки, а сверху насыпьте что-нибудь без запаха – для гнета. Можно купить специальные керамические шарики, однако сухой рис или чечевица сработают не хуже (после использования пересыпьте их в отдельную посуду и храните для последующей выпечки, но в пищу не употребляйте). Спустя 10–15 минут удалите гнет и бумагу, и допеките основу из теста, ничем не закрывая, еще 5–10 минут, чтобы подрумянилась. Чтобы сделать основу еще прочнее, смажьте ее яйцом и поставьте в духовку еще на минуту. Выступающие над бортиками излишки теста срежьте ножом. Теперь основа готова, можете начинать.

Сладкое песочное тесто очень похоже на несладкое, просто в него добавляется мелкий сахар или сахарная пудра и яйца. Его можно готовить в кухонном комбайне, сначала растирая сливочное масло с сахаром и яйцом, затем добавляя муку и взбивая несколькими короткими сериями. Такое тесто получается более пластичным, с ним удобней работать. Оно будет менее слоистым, но все равно останется хрустящим, как и положено песочному тесту. Выпекать его следует так же, как и несладкое песочное тесто.

Конечно, это только самые основы. Можете вводить любые вкусовые добавки. Попробуйте заменить четвертую часть муки молотыми орехами или какао-порошком, добавить немного рубленой зелени тимьяна, лаванду, лимонную цедру или зернышки ванили. Экспериментируйте, как захотите.

КЕКСЫ И ПЕЧЕНЬЕ

Кексы можно готовить разными способами, но чаще всего так: сначала взбивают сливочное масло с сахаром, затем добавляют яйца по одному, а после подмешивают просеянную муку. В таком рецепте ключевой ингредиент – воздух, именно он придает выпечке легкость, поэтому все усилия направлены на то, чтобы обогатить им тесто как можно больше.

В отличие от рецептов песочного теста сливочное масло должно быть комнатной температуры: слишком холодное плохо взобьется, а слишком теплое – растает и заберет слишком много муки. Для начала разотрите масло до кремовой консистенции, затем добавьте сахар и взбивайте не меньше 5 минут (лучше всего – электрическим миксером), чтобы масса посветлела и стала пышной. Очень важно правильно начать процесс аэрации – именно из-за ошибок на этом этапе так часто не получаются кексы. Яйца должны быть комнатной температуры, иначе они свернутся, когда вы добавите их к маслу с сахаром. Если это все же произойдет, добавьте в смесь столовую ложку муки, чтобы тесто не расслаивалось.

Когда смесь снова станет однородной, просейте самоподнимающуюся муку и металлической ложкой или лопаткой вымесите тесто. В нем важно сохранить как можно больше воздуха, так что вымешивайте не слишком энергично. Готовое тесто должно капать с ложки – при необходимости его можно развести небольшим количеством молока. Через некоторое время вы научитесь определять это на глаз.

Подготовьте форму для выпечки: смажьте сливочным маслом и присыпьте мукой, чтобы кекс не пригорел; затем ложкой выложите в форму тесто. Разровняйте лопаткой, а затем пару раз постучите дном формы о рабочую поверхность, чтобы равномерно распределить смесь и избавиться от крупных пузырьков воздуха, из-за которых кекс поднимется неравномерно.

Готовность кекса всегда можно определить по запаху, так что доверяйте в первую очередь своим

ощущениям, а не только указанному в рецепте времени. Духовки и мука бывают разные, так что точное время угадать невозможно. Когда вам покажется, что кекс готов, достаньте его из духовки и проверьте, воткнув в серединку кончик ножа или металлическую шпажку. Если шпажка сухая – значит, готово. Если нет, поставьте кекс в духовку еще минут на пять.

Печенье зачастую готовится из тех же ингредиентов – сливочного масла, муки, сахара и яиц, – однако мы меняем их химические свойства, гораздо меньше насыщаем смесь воздухом, и текстура у готовых изделий получается более хрустящая, рассыпчатая. Взбивать такое тесто нужно меньше, а муку брать не самоподнимающуюся, а обычную, высшего сорта. Когда будете готовить песочное печенье с лимоном и тимьяном (стр. 279) или что-нибудь подобное, самое главное – сделать печенье одинакового размера, чтобы все пропеклось одновременно. В обращении с таким плотным тестом есть один фокус: если скатать его в виде бруска, завернуть в пищевую пленку и убрать ненадолго в холодильник, оно нарежется красивыми и ровными пластинами, а пченье при выпекании не потеряет форму.

ФОКАЧЧА С ОЛИВКАМИ, ПОМИДОРАМИ И РОЗМАРИНОМ

НА 6–8 ПОРЦИЙ

Фокачча – замечательный хлебопекарный рецепт для начинающих. Готовится она очень быстро, замешивается руками, а получается вкусно. Добавление оливкового масла к тесту обеспечивает шелковистую текстуру хлеба, а семолина придает легкий деревенский вкус. В качестве добавок к тесту можно использовать все, что угодно: от помидоров, розмарина и печеного чеснока до оливок и даже салями. Некоторым нравится вдавить эти добавки в само тесто, но мне кажется, что это мешает насытить тесто воздухом, так что я выкладываю добавки сверху.

500 г хорошей хлебопекарной муки
1 ст. л. с горкой семолины крупного помола
2 пакетика (по 7 г) сухих дрожжей
50 мл оливкового масла и еще немного
75 г черных маслин без косточек, нарезать
  кольцами
150 г вяленых помидоров
2–3 веточки розмарина, только листья
Морская соль и свежемолотый черный перец

1. Тщательно смешайте муку, семолину, дрожжи и несколько хороших щепоток соли. Смешайте 320 мл теплой воды с оливковым маслом. В середине мучной смеси сделайте углубление и постепенно добавьте жидкость. Сначала перемешивать удобней вилкой, а затем получившееся тесто собрать в шар руками. Выложите тесто на слегка присыпанную мукой поверхность и вымешивайте минут десять, чтобы тесто получилось гладкое, эластичное и упругое.

2. Переложите тесто в большую миску, присыпанную мукой, и оставьте подходить в теплом месте на 30–60 минут, пока не удвоится в объеме.

3. Разогрейте духовку до 200 ºC.

4. Поднявшееся тесто переложите на смазанный маслом противень (размером примерно 28 х 20 см) и слегка посыпьте солью. Смажьте пальцы небольшим количеством оливкового масла и растяните тесто до краев противня.

5. В поверхность теста слегка вдавите оливки и вяленые помидоры. Посолите, поперчите, присыпьте листьями розмарина.

6. Сбрызните хлеб небольшим количеством оливкового масла и поставьте в разогретую духовку на 30 минут, чтобы зарумянился и пропекся.

7. Снимите с противня на доску, нарежьте порциями и подавайте.

СОДОВЫЙ ХЛЕБ

НА 1 БУХАНКУ

В этом традиционном ирландском хлебе в роли разрыхлителя выступают не дрожжи, а сода. Благодаря этому не приходится долго ждать, пока тесто поднимется. К сожалению, содовый хлеб хранится недолго и вкуснее всего в первый же день после выпечки. Если не найдете в продаже пахту, используйте обычное молоко, только добавьте чайную ложку винного камня.

350 г обычной муки и еще немного, чтобы присыпать рабочую поверхность
150 г цельнозерновой муки
1,5 ч. л. соды
1 ч. л. обычной соли
1 ч. л. мелкого сахара
450 мл пахты

1. Разогрейте духовку до 200 ºC.

2. Сухие ингредиенты просейте в миску и в середине сделайте углубление. Отлейте 2 столовые ложки пахты, а остальное добавьте в миску и слегка перемешайте вилкой. Постарайтесь не слишком круто вымешать тесто, просто следите, чтобы все сухие ингредиенты перемешались с пахтой. При необходимости добавьте оставшуюся пахту.

3. Выложите тесто на присыпанную мукой рабочую поверхность и аккуратно вымешайте в течение 30 секунд. Не переусердствуйте. Противень застелите бумагой для выпечки и присыпьте мукой. Сформуйте из теста круглый хлеб, переложите на противень и слегка сплюсните. С помощью зубчатого ножа сверху сделайте глубокий крестообразный надрез.

4. Поставьте в разогретую духовку и выпекайте 30–35 минут, чтобы хлеб снаружи зарумянился, а внутри пропекся. Готовность легко проверить, постучав пальцами по нижней части буханки – звук должен быть глухой.

5. Остудите на решетке и подавайте в теплом или холодном виде.

ПИЦЦА С МОЦАРЕЛЛОЙ И РОЗМАРИНОМ

НА 4 ПОРЦИИ

Нет ничего проще, чем самостоятельно приготовить тесто для пиццы по этому рецепту, а получится гораздо вкуснее, чем готовые основы. Домашнюю духовку невозможно раскалить так, чтобы получить настоящую, хрустящую и чуть подгоревшую корочку, поэтому я обычно готовлю пиццу на очень горячей сковороде, а затем довожу до готовности под грилем.

2 пакетика (по 7 г) сухих дрожжей
1 ст. л. мелкого золотистого сахара
4 ст. л. оливкового масла первого холодного отжима
500 г хорошей хлебопекарной муки или итальянской муки типа 00
1 ст. л. мелкой морской соли

ДЛЯ НАЧИНКИ С МОЦАРЕЛЛОЙ И РОЗМАРИНОМ

8 ст. л. томатной пассаты
2 шарика сыра моцарелла
Свежемолотый чёрный перец
2 веточки розмарина
Оливковое масло

ВАРИАЦИЯ: НАЧИНКА С ГОРГОНЗОЛОЙ И РАДИККЬО

8 ст. л. томатной пассаты
150 г сыра горгонзола
2 небольших кочана салата радиккьо, нашинковать
2 веточки розмарина
Свежемолотый чёрный перец
Оливковое масло

ВАРИАЦИЯ: МЯСНАЯ НАЧИНКА С ЧИЛИ

8 ст. л. томатной пассаты
1 стручок красного перца чили, очистить от семян и тонко нашинковать
6 ломтиков салями
1 шарик сыра моцарелла
Свежемолотый чёрный перец
Оливковое масло

(ПРОДОЛЖЕНИЕ НА СТР. 268)

1. Сначала приготовьте тесто для пиццы. Смешайте дрожжи и сахар с 325 мл теплой воды и оставьте на несколько минут. Тем временем просейте муку в миску, добавьте соль, в середине сделайте углубление. Влейте в это углубление масло, затем дрожжевую смесь. Ложкой замесите тесто от краев к центру, затем продолжайте вымешивать руками.

2. Получившееся тесто переложите на присыпанную мукой рабочую поверхность и вымешивайте 10 минут, до гладкости. Миску вымойте, присыпьте мукой и снова положите в нее тесто. Накройте льняным полотенцем и оставьте подходить в теплом месте на 1 час, чтобы тесто удвоилось в объеме.

3. Поднявшееся тесто обомните, переложите на присыпанную мукой рабочую поверхность. Вымешивайте 1–2 минуты, затем заверните в пищевую пленку и уберите в холодильник или используйте сразу.

4. Непосредственно перед выпечкой пиццы разделите тесто на 4 одинаковых шара и накройте каждый полотенцем. Поставьте на огонь большую (диаметром 26 см) жаропрочную сковороду. Если у вас есть две таких сковороды, можно готовить сразу две пиццы. На присыпанной мукой рабочей поверхности скалкой, обваленной в муке, раскатайте один из кусков теста в круг такого же диаметра, как сковорода. Налейте на сковороду немного оливкового масла, выложите тесто и прижмите ко дну. Готовьте на среднем огне 5–8 минут, чтобы основа снизу поджарилась, а сверху запузырилась и начала пропекаться.

5. Поверх основы из теста размажьте 2 столовые ложки пассаты. Шарики моцареллы разломите надвое, затем каждую половину на 4 части и выложите эти кусочки поверх пассаты. Поперчите, присыпьте розмарином. Достаньте пиццу из сковороды и отложите в сторону. Повторите то же с оставшимся тестом. Если хотите попробовать другие начинки, соберите их аналогично.

6. Сбрызните пиццы небольшим количеством оливкового масла и поставьте под разогретый гриль. Готовьте минуты четыре, чтобы начинка зарумянилась, сыр расплавился, а тесто по краям подсохло и стало хрустящим.

7. Подавайте в теплом виде, нарезав на порции, сбрызнув оливковым маслом и присыпав розмарином.

КИШ С ЛУКОМ-ПОРЕЕМ И ПАНЧЕТТОЙ

НА 2 ПОРЦИИ

Киш – удивительно разнообразное блюдо, которое можно варьировать как угодно. Главное – не жадничать с начинкой. Исходите из расчета примерно две части вкусовых добавок на одну часть заливки. Киши становятся вкуснее на следующий день после приготовления, когда заливка лучше схватится и все вкусы окончательно соединятся.

200 г панчетты кубиками
Оливковое масло для жарки
2 стебля лука-порея, очистить и мелко порубить
4 яйца
4 ст. л. сливок жирностью 48 %
100 г сыра грюйер, натереть на мелкой терке
2 ст. л. рубленой зелени петрушки
Морская соль и свежемолотый черный перец

ДЛЯ ПЕСОЧНОГО ТЕСТА
200 г муки и еще немного для присыпки рабочей поверхности
Щепотка соли
100 г сливочного масла комнатной температуры, нарезать кубиками

1. Сначала приготовьте тесто. Муку и соль просейте в миску. Кончиками пальцев смешайте муку со сливочным маслом, растирая в легкую, воздушную крошку. Затем добавьте 2–3 столовые ложки холодной воды и слегка вымешайте тесто на присыпанной мукой рабочей поверхности, чтобы получился гладкий, плотный шар. Заверните в пищевую пленку и уберите в холодильник на 20 минут.

2. Разогрейте духовку до 200 ºC. Смажьте маслом разъемную форму для тартов диаметром 25 см.

3. Присыпьте рабочую поверхность мукой и раскатайте тесто до толщины 3 мм. Выложите в подготовленную форму, прижимая к бортикам и латая кусочками теста возникающие дырки. Тесто должно слегка выступать над бортиками. Наколите основу вилкой. Уберите в холодильник на 10 минут.

4. Застелите форму с охлажденным тестом бумагой для выпечки, сверху насыпьте керамические шарики или сухой рис. Выпекайте вслепую 10–15 минут, чтобы основа хорошо пропеклась. Аккуратно удалите шарики и бумагу, затем допеките тесто еще 5–8 минут, до золотистости. Острым ножом обрежьте излишки теста вровень с бортиками, отставьте форму в сторону.

5. Тем временем обжарьте панчетту в большой смазанной маслом сковороде на среднем огне 3–4 минуты, до золотистости, чтобы панчетта получилась почти хрустящей. Добавьте лук-порей и обжарьте еще 3–4 минуты, до мягкости и полной готовности. При необходимости откиньте на сито, чтобы стекли излишки жира.

6. Смешайте в миске яйца со сливками. Посолите и поперчите. Добавьте три четверти от взятого количества грюйера, затем лук-порей и панчетту. Хорошо перемешайте и добавьте петрушку. Попробуйте на соль и перец. Вылейте начинку в готовую основу, сверху посыпьте оставшимся сыром и выпекайте в разогретой духовке 15–20 минут, чтобы киш схватился и зарумянился.

7. Достаньте киш и слегка остудите перед подачей.

КАК ПРИГОТОВИТЬ ПЕСОЧНОЕ ТЕСТО В КУХОННОМ КОМБАЙНЕ
Сначала взбейте муку со сливочным маслом и солью, затем добавьте холодную воду и снова взбейте. Переложите тесто на присыпанную мукой поверхность и недолго вымешайте руками, чтобы получился гладкий шар.

ЭМПАНАДЫ С ГОВЯДИНОЙ
НА 18 ШТУК

Эмпанады – это такие пирожки, появились они, вероятно, в Испании, но быстро распространились по всей Латинской Америке и Азии. К ним замечательно подходит пикантный соус чимичурри.

2 упаковки (по 375 г) готового слоеного теста
Оливковое масло для жарки
1 луковица, очистить и нарезать мелкими кубиками
2 зубчика чеснока, очистить и мелко порубить
Щепотка молотого кумина
Щепотка молотой корицы
½ ч. л. паприки
300 г говяжьего фарша
4 ст. л. зеленых оливок без косточек, порубить
1 ч. л. сушеного орегано
1,5 ч. л. сухих хлопьев чили
Щепотка сахара
2 яйца, сварить вкрутую и мелко порубить
1 крупное яйцо, слегка взбить
Морская соль и свежемолотый черный перец

ДЛЯ СОУСА ЧИМИЧУРРИ
Пучок петрушки
3 зубчика чеснока, очистить
1 ст. л. свежей рубленой зелени орегано или 1 ч. л. сушеного орегано
1 ч. л. сухих хлопьев чили, по вкусу
1 ст. л. красного винного уксуса
1 ст. л. лимонного сока
5 ст. л. оливкового масла

1. Оба пласта теста раскатайте до толщины 3 мм и вырежьте восемнадцать кругов диаметром 11 см (с помощью блюдца или специальной формочки). Накройте круги пищевой пленкой и уберите в холодильник, пока будете готовить начинку.

2. Нагрейте сотейник на среднем огне и налейте немного оливкового масла. Слегка потомите лук с чесноком минут пять, до мягкости, но не зажаривайте. Добавьте кумин, корицу и паприку. Готовьте, помешивая, до появления яркого аромата.

3. Добавьте говяжий фарш, посолите, поперчите и слегка подрумяньте в течение 5 минут. Добавьте оливки, орегано, хлопья чили, сахар и яйца. Попробуйте на соль и перец. Дайте остыть.

4. Когда фарш остынет, выложите его по 1 столовой ложке на каждый круг теста, оставляя с края 1 см. С одной стороны смажьте тесто яйцом, накройте другой половиной теста в виде полумесяца и прижмите края. Защипите тесто, выдавливая попавший внутрь воздух.

5. Уберите эмпанады на 20 минут в холодильник, чтобы схватились. Тем временем разогрейте духовку до 180 ºC.

6. Выложите эмпанады на противень. Сверху в каждом пирожке проделайте отверстие для выхода пара (проткните шпажкой), затем смажьте яйцом. Выпекайте в разогретой духовке в течение 18–20 минут, до золотистости.

7. Тем временем приготовьте чимичурри. Поместите петрушку, чеснок и свежий орегано (если используете) в небольшой кухонный комбайн и слегка измельчите. Добавьте остальные ингредиенты и еще раз взбейте, чтобы все соединилось. Попробуйте, посолите и поперчите. Если используете сушеный орегано, добавьте его на этом этапе.

8. Готовые эмпанады остудите на решетке. Подавайте в теплом или холодном виде, полив чимичурри или подав соус отдельно.

МАРОККАНСКАЯ БАСТИЙЯ С КУРИЦЕЙ

НА 4 ПОРЦИИ

Курица вместо говядины, тесто фило вместо слоеного, но концепция та же, что в пирожках-эмпанадах. В Марокко, откуда пошла бастийя, любят смешивать в закусочных блюдах сладкие и острые вкусы – вот почему в этот нежный пирог я добавляю корицу, сахар и миндаль.

4 куриных бедрышка, без кожи и костей
Оливковое масло для сбрызгивания и жарки
1 луковица, очистить и тонко нашинковать
2 см свежего корня имбиря, очистить и мелко порубить
1 ч. л. молотой корицы и еще немного для присыпки
Щепотка мелкого сахара
200 мл куриного бульона

3 яйца, слегка взбить
100 г обжаренных на сухой сковороде миндальных лепестков
25 г сливочного масла, растопить
10 листов теста фило
Морская соль и свежемолотый черный перец
Сахарная пудра и/или еще немного молотой корицы для посыпки (по желанию), для подачи

1. Разогрейте духовку до 200 °C.

2. Сначала приготовьте курицу. Положите бедрышки на противень, сбрызните маслом, посолите и поперчите. Запекайте в горячей духовке 35 минут, до готовности и румяности. Достаньте и отложите остывать, но духовку не выключайте. Когда мясо остынет и его можно будет брать руками, нарежьте небольшими кусочками.

3. На среднем огне нагрейте широкую кастрюлю и плесните немного масла. Потомите лук с имбирем 8 минут, до мягкости. Добавьте корицу и сахар, перемешайте. Добавьте курицу, посолите, поперчите и залейте бульоном. Доведите до слабого кипения и в течение 5 минут уварите бульон вдвое. Пока курица готовится, вмешайте туда же яйца, чтобы все хорошо соединилось. Когда бульон уварится, добавьте миндаль, попробуйте, достаточно ли специй. Дайте остыть.

4. Смажьте небольшим количеством растопленного сливочного масла форму для выпечки диаметром 22 см, застелите ее 4 листами теста фило, промазывая каждый слой растопленным сливочным маслом: тесто должно свисать с краев формы.

5. Выложите половину курицы поверх теста и накройте еще 4 листами фило, как и прежде, промазывая каждый слой растопленным сливочным маслом и оставляя листы теста свисать по краям. Придавите, сверху выложите оставшуюся курицу. Накройте оставшимися листами фило, промазывая каждый слой теста растопленным сливочным маслом. Свисающие края теста выложите на верх пирога и подоткните по бокам. Еще раз смажьте пирог растопленным сливочным маслом и поставьте в разогретую духовку. Выпекайте 10–15 минут, до золотистой и хрустящей корочки.

6. Достаньте из духовки, накройте форму тарелкой и, пользуясь прихватками для горячего, опрокиньте на нее пирог из формы, переложите на антипригарный противень и снова выпекайте еще 5–10 минут, до золотистости.

7. Достаньте из духовки и остудите, затем подайте, по желанию слегка присыпав небольшим количеством сахарной пудры и корицы.

ЛЕПЕШКИ С ЛИМОННО-ТИМЬЯНОВОЙ РИКОТТОЙ

НА 2–4 ПОРЦИИ

Лепешки – один из самых простых в приготовлении видов хлеба, потому что им совсем не нужно разрыхлителя. Тесто для них – простая смесь муки, воды и растительного масла, а выпекаются лепешки не в духовке, а на плите или на открытом огне. В этом рецепте я добавил в тесто припущенный лук-порей, чтобы было интересней. Подавайте с любым карри или арабскими блюдами с рисом или просто с рикоттой, сдобренной лимоном и тимьяном.

1 стебель лука-порея, очистить и разрезать вдоль пополам
15 г сливочного масла
3 ст. л. оливкового масла
250 г муки и еще немного для присыпки рабочей поверхности
Морская соль и свежемолотый черный перец

ДЛЯ ПОДАЧИ
200 г рикотты
Зелень 1 веточки тимьяна
Цедра половинки лимона

1. Нашинкуйте лук-порей тонкими полукольцами. Припустите на средне-горячей сковороде со сливочным маслом, столовой ложкой оливкового масла, солью и перцем. Готовьте 3–4 минуты, до мягкости. Снимите с огня.

2. Тем временем смешайте муку с оставшимся оливковым маслом и парой щепоток соли и перца. Добавьте лук-порей и разведите смесь примерно 100 мл теплой воды, тщательно размешав, чтобы не осталось комков. Если тесто получилось слишком липкое, добавьте еще немного муки.

3. На чистой рабочей поверхности вымешайте в течение 2–3 минут гладкое и эластичное тесто. Накройте и оставьте на 20 минут выстояться.

4. Разделите тесто на 4 части и каждую раскатайте на присыпанной мукой рабочей поверхности до толщины 2–3 мм.

5. Разогрейте сухую антипригарную сковороду и выпекайте лепешки по одной на среднем огне в течение 1–2 минут с каждой стороны, чтобы тесто слегка запузырилось и зарумянилось. Сохраните в тепле, пока будете печь остальные лепешки.

6. Подавайте лепешки в теплом виде, с ложкой рикотты, присыпанной тимьяном, лимонной цедрой, солью и перцем.

БИСКВИТ СО СВЕЖИМ ИМБИРЕМ

НА 8 ПОРЦИЙ

Каждый повар должен научиться готовить лёгкий, ровный бисквит. Освоив основу, вы сможете добавлять к бисквиту любые другие вкусы. Шоколад с имбирем – классическое сочетание, которое удачно работает в этом рецепте.

175 г сливочного масла комнатной температуры и ещё немного для смазывания форм
175 г муки и ещё немного для присыпки
175 г мелкого сахара
3 яйца, взбить
1 ч. л. ванильной эссенции
1 ч. л. разрыхлителя
Примерно 2 ст. молока, чтобы развести тесто

ДЛЯ ГЛАЗУРИ

200 г шоколада без добавок, разломать на мелкие кусочки
50 г несоленого сливочного масла
300 мл сливок жирностью 48 %
2 ст. л. светлой патоки

ДЛЯ СЛИВОЧНО-ИМБИРНОЙ ПРОСЛОЙКИ

300 мл сливок жирностью 48 %
2 ст. л. сахарной пудры
3 см корня свежего имбиря, очистить и мелко натереть

1. Разогрейте духовку до 180 ºC. Слегка смажьте сливочным маслом и присыпьте мукой глубокую разъёмную форму для кексов диаметром 20 см.

2. Разотрите сливочное масло с сахаром добела в пышную массу. Вбейте по одному яйца, добавьте ванильную эссенцию и хорошо перемешайте.

3. Просейте муку с разрыхлителем и аккуратно вмешайте в тесто лопаткой, чтобы всё хорошо соединилось. Если нужно, добавьте немного молока, чтобы смесь стекала с ложки каплями.

4. Перелейте тесто в форму для кексов, разровняйте поверхность лопаткой. Затем пару раз постучите дном формы о рабочую поверхность, чтобы избавиться от пузырьков воздуха и равномерно распределить тесто. Выпекайте в разогретой духовке 25 минут, чтобы бисквит зазолотился и стал чуть упругим на ощупь.

5. Проверить готовность бисквита можно, воткнув в его серединку кончик ножа или металлическую шпажку. Если шпажка сухая, значит, готово. Достаньте бисквит из духовки и остудите в форме в течение 10 минут, а затем переложите на решётку и дайте полностью остыть.

6. Пока бисквит выпекается, приготовьте глазурь, потому что ей нужно будет ещё постоять 30 минут перед использованием – для загустения. Слишком жидкая глазурь некрасиво стечёт по бокам бисквита. Поместите шоколад и сливочное масло в жаропрочную миску. Сливки с патокой налейте в сотейник и прогрейте, помешивая, на среднем огне, почти до кипения. Сразу же перелейте в миску и перемешайте до полного растапливания шоколада и масла, чтобы смесь получилась густая и вязкая. Дайте постоять.

7. Для кремовой прослойки взбейте сливки с сахарной пудрой до мягких пиков, затем вмешайте имбирь.

8. Остывший бисквит разрежьте вдоль пополам. Одну половину намажьте сливочно-имбирным кремом, накройте второй половиной и слегка прижмите, чтобы крем распределился равномерно.

9. Лопаткой распределите поверх бисквита глазурь, дайте застыть и подавайте.

ДОМАШНИЕ ПЫШКИ

НА 2–4 ПОРЦИИ

Все мы росли на любимых пышках-крампетах к чаю, истекающих сливочным маслом и джемом. Готовить их поштучно слишком долго, гораздо интереснее сделать одну гигантскую пышку на всех. Пышки, украшенные незатейливым клубничным джемом домашнего приготовления и крем-фреш, стоят того, чтобы вернуть их на стол.

175 г хорошей хлебопекарной муки
¼ ч. л. соли
Щепотка мелкого сахара
½ ч. л. соды
1 ч. л. сухих дрожжей
125 мл теплого молока
Растительное масло для жарки
Сливочное масло
Крем-фреш для подачи

ДЛЯ КЛУБНИЧНОГО ДЖЕМА НА СКОРУЮ РУКУ
2 ст. л. с горкой мелкого сахара
225 г клубники, очистить от хвостиков, нарезать половинками
Цедра 1 лимона и сок четвертинки лимона
½–1 ч. л. бальзамического уксуса

1. Просейте в миску муку, соль, сахар и соду. В середине сделайте углубление, добавьте дрожжи и медленно влейте теплое молоко, смешанное со 150 мл теплой воды. От краев к центру замесите густое тесто. Если смесь слишком густая, добавьте еще 100 мл теплой воды. Взбейте венчиком в течение нескольких минут, до гладкости. Накройте и оставьте в теплом месте примерно на 1 час – подойти, чтобы тесто почти удвоилось в размерах и стало ноздреватым.

2. Тем временем сварите джем. Прогрейте сахар в сковороде 3–4 минуты, чтобы получилась золотистая карамель. Убавьте огонь, добавьте клубнику, чтобы ягоды покрылись карамелью. Готовьте минут 10, чтобы клубника стала мягкой и слегка уварилась в объеме, а сироп загустел. Добавьте цедру и сок лимона, затем немного бальзамического уксуса и варите еще 5–7 минут до консистенции джема. Дайте остыть.

3. Нагрейте большую антипригарную сковороду на среднем огне и добавьте немного растительного масла. Размешайте тесто и выложите на сковороду. Готовьте 10–15 минут на небольшом огне, чтобы лепешка не пригорала. Когда тесто подсохнет, а на поверхности появятся дырочки, смажьте пышку по краям небольшими кусочками сливочного масла. Как только масло растает, переверните пышку и дожарьте с другой стороны 1–2 минуты.

4. Подавайте с клубничным джемом и крем-фреш.

КАК СДЕЛАТЬ ПОРЦИОННЫЕ ПЫШКИ
Если вы хотите сделать маленькие пышки, то выкладывайте тесто на сковороду по столовой ложке на порцию и сократите время приготовления до 7–10 минут, а затем переворачивайте. Чтобы тесто не растекалось, а пышки получались высокими, используйте смазанные маслом металлические формочки или ограничители.

ЛИМОННЫЙ КЕКС ИЗ ПОЛЕНТЫ

НА 16 ПОРЦИЙ

Этот классический кекс подойдет не только к чаю, но и в качестве десерта, если подать его с ложкой маскарпоне или крем-фреш и присыпать зернышками ванили. Миндаль придает кексу дополнительную сочность, а полента или кукурузная крупа сделает его более хрустящим и придаст желтый цвет.

250 г несоленого сливочного масла комнатной температуры и еще немного для смазывания форм
100 г кукурузной муки для поленты
1 ч. л. разрыхлителя
250 г молотого миндаля
310 г мелкого сахара
3 крупных яйца
Цедра 3 лимонов, сок 2 лимонов
1 стручок ванили, разрезать вдоль

1. Нагрейте духовку до 180 ºC. Смажьте сливочным маслом круглую форму для кексов диаметром 23 см и застелите бумагой для выпечки.

2. В миске смешайте муку для поленты с разрыхлителем и молотым миндалем, отставьте в сторону.

3. Электрическим миксером или деревянной лопаткой взбивайте сливочное масло с 250 г сахара в течение 5–10 минут, чтобы смесь получилась светлая и пышная. Слегка взбейте яйца и понемногу вбейте их в сахарно-масляную смесь, тщательно перемешивая. Если смесь расслаивается, добавьте ложку муки для поленты перед тем, как ввести очередное взбитое яйцо.

4. Когда смесь хорошо вымешана, всыпьте в нее муку для поленты с миндалем и тщательно размешайте. Затем добавьте лимонную цедру и сок одного лимона.

5. Выпекайте в разогретой духовке 40–60 минут, чтобы кекс зарумянился и стал упругим на ощупь. Проверьте готовность кекса, воткнув в его серединку кончик ножа или металлическую шпажку. Шпажка должна остаться сухой, а кекс – легко отделяться от бортиков формы. Достаньте из духовки и остудите в форме.

6. Приготовьте сироп: в сотейнике нагрейте оставшийся лимонный сок с сахаром и стручком ванили, до растворения сахара. Наколите кекс по всей поверхности вилкой и залейте сиропом. Перед тем как доставать из формы, дайте полностью остыть.

ПЕСОЧНОЕ ПЕЧЕНЬЕ С ТИМЬЯНОМ

ПРИМЕРНО НА 20 ШТУК

Для вкуса к песочному тесту можно добавлять самые разные ингредиенты: ваниль, какао-порошок, фундук, миндаль. Годятся и пряные травы: хорошо подойдет розмарин, лаванда и лимонный тимьян, придающий печенью нежный аромат.

340 г муки и еще немного для раскатывания
1/4 ч. л. мелкой морской соли
225 г несоленого сливочного масла и еще немного для смазывания форм
140 г мелкого сахара и еще немного для посыпки
2 ст. л. мелкорубленого лимонного тимьяна

1. Муку с солью просейте в миску. В другую миску положите сливочное масло с сахаром и взбейте электрическим миксером, чтобы получилась гладкая, кремовая масса.

2. Переключите миксер на самую низкую скорость и, продолжая взбивать, добавьте тимьян, а затем понемногу муку. Вымешав смесь до консистенции теста, выключите миксер. Тесто сформуйте в приплюснутый шар, заверните в пищевую пленку и уберите в холодильник хотя бы на 20 минут.

3. Тем временем разогрейте духовку до 180 ºC.

4. Тесто для печенья выложите, не сильно утрамбовывая, в слегка смазанную сливочным маслом прямоугольную форму для кексов (размером примерно 30×20 см). Разметьте на поверхности границы печенья, надсеките вилкой. Если хотите, чтобы печенье получилось круглое, на слегка присыпанной мукой поверхности раскатайте тесто в пласт толщиной 5–7 мм, формочкой диаметром 6 см вырежьте круги. Переложите на 2 слегка смазанных маслом противня, оставляя небольшое расстояние между печеньями, наколите вилкой.

5. Выпекайте 15–20 минут, до бледно-золотистого цвета; постоянно проверяйте готовность, потому что духовки у всех разные и печенье может подгореть. Остудите в форме или на противне, чтобы печенье затвердело, затем переложите на решетку и дайте полностью остыть.

6. При желании присыпьте мелким сахаром и храните в плотно закрывающейся банке.

РОСКОШНЫЕ ШОКОЛАДНЫЕ МИНИ-ТАРТЫ С АРАХИСОВЫМ ГРИЛЬЯЖЕМ

НА 10 ШТУК

Эти крошечные тарты можно подать к чаю, в них идеально сочетается вкусный бисквит, бархатистый шоколадный крем и хрустящий грильяж из арахиса. Песочное тесто легко приготовить в кухонном комбайне, но можно использовать и покупное тесто на сливочном масле.

Растительное масло для смазывания формочек
400 г шоколада, разломать на кусочки
8 ст. л. сливок жирностью 48 %
60 г сливочного масла кубиками
2 ст. л. мелкого сахара (по желанию)

ДЛЯ СЛАДКОГО ТЕСТА
125 г сливочного масла
90 г мелкого сахара
1 яйцо
250 г муки и еще немного для присыпки рабочей поверхности

ДЛЯ АРАХИСОВОГО ГРИЛЬЯЖА
150 г мелкого сахара
100 г соленого арахиса, крупно порубить

1. Сначала приготовьте тесто. Взбейте сливочное масло с сахаром в кухонном комбайне. Добавьте яйцо и взбивайте в течение 30 секунд. Добавьте муку и взбивайте еще несколько секунд, чтобы получилось тесто. Если смесь кажется слишком сухой, добавьте 1 столовую ложку холодной воды. Слегка вымешайте на присыпанной мукой рабочей поверхности и сформуйте плоский диск. Заверните в пищевую пленку и уберите в холодильник на 30 минут.

2. Разогрейте духовку до 190 ºC. Слегка смажьте маслом маленькие глубокие разъемные формочки (диаметром 8 см). Раскатайте тесто как можно тоньше на присыпанной мукой рабочей поверхности и вырежьте 10 дисков диаметром 11 см. Выложите тесто в формочки так, чтобы края слегка свисали над бортиками; дно наколите вилкой; уберите на 20 минут в холодильник. Тесто должно хорошо затвердеть и охладиться, чтобы его не пришлось сначала выпекать вслепую.

3. Когда тесто отстоится, выпекайте его в разогретой духовке 12 минут, до золотистости. Острым ножом срежьте излишки теста над бортиками, затем остудите мини-тарты в формочках на решетке.

4. Пока тарты пекутся, приготовьте грильяж из арахиса. Застелите противень бумагой для выпечки или слегка смазанной маслом фольгой. Насыпьте сахар на сухую сковороду и карамелизуйте, не размешивая, на средне-сильном огне в течение 3–4 минут. Когда в сковороде начнет образовываться карамель, встряхните, чтобы вся масса зазолотилась равномерно. Через 2–3 минуты, когда карамель приобретет светло-коричневый оттенок, добавьте арахис и покачайте сковороду, чтобы орехи покрылись карамелью. Перелейте на подготовленный противень тонким и ровным слоем. Грильяж почти сразу же застынет. Дайте постоять 10 минут.

5. Тем временем приготовьте шоколадный крем. Поместите шоколад, сливки, сливочное масло и сахар в жаропрочную миску, установите над кастрюлей со слабо кипящей водой и прогревайте в течение 7–8 минут, помешивая, пока все не растает. Попробуйте и добавьте еще немного сахара, если любите крем послаще.

6. Выложите крем ложкой в остывшие тарты, украсьте разломанным на кусочки грильяжем. Уберите в холодильник на 20 минут, затем подавайте.

СОЛОДОВО-ШОКОЛАДНЫЕ ПОНЧИКИ

НА 12 ШТУК

Жаренные во фритюре пончики, строго говоря, нельзя назвать выпечкой, но я включил их в эту главу, потому что готовятся они тоже из теста, и к тому же необычайно вкусны, особенно с начинкой из шоколадного крема вместо обычного джема. Для этого рецепта вам понадобятся свежие дрожжи, которые можно купить в хлебных отделах большинства супермаркетов.

50 г мелкого сахара и еще 2–3 ст. л. с горкой для присыпки рабочей поверхности
150 мл молока нормальной жирности
15 г свежих дрожжей
50 г несоленого сливочного масла
320 г муки и еще немного для посыпки
Щепотка морской соли
2 яичных желтка
Растительное масло для фритюра
2–3 ст. л. с горкой порошкового солода, например, марки «Овалтин», для обваливания пончиков.

ДЛЯ НАЧИНКИ
250 мл сливок жирностью 48 %
2–4 ст. л. жидкого меда, по вкусу
250 г темного шоколада, порубить кусочками
60 г несоленого холодного сливочного масла, кубиками

1. В кастрюле подогрейте сахар с молоком минут пять, до растворения сахара. В миску раскрошите дрожжи, налейте половину от взятого количества горячего молока, перемешайте. Оставшееся молоко снова поставьте на плиту и добавьте сливочное масло. Подогрейте в течение 3 минут (следите, чтобы молоко не закипело).

2. Просейте муку с солью в большую миску и сделайте углубление в центре. Добавьте яичные желтки, молоко с дрожжами и горячее молоко. Хорошо перемешайте от краев к центру, чтобы получилось тесто.

3. Переложите тесто на присыпанную мукой рабочую поверхность и вымешайте руками, присы-

панными мукой, в течение нескольких минут, до гладкости и эластичности. Если тесто слишком липкое, подсыпьте еще муки. Переложите в чистую миску, присыпанную мукой. Затяните миску пищевой пленкой, чтобы тесто не заветрилось, и оставьте в теплом месте на 1–1,5 часа подходить, пока оно не удвоится в размере.

4. Тем временем приготовьте начинку. Поместите сливки в сотейник и смешайте с медом по вкусу. Шоколад и сливочное масло положите в миску. Когда сливки почти закипят, вылейте их на шоколад и хорошо перемешайте до гладкой, однородной, вязкой консистенции.

5. Когда тесто поднимется, обомните его и слегка вымешайте на присыпанной мукой поверхности. Обваленной в муке скалкой раскатайте тесто в пласт 2 см толщиной и сформуйте прямоугольник. Острым ножом нарежьте пласт на 12 прямоугольных «подушечек», переложите на застеленный бумагой для выпечки противень, оставьте на 30–40 минут и дайте снова подняться, чтобы пончики удвоились в размерах. Таким образом пончики получатся легкие и пышные.

6. Оставшийся сахар смешайте в миске с солодом. Налейте масло во фритюрницу и раскалите до 170 ºC или наполните растительным маслом большой сотейник на одну треть и раскалите так, чтобы опущенный в горячее масло кусочек хлеба зашипел и зазолотился за 30 секунд. Жарьте пончики порциями, по 3–4 минуты, до готовности и румяности. Температуру нагрева меняйте в зависимости от того, с какой скоростью пончики поджариваются. Выньте пончики из фритюра шумовкой и обваляйте в порошковом солоде.

7. Чтобы начинить пончики, выложите теплую шоколадную смесь в кондитерский мешок с тонкой насадкой. Шоколад обязательно должен быть теплым, остывшая начинка застынет и утратит пластичность. Вставьте насадку мешка в пончик и аккуратно выдавите начинку. Сразу подавайте.

БАЗОВЫЕ НАВЫКИ

ДАЖЕ ПРОФЕССИОНАЛЬНЫЕ ПОВАРА ТОЛЬКО СО ВРЕМЕНЕМ ПОНИМАЮТ, ЧТО КУЛИНАРИЯ – НЕ СТОЛЬКО ИСКУССТВО, СКОЛЬКО РЕМЕСЛО.

Необходимо изучить определенные правила, освоить всевозможные навыки и умения, а не просто творить как в голову взбредет. В основе большей части действий повара на кухне лежит набор базовых технологий, которые повторяются из раза в раз. Лишь после того, как вы усвоили и отработали эти ключевые навыки, можно постепенно начинать экспериментировать и приступать к творчеству.

На съемках телепередачи «Кухонные кошмары» я путешествовал по стране, помогая незадачливым владельцам ресторанов. Самая большая проблема, с которой я столкнулся, заключалась в том, что повара пытались бегать, еще не умея ходить. Они врывались на кухню и переделывали блюда по своему разумению, хотя понятия не имели о самом элементарном: как приготовить омлет или сварить бульон. Они пытались усовершенствовать салат «Цезарь», добавляя в него гребешки или лангустов, а сами даже заправку толком смешать не умели. Подавали лазанью с лесными грибами и трюфелями, не зная, как готовить соус бешамель. В результате ни к чему хорошему это не приводило.

В основе готовки лежит четкое понимание базовых принципов. Они подобны кирпичикам, из которых выстраивается блюдо. И, как любое здание, без надежного фундамента любое блюдо обязательно провалится. В этой главе приведено девять рецептов, демонстрирующих различные технологии и процессы, которые постоянно используются в кулинарии. Будь это приготовление яйца-пашот или взбивание великолепного, глянцевитого майонеза – именно эти навыки требуются в бесчисленных рецептах. Если вы их освоите, то станете гораздо лучшим поваром, чем ужасающее множество так называемых профессионалов.

ЯЙЦА-ПАШОТ

Эту битву проигрывает большинство начинающих кулинаров, а ведь нет ничего проще, если соблюдать несколько правил. Во-первых, используйте самые свежие яйца. Чем свежее яйцо, тем более вязкий у него белок. Во-вторых, варите яйца в глубоком сотейнике в слабо кипящей воде: глубина нужна для того, чтобы яйцо дольше опускалось сквозь толщу воды, а белок за это время успел схватиться вокруг желтка; вода должна едва кипеть, потому что в крутом кипятке белок всплывет на поверхность некрасивыми лохмотьями. Можете добавить в воду немного белого винного уксуса, который поможет белку свернуться, однако он не является обязательным компонентом, если все остальное сделано правильно; к тому же уксус может чувствоваться в готовом блюде.

Как только вода закипит, разбейте яйцо в чашку, а воду в кастрюле взболтайте по кругу, чтобы в центре получился мини-водоворот. Теперь осторожно вылейте яйцо из чашки в воду. Водоворот его подхватит и медленно опустит ко дну. Не выливайте яйцо с большой высоты, иначе желток прорвет белок, а ведь он должен остаться внутри, как бы завернувшись в белок. Можно варить до четырех яиц в одной кастрюле, но обязательно помешивать воду перед добавлением каждого. Затем либо полностью доведите яйца до готовности в течение 3–4 минут, либо, как делают в ресторанах, достаньте их через 1,5–2 минуты и опустите в ледяную воду для «шокового охлаждения», чтобы прекратить процесс варки. Выложите яйца на бумажное полотенце, подсушите и обрежьте неровные края белков. Заверните в пищевую пленку и храните в холодильнике, пока не понадобятся. Чтобы подогреть яйца, либо опустите их на минуту в кипяток, либо прогрейте на сливочном масле на сковороде, непрерывно поливая этим маслом (ароматизированным, к примеру, тимьяном или зеленым луком), для более насыщенного сливочного вкуса.

Рецепт супа-лапши с яйцом-пашот (стр. 294) – хороший способ отработать эту технологию варки яиц.

СУФЛЕ

Суфле – из тех блюд, которыми гости невольно восхищаются. Видят замечательную корочку на пышном, поднявшемся суфле и думают, что повар – настоящий мастер. Суфле требует тренировки и уверенности, однако готовить его не так уж и сложно.

Секрет в том, чтобы аккуратно ввести яичные белки в смесь-основу (тогда суфле поднимется равномерно), но при этом постараться не выбить из них пузырьки воздуха. Еще один фокус: смазать формочки для суфле двойным слоем размягченного сливочного масла, вертикальными движениями. Это тоже способствует равномерному подъему. Смазанные маслом формочки затем можно присыпать мукой, тертым шоколадом, измельченной в блендере сушеной черникой, сумахом – в зависимости от выбранного суфле. Если смесь для суфле у вас получится правильной консистенции, то она простоит в холодильнике до полутора часов – таким образом, блюдо можно подготовить заранее, до прихода гостей, а запечь в последнюю минуту. Наконец, последний фокус перед запеканием: провести пальцем по краю формочки, чтобы между суфле и бортиком образовался небольшой зазор. Так суфле поднимется еще лучше. Попробуйте приготовить блюдо по рецепту на стр. 293.

РУ И БЕШАМЕЛЬ

На рецепте запеканки с макаронами, цветной капустой и тремя видами сыра (стр. 297) можно отработать один из самых важных кухонных навыков, а именно приготовление соуса бешамель, или белого соуса. Этот соус встречается в таких блюдах, как мусака, лазанья или рыбный пирог. Соедините в сковороде равные части сливочного масла и муки, обжарьте все вместе на среднем огне до золотистого цвета – так у вас получится ру, – а затем добавьте жидкость: обычно молоко или бульон. Секрет гладкого, однородного соуса заключается в том, чтобы добавлять жидкость постепенно, особенно в самом начале, и каждый раз после этого хорошо взбивать смесь венчиком. Если добавить всю жидкость сразу, намного сложнее избавиться от комков. Как только вольете всю жидкость, соус необходимо проварить при слабом кипении, чтобы убрать вкус муки.

ОМЛЕТЫ

Секрет всякого хорошего омлета – в сковородке с толстым дном, чуть смазанной маслом. Добавьте кусок сливочного масла, а яйца выливайте лишь после того, как масло запенится. Яйца нужно все время помешивать, чтобы слегка насытить воздухом, а сковороду наклонять из стороны в сторону, чтобы яичная смесь стекала от центра к краям. Если вы добавляете в омлет начинки – ветчину, лук-порей, помидоры или бекон, – обязательно обжарьте все ингредиенты и хорошо карамелизуйте перед тем, как выливать в сковороду взбитые яйца, которые дойдут до готовности за 2–3 минуты. Я обычно слегка перемешиваю смесь вилкой, чтобы начинка распределилась равномерно. Когда сверху омлет почти схватится, но все еще остается влажным, с кремовой консистенцией (профессиональные повара называют это состояние французским словом «baveuse»), приподнимите края омлета и проверьте, поджарился ли он снизу, а затем сразу снимите с огня.

Омлет принято подавать, свернув определенным образом. Сначала вы отталкиваете сковороду от себя так, что омлет складывается, как блин, пополам, а затем сворачиваете его трубочкой. Но я, честно говоря, не заморачиваюсь. В открытом омлете нет ничего плохого, особенно если начинки у вас яркие и красивые, скажем креветки с фетой и помидорами (см. стр. 298).

МАЙОНЕЗ

Имеет смысл научиться готовить простой майонез, ведь это настолько универсальный соус, что с ним можно экспериментировать как угодно. Я часто добавляю в майонез такие вкусовые добавки, как эстрагон, чеснок, лимон, лайм, каперсы, кресс-салат и даже анчоусы (см. замечательно вкусный рецепт на стр. 305).

Начните с яичных желтков, уксуса, горчицы и соли, а затем постепенно добавьте растительное масло, все время тщательно взбивая смесь венчиком, чтобы получился густой и насыщенный соус. Самое опасное при этом, что соус может расслоиться (если масло не эмульгирует с желтками, то майонез получится неоднородный). Чтобы этого не произошло, обязательно перед началом готовки убедитесь, что все ингредиенты комнатной температуры, а масло сначала добавляйте по каплям, а потом – тонкой струйкой. В худшем случае взбейте в отдельной чистой миске еще один желток, а затем добавьте туда же расслоившийся соус, продолжая энергично взбивать смесь венчиком. Вскоре соус обретет необходимую текстуру и эмульгирует снова.

Масло для майонеза можете использовать любое. У оливкового масла первого холодного отжима вкус слишком сильный и перебивает все остальное, поэтому мне нравится использовать нейтральное арахисовое масло. Дополнительно облегчить вкус майонеза можно, добавив в самом конце несколько столовых ложек ледяной воды. Это не только придаст соусу красивый белый цвет; такой майонез лучше будет смешиваться с салатом.

КУРИНЫЙ БУЛЬОН

Во французской классической кулинарии использовались сильно уваренные бульоны из телятины и говядины, но сейчас стало популярно готовить на курином бульоне, в результате чего блюда получаются гораздо легче. Непрофессиональному повару в этом смысле повезло: куриный бульон, самый легкий в приготовлении, способен преобразить вашу готовку. Иногда можно обойтись хорошим бульонным кубиком – к примеру, для приготовления подливки к мясу, если оно того требует, – но домашний куриный бульон придает блюду необычайную глубину и насыщенность вкуса. Если вы часто едите курицу, то лучше покупать птицу целиком, мясо использовать как захотите – запекать целиком или порубив на куски (см. стр. 84), а из остова сварить невероятно вкусный универсальный бульон. Он станет вашим тайным оружием, способом обогатить вкус блюд, а это, как я уже говорил прежде, половина успеха. Пикантный суп с чечевицей на стр. 301 – хороший пример эффективного использования бульона, ведь чечевица с готовностью впитывает все дополнительные вкусы.

Куриный бульон бывает двух видов: прозрачный и коричневый. Прозрачный бульон варится из сырых костей и овощей, получается светлая прозрачная жидкость с нежным вкусом, которую используют для приготовления легких супов, ризотто и тому подобных блюд. Для коричневого бульона варят запеченные кости с овощами, иногда добавляя томатное пюре. Вкус у такого бульона получается насыщенный, прекрасно подходящий для соусов, гуляша и густых супов-похлебок, например французского лукового супа. Из одного остова выходит примерно один литр бульона.

Для прозрачного бульона поместите в большую кастрюлю куриный остов, овощи и коренья белого цвета: репчатый лук, лук-порей, сельдерей, чеснок и репу, но только не картофель, иначе бульон получится мутный. Добавьте лавровый лист, веточку тимьяна и 1–2 горошины черного перца, залейте все холодной водой и на медленном огне доведите до кипения. Вода должна быть холодной, чтобы жир затвердел и поднялся на поверхность, откуда его легко удалить шумовкой. Дождитесь, пока бульон едва-едва закипит (чтобы на поверхность только иногда всплывали пузырьки) и варите часа три-четыре, периодически снимая пену. Готовый бульон процедите, остудите и храните в холодильнике до недели, а в морозилке – до трех месяцев.

Коричневый бульон готовится точно так же, но сначала куриный остов и овощи нужно запечь и обжарить. Положите кости на противень и запекайте в духовке 15 минут при температуре 200 ºC, затем посыпьте парой столовых ложек муки и готовьте еще 5 минут. Мука не только поможет загустить бульон, но и впитает жир, не давая ему плавать по поверхности бульона. Нарежьте овощи крупными кусками (на этот раз, если хотите, можете взять и морковь) и обжарьте в кастрюле, в которой будете варить бульон, на растительном масле в течение нескольких минут, помешивая, до золотистого цвета. Добавьте одну-две столовые ложки томатного пюре (пассаты) или немного томатной пасты и готовьте 5 минут. Затем добавьте запеченные кости и готовьте так же, как светлый бульон, но варите около 1 часа.

ВИНЕГРЕТ (УКСУСНЫЙ СОУС)

Соус винегрет – это больше, чем просто салатная заправка. В ресторанах его используют в качестве завершающего штриха для чего угодно: рыбы, мяса или овощей (см. рецепт на стр. 302). Он придает блюдам свежесть и к тому же гораздо полезней, чем сливочное масло. А еще его можно использовать, чтобы подчеркнуть сезонность, добавляя летом цитрусовые ноты, а зимой – пряные травы с насыщенным ароматом (например, розмарин и тимьян). Винегрет вообще скорее приправа, чем соус.

Классический винегрет готовят из 3–4 частей оливкового масла на 1 часть белого винного уксуса, но это только начало. Можно взять и другое масло – кунжутное, рапсовое, из грецкого ореха; другой уксус – красный винный, бальзамический, хересный – либо вообще лимонный сок; другие вкусовые добавки – лук-шалот, красный перец, горчицу, мед, лемонграсс, чеснок. Экспериментировать можно бесконечно. В некоторых случаях чистое оливковое масло кажется мне слишком резким. Оно перебивает вкус. Слишком тяжелый соус убьет салат из молодой зелени. В таком случае я обычно заменяю третью часть оливкового масла на арахисовое или подсолнечное, чтобы сделать вкус менее ярким. Иногда я даже добавляю 2–3 столовые ложки ледяной воды, чтобы еще больше разбавить винегрет и как можно дольше сохранить салатную свежесть.

ГОЛЛАНДСКИЙ СОУС

Голландский соус лучше всего известен по классическому рецепту яиц бенедикт, но он также прекрасно сочетается с холодным лососем, форелью или паровыми овощами. Как и винегрет, этот соус можно усовершенствовать самыми разными способами, добавляя различные цитрусовые – к примеру, грейпфрут или лимон – или травы (см. рецепт спаржи с голландским лимонно-эстрагоновым соусом на стр. 306). А если добавить мяту, голландский соус прекрасно пойдет к ягнятине на гриле.

Для традиционного голландского соуса нужно взбить яичные желтки с каплей воды и белого винного уксуса в миске, установленной над кастрюлей с кипящей водой. Когда соус побледнеет, приобретет кремовую текстуру и начнет стекать с венчика отчетливыми струйками, его снимают с огня и вбивают большое количество очищенного сливочного масла (из которого при слабом нагревании был вытоплен молочный жир и твердые фракции). Самое главное – сохранить соус в тепле до подачи, потому что, остывая, он загустеет, и потом уже будет сложно снова вернуть кремовую текстуру.

На самом деле голландский соус таким способом готовят редко, большинство поваров заменяют сливочное масло оливковым, так что получается своеобразный майонез на водяной бане. Такой соус гораздо практичней и стабильней, и к тому же он чуточку острее. Я обычно немного разбавляю его лимонным соком или водой.

ЗАВАРНОЙ КРЕМ

Хороший повар-любитель должен уметь готовить настоящий яичного заварной крем. Это умение стоит довести до совершенства, поскольку заварной крем является основой множества блюд, от мороженого до сладкой выпечки, а домашний и готовый покупной отличаются друг от друга, как день и ночь. Кроме того, готовя заварной крем самостоятельно, вы сможете добавить в него любые вкусы, настаивая молоко с мятой, лемонграссом, базиликом, лавровым листом, розмарином, тимьяном, корицей, анисом… на чем захотите (к примеру, см. рецепт заварного крема с лемонграссом на стр. 309).

В приготовлении заварного крема существует три золотых правила. Во-первых, нагревая молоко со сливками, снимите смесь с огня, едва она забулькает. Даже лишние 30 секунд могут испортить консистенцию блюда. Во-вторых, сахар к яичным желткам добавляйте в самую последнюю секунду, непосредственно перед тем, как вливать молоко, в противном случае сахар растворится в яйцах, и крем при нагревании будет густеть гораздо хуже.

Третье правило: не дать яичной смеси закипеть, иначе у вас получится кастрюля сладкого взбитого омлета. В большинстве кулинарных книг заварной крем рекомендуют загущать на водяной бане. Смысл в том, что непрямое нагревание позволяет с большей вероятностью предотвратить закипание смеси. Но с другой стороны, придется 20 минут стоять над кастрюлей и ждать, когда крем заварится, причем можно легко отвлечься в самый важный момент. По-моему, чем быстрее готовишь этот крем, тем надежней. Следовательно, готовить нужно в сотейнике, прямо на плите, непрерывно помешивая, особенно вдоль стенок кастрюли, чтобы добиться равномерного нагрева массы. Если постоянно размешивать жидкость, она загустеет, не успев перегреться. Заварной крем у вас получится идеально гладкий, густой и однородный, при условии, что вы снимете кастрюлю с огня, как только крем перестанет стекать с ложки, и сразу же процедите через сито в другую, заранее подготовленную миску.

СУФЛЕ «СЕНТ-КЛЕМЕНТС»

НА 4 ПОРЦИИ

Считается, что суфле сложно в приготовлении, хотя на самом деле это не так. Главное – аккуратно вмешивать яичные белки в смесь-основу, чтобы сохранить воздушность, и правильно выставить температуру в духовке. У меня есть и еще один секрет: промазать формочки двойным слоем размягченного сливочного масла движениями снизу вверх, чтобы суфле поднялось равномерно. Если вымесить смесь до нужной консистенции, она хранится в холодильнике до полутора часов – значит, суфле можно подготовить заранее и запечь, когда понадобится.

150 мл молока
100 мл сливок жирностью 48 %
100 г мелкого сахара
3 крупных яичных желтка
15 г обычной муки
10 г кукурузного крахмала
40 г несоленого сливочного масла комнатной температуры, для смазывания формочек
40 г шоколада, натереть на мелкой терке
4 крупных яичных белка
Цедра и сок 1 большого лимона
Цедра и сок 1 апельсина
Сахарная пудра для посыпки готового суфле

1. Сначала подготовьте смесь-основу. Налейте молоко и сливки в кастрюлю. Доведите почти до кипения и снимите с огня. Насыпьте в миску половину сахара, добавьте желтки и взбивайте, пока масса не посветлеет и загустеет. Просейте муку и крахмал и снова взбейте венчиком. Постепенно влейте горячее молоко, все время продолжая взбивать.

2. Снова перелейте смесь в кастрюлю и поставьте на слабый огонь. Готовьте, все время помешивая деревянной ложкой, 5 минут, чтобы смесь загустела и стала бархатистой. Остудите до комнатной температуры.

3. Смажьте формочки для суфле (объемом 250 мл) размягченным сливочным маслом, вертикальными мазками снизу вверх. Смазывайте не только стенки, но и дно. Уберите на несколько минут в холодильник, затем нанесите второй слой масла. Присыпьте каждую формочку небольшим количеством тертого шоколада и потрясите, чтобы шоколад покрыл всю внутреннюю поверхность. Излишки стряхните, формочки поставьте в холодильник, пока не понадобятся.

4. Разогрейте духовку до 200 ºC (отметка 6 в газовой духовке).

5. Яичные белки взбейте в миске до устойчивых пиков. Добавьте 1–2 капли лимонного сока в качестве стабилизатора и снова взбейте. Постепенно, по одной ложке, добавьте оставшийся сахар, все время взбивая, чтобы получилась очень густая, блестящая смесь.

6. Вмешайте венчиком в основу для суфле лимонную и апельсиновую цедру. Соедините лимонный и апельсиновый сок, отмерьте 120 мл и тоже вмешайте в основу. Разведите смесь-основу одной третью взбитых белков. Затем большой металлической ложкой аккуратно вмешайте оставшиеся белки, чтобы все равномерно соединилось. Наполните получившейся смесью каждую формочку и постучите дном о рабочую поверхность, чтобы избавиться от крупных пузырьков воздуха.

7. Плоской стороной небольшого ножа разровняйте поверхность суфле в формочках. Проведите пальцем по внутреннему ободку каждой формочки, чтобы суфле отстало от бортиков, затем поставьте формочки на противень. Выпекайте на средней полке духовки 15-20 минут, пока суфле не поднимется; в центре оно должно слегка подрагивать. Посыпьте сахарной пудрой и подавайте немедленно.

СУП-ЛАПША С ЯЙЦОМ-ПАШОТ

НА 2 ПОРЦИИ

В Азии к лапше или рису, приготавливаемым в воке или, как здесь, в бульоне, часто добавляют яйца. Это блюдо – прекрасный повод отработать навык варки яиц-пашот (см. стр. 288), ведь в данном случае не страшно, если яйцо разлохматится.

2 ст. л. светлой пасты мисо, по вкусу
2 см корня свежего имбиря, очистить и натереть
3 сушеных гриба шиитаке, замочить в воде, затем нашинковать
Соевый соус, по вкусу
100 г грибов портобелло
200 г свежей лапши, например удон
75 г листьев молодого шпината
2 яйца
2 стебля зеленого лука, очистить и мелко порубить, для украшения

1. Налейте 750 мл воды в сотейник и доведите до кипения на среднем огне. Добавьте пасту мисо, имбирь, нарезанные грибы шиитаке и немного соевого соуса и варите при слабом кипении 5 минут, чтобы бульон напитался вкусами.

2. Грибы портобелло нарежьте тонкими пластинами. Разделите поровну, вместе с лапшой и шпинатом, по двум подогретым порционным мискам. В каждую миску налейте по половнику бульона, чтобы ошпарить шпинат, и сохраните в тепле.

3. Разбейте яйца в отдельные формочки или чашки и опускайте по одному в едва кипящий бульон. Пошируйте 2–3 минуты (если яйца получатся не совсем ровными, ничего страшного).

4. Выложите яйца шумовкой в порционные миски и залейте бульоном, разделив шиитаке поровну на две порции.

5. Посыпьте зеленым луком и подавайте, отдельно поставив на стол соевый соус в качестве дополнительной приправы.

МАКАРОННАЯ ЗАПЕКАНКА С ЦВЕТНОЙ КАПУСТОЙ И ТРЕМЯ ВИДАМИ СЫРА

НА 4 ПОРЦИИ

Этот рецепт – моя интерпретация американской классики «макароны с сыром», с использованием трех видов английских сыров. Выдержанный чеддер придает запеканке пикантность и глубину вкуса, а раскрошенные ланкаширский и чеширский сыры тают в бархатистый кремовый соус. На этом блюде хорошо отрабатывать навык приготовления соуса бешамель (см. стр. 289).

300 г соцветий цветной капусты
300 г сухих макарон
60 г сливочного масла и еще несколько кусочков
4 ст. л. муки
2 ч. л. горчичного порошка
600 мл молока нормальной жирности
Щепотка кайенского перца
Морская соль, по вкусу
100 г выдержанного сыра чеддер, натереть
100 г ланкаширского сыра, раскрошить
100 г чеширского сыра, раскрошить
3 ст. л. свежих хлебных крошек
1 ст. л. зелени тимьяна

1. Вскипятите кастрюлю хорошо подсоленной воды. Отварите цветную капусту 4–5 минут, до мягкости. Достаньте шумовкой и остудите в миске с ледяной водой, чтобы остановить процесс термической обработки. Воду слейте.

2. Поместите макароны в кипящую подсоленную воду и отварите аль-денте согласно инструкции на упаковке. Откиньте, промойте холодной проточной водой и дайте стечь. Смешайте макароны в большой миске с цветной капустой и 1–2 кусочками сливочного масла.

3. Разогрейте духовку до 200 ºС (отметка 6 в газовой духовке). Растопите в сковороде 60 г сливочного масла, добавьте муку и горчичный порошок и, помешивая, приготовьте ру. Постепенно влейте молоко, непрерывно взбивая смесь венчиком, для однородности. Медленно доведите до кипения на слабом огне, продолжая помешивать, чтобы смесь загустела. Готовый бешамель приправьте кайенским перцем и морской солью по вкусу.

4. Смешайте три вида сыра и добавьте половину в бешамель. Хорошо перемешайте, чтобы сыр растаял, а соус стал однородным. Добавьте в соус макароны с цветной капустой и снова перемешайте. Переложите смесь в большую, широкую форму для запеканки.

5. Оставшуюся сырную смесь перемешайте с хлебными крошками и листьями тимьяна. Посыпьте ею макароны. Запекайте минут 15–20, до золотистой корочки. Сразу подавайте.

ОМЛЕТ С КРЕВЕТКАМИ И ФЕТОЙ

НА 2 ПОРЦИИ

Добавляя в омлет столько всего вкусного, нет никакого смысла сворачивать его и прятать начинку. Доведите блюдо до готовности под грилем и переложите со сковороды на тарелку.

Оливковое масло для жарки
1 спелый помидор, нарезать кубиками
1 стебель зеленого лука, очистить и порубить
8 отварных королевских креветок, очистить (см. стр. 167)
Щепотка сушеных хлопьев чили, по вкусу
4 яйца, разболтать
1 ч. л. рубленого свежего или щепотка сушеного орегано
50 г сыра фета, раскрошить
Морская соль и свежемолотый черный перец

1. Разогрейте гриль до среднего значения.

2. В небольшой сковороде нагрейте немного оливкового масла, добавьте помидоры и зеленый лук. Посолите, поперчите и готовьте на среднем огне 2–3 минуты, чтобы помидоры слегка ужарились. Добавьте креветки и хлопья чили, хорошо перемешайте с помидорами и прогрейте все вместе 1 минуту.

3. Тем временем разогрейте жаропрочную сковороду на среднем огне. Добавьте немного масла, а когда раскалится, вылейте слегка взбитые и хорошо приправленные солью и перцем яйца. Готовьте 1–2 минуты, чтобы яйца снизу схватились, а сверху оставались жидкими.

4. Посыпьте омлет орегано, сверху ровным слоем выложите помидоры с креветками. Поверх раскрошите фету, посолите, поперчите, слегка сбрызните маслом.

5. Поместите омлет под горячий гриль на 2–3 минуты, до готовности яиц. Достаньте и подавайте.

ОСТРЫЙ СУП С ЧЕЧЕВИЦЕЙ

НА 4 ПОРЦИИ

Для вкусного супа на хорошем курином бульоне нужно совсем немного ингредиентов. Красная чечевица, лук, чеснок, томатная паста и немного специй – вот и все, а в результате получается прекрасное зимнее согревающее блюдо.

275 г красной чечевицы (половинками)
2 ст. л. оливкового масла
1 большая луковица, очистить и мелко порубить
2 больших зубчика чеснока, очистить и мелко порубить
1 ч. л. молотого кумина
1 ч. л. молотого кориандра
2 ч. л. приправы гарам-масала
1–2 ч. л. молотого имбиря
½ ч. л молотой куркумы
1 ст. л. томатной пасты
800 мл куриного бульона
Морская соль и свежемолотый черный перец

ДЛЯ ПОДАЧИ
3–4 ст. л. натурального йогурта
Зелень кинзы

1. Промойте чечевицу в дуршлаге под струей холодной воды, хорошо слейте.

2. Нагрейте в кастрюле оливковое масло, добавьте лук и чеснок. Обжарьте 4–6 минут, до светло-золотистого цвета. Добавьте молотые специи, томатную пасту, перемешайте и готовьте еще 2 минуты.

3. Добавьте чечевицу и залейте бульоном. Доведите до кипения, затем убавьте огонь и потушите без крышки 25–30 минут, время от времени помешивая, пока чечевица не станет совсем мягкой. Если суп слишком загустеет к концу варки, долейте немного воды. Попробуйте на соль и перец.

4. Переложите половину супа в блендер и пюрируйте, затем снова перелейте в кастрюлю. Суп должен получиться не слишком однородным. Консистенцию можно изменить, добавив немного кипятка.

5. Налейте суп в подогретые миски, гарнируйте ложкой йогурта и украсьте кинзой.

КАК ИСПОЛЬЗОВАТЬ ПРЯНУЮ ЗЕЛЕНЬ ПО МАКСИМУМУ
Свежая зелень прекрасно обогатит вкус блюда, совсем не удорожая его. Чтобы зелень хранилась дольше, опустите стебли в стакан с водой. Таким образом зелень простоит в холодильнике до двух недель.

САЛАТ ИЗ СТРУЧКОВЫХ БОБОВ С СОУСОМ ВИНЕГРЕТ ИЗ ПЕЧЕНОГО КРАСНОГО ЛУКА

НА 4–6 ПОРЦИЙ

Замечательный салат, который подойдет в любое время года к мясу или к рыбе на гриле. Сначала запекаем лук и тем самым придаем особенную глубину вкуса соусу, который так же хорошо сочетается и с картофелем, и с цветной капустой. Если заправить овощи, пока они еще теплые, вкус получится более насыщенный.

125 г стручковых турецких бобов
125 г стручковой фасоли
125 г молодого стручкового гороха
Рубленая зелень мяты и петрушки

ДЛЯ СОУСА
2 красные луковицы, очистить
150 мл оливкового масла первого холодного отжима и еще немного для запекания
2 веточки тимьяна
1 зубчик чеснока, очистить и раздавить
50 мл хересного уксуса
Морская соль и свежемолотый черный перец

1. Сначала приготовьте соус. Разогрейте духовку до 240 ºC.

2. Поместите луковицы на противень с небольшим количеством оливкового масла, тимьяном и чесноком, присолите и запекайте 25–30 минут, до полной готовности лука и приятного поджаристого запаха.

3. Достаньте луковицы из противня и нарежьте крупными кубиками (чтобы заправка получилась достаточно грубая, «деревенская»).

4. Смешайте лук со 150 мл оливкового масла первого холодного отжима и хересным уксусом, посолите и поперчите по вкусу.

5. Для салата бланшируйте все стручки, опустив в кипяток на полторы минуты, чтобы они остались хрустящими. Сразу же остудите в холодной воде, затем выложите на бумажное полотенце, чтобы впитались излишки жидкости. Крупно нарежьте стручки.

6. Положите нарезанные стручки в большую миску, заправьте луковым винегретом, добавьте петрушку с мятой и перемешайте. Подавайте в охлажденных салатницах.

ФРИТТО МИСТО С ЧЕСНОЧНО-ШАФРАНОВЫМ МАЙОНЕЗОМ

НА 4 ПОРЦИИ

Ассорти из морепродуктов, обвалянных в муке и обжаренных во фритюре, а затем обмакиваемых в чесночный майонез-айоли – одно из моих любимых летних отпускных блюд. Но если вам сложно подготовить для жарки много разных морепродуктов, этот рецепт прекрасно работает и с овощами.

Пучок спаржи, если нужно, очистить
1 клубень фенхеля, нарезать пластинами
1 небольшой кочан салата радиккьо, нарезать четвертинками
2 кабачка, нарезать брусочками
Мука для обваливания
Растительное масло для фритюра
12 листьев шалфея

ДЛЯ КЛЯРА
150 г муки
1 ст. л. растительного масла
1 яйцо
150 мл молока

ДЛЯ МАЙОНЕЗА
Щепотка рылец шафрана
3 свежих яичных желтка
1 ст. л. дижонской горчицы
4 зубчика чеснока, очистить и раздавить
Сок половинки лимона
200 мл растительного масла
200 мл оливкового масла
Морская соль и свежемолотый черный перец

1. Сначала приготовьте майонез. Залейте шафран 1 столовой ложкой кипятка на 30 секунд. Взбейте в миске (или в кухонном комбайне) яичные желтки с горчицей, чесноком, лимонным соком и шафраном с небольшим количеством жидкости, оставшейся после замачивания. Постепенно, тонкой струйкой добавьте оба вида масла. Приправьте солью и перцем. По желанию для более яркого вкуса добавьте немного лимонного сока. Отставьте в сторону.

2. Налейте масло во фритюрницу и разогрейте до 170 ºC или наполните маслом большой сотейник на одну треть и раскалите так, чтобы опущенный в горячее масло кусочек хлеба зашипел и зазолотился за 30 секунд (вместо фритюрницы можно взять обычную сковородку, тогда понадобится меньше масла, а овощи надо будет часто переворачивать).

3. Муку для кляра насыпьте в миску, посолите и поперчите. Смешайте с оливковым маслом, в центре сделайте углубление и постепенно вбейте венчиком яйцо, молоко и 150 мл воды. Взбивайте 2–3 минуты, до однородности.

4. Подготовленные овощи обваливайте в муке с солью и перцем, стряхивайте излишки, затем опускайте овощи в кляр. Жарьте порциями в раскаленном масле по 2–3 минуты, до золотистой корочки. Доставайте шумовкой и выкладывайте на бумажное полотенце, чтобы удалить излишки жира. Повторите со всеми овощами. Наконец обмакните в кляре листья шалфея, стряхните лишнее и обжарьте 20–30 секунд, чтобы листья стали хрустящими.

5. Подавайте в теплом виде, отдельно поставив майонез для обмакивания.

КАК НАРЕЗАТЬ ЧЕСНОК
Чеснок – универсальный ингредиент, его можно использовать самыми разными способами. Чем мельче вы его нарежете, тем более насыщенным, но менее стойким получится вкус и запах, так что, если хотите придать блюду только легкий вкусовой оттенок, используйте чеснок целиком и нарежьте крупными кусками, а для большей остроты – раздавите или мелко порубите. Самый простой способ измельчить чеснок, как требуется выше, – нарезать его так же, как луковицу (см. стр. 15).

СПАРЖА С ГОЛЛАНДСКИМ ЛИМОННО-ЭСТРАГОНОВЫМ СОУСОМ

НА 4 ПОРЦИИ

Мы стремимся к здоровому питанию, а голландский соус на оливковом масле вместо сливочного получается не менее вкусным. Ароматизировать его можно любыми цитрусовыми – к примеру, грейпфрутом или апельсином, – но к спарже я всегда подаю его, приправив лимоном и слегка присыпав эстрагоном.

450 г спаржи, очистить

ДЛЯ ГОЛЛАНДСКОГО СОУСА
3 крупных яичных желтка
Немного лимонного сока, по вкусу
200 мл оливкового масла
2 ст. л. рубленого эстрагона
Морская соль и свежемолотый черный перец

1. Сначала приготовьте голландский соус. С помощью венчика взбейте яичные желтки с лимонным соком, солью и перцем в миске, установленной над кастрюлей с кипящей водой. Продолжайте энергично взбивать в течение 10 минут, пока смесь не загустеет. Чтобы соус не перегрелся, время от времени снимайте кастрюлю с огня, продолжая взбивать и собирая капли соуса со стенок пластиковой лопаткой. В результате должен получиться золотистый воздушный соус, стекающий с венчика отчетливыми струйками.

2. В небольшой кастрюле подогрейте оливковое масло и отставьте в сторону. Снимите водяную баню с огня и вмешайте немного подогретого масла к яичной смеси, затем снова поставьте водяную баню на плиту и прогрейте еще немного на слабом огне. Снова снимите с огня и вмешайте еще порцию теплого масла. Повторяйте, пока масло не кончится. Соус получится густой, по консистенции похожий на майонез.

3. Венчиком вмешайте в соус лимонный сок, соль и перец по вкусу, добавьте 2–3 столовые ложки воды, чтобы слегка разбавить консистенцию, затем перемешайте с рубленым эстрагоном.

4. Спаржу бланшируйте, опустив в кипящую воду на 2–3 минуты, чтобы стебли остались хрустящими. Откиньте и подайте с голландским соусом.

КАК ИСПОЛЬЗОВАТЬ ЦИТРУСОВЫЕ, ОСТАВШИЕСЯ ОТ ДРУГОГО РЕЦЕПТА
Нарежьте фрукты дольками и заморозьте до дальнейшего использования. Такие фрукты идеально подойдут для охлаждения напитков вместо льда: они придадут коктейлю дополнительный вкус без лишней воды.

ЗАВАРНОЙ КРЕМ С ЛЕМОНГРАССОМ

НА 8 ПОРЦИЙ

В креме из пакетика нет ничего плохого, но ничто не сравнится с настоящим английским заварным кремом. Аромат лемонграсса с ним прекрасно сочетается. Получается невероятно красивый и изысканный десерт, причем подготовить его можно заранее, а затем только посыпать сахаром и карамелизовать специальной горелкой.

400 мл сливок жирностью 48 %
180 мл молока
2 больших стебля лемонграсса, разрезать вдоль и слегка раздавить
6 свежих яичных желтков
75 г мелкого сахара
Сахар демерара для карамельной корочки

1. Нагрейте сливки с молоком в большой кастрюле почти до кипения, затем добавьте туда же стебли лемонграсса и придавите, чтобы они отдали как можно больше вкуса. Дайте остыть, затем лемонграсс удалите.

2. Взбейте яичные желтки в большой жаропрочной миске, подстелив влажное полотенце, чтобы дно не скользило. Снова подогрейте молоко со сливками, а когда смесь почти закипит, добавьте ее к яичным желткам в несколько приемов, всякий раз тщательно взбивая венчиком.

3. Процедите смесь через тонкое сито в кастрюлю. Добавьте сахар, снова взбейте венчиком. На самом слабом огне варите смесь, помешивая деревянной ложкой, пока не загустеет так, что будет обволакивать ложку. Сразу снимите с огня и разлейте в 8 небольших формочек или жаропрочных чашек.

4. Нагрейте духовку до 140 ºC. Поставьте формочки на противень или в глубокую форму для запекания, в противень налейте горячую воду (так, чтобы жидкость доходила до половины высоты формочек) и запекайте около 1 часа, чтобы крем слегка схватился. Достаньте, остудите и уберите в холодильник до застывания.

5. Перед подачей равномерно присыпьте формочки сахаром демерара и карамелизуйте горелкой или под раскаленным грилем.

КАК НЕ ДАТЬ ЗАВАРНОМУ КРЕМУ РАССЛОИТЬСЯ
Добавление сахара после яиц позволяет стабилизировать смесь, а значит, крем быстрее загустеет.

АЛФАВИТНЫЙ УКАЗАТЕЛЬ

А

Авокадо
  Пикантная черная фасоль с фетой и авокадо 145
  Салат с печеным красным перцем, чечевицей и травами 235
Айоли 305
Ананас на гриле с пикантной карамелью 223
Анис 113, 169, 189, 240
Анчоусы
  Анчоусная заправка 161–162
  Кростини с белой фасолью, анчоусами и оливками 208
  Паста с помидорами, анчоусами и чили 27
  Тушеная фаршированная ягнятина 102
Апельсины
  Гремолата, апельсиновая 193
  Желе с «Пиммс» 252
  Суфле «Сент-Клементс» 293
Арахис
  Барабулька со сладким соусом чили 73
  Манговая сальса 134
  Роскошные шоколадные мини-тарты с арахисовым грильяжем 280
Ароматный жареный рис на скорую руку 155

Б

Багет с говядиной во вьетнамском стиле 126
Баклажаны
  Как солить 186
  Тушеные баклажаны 186
Барабулька со сладким соусом чили 73
Барбекю, соус 92
Батат
  Тушеная говядина с апельсиновой гремолатой 193
  Ягнятина по-мароккански со сладким картофелем и изюмом 191
Бекон
  Запеченная цесарка с яблоками 107
  Копченые свиные котлетки под соусом барбекю 92
  Фриттата с беконом, зеленым горошком и козьим сыром 28
Бисквит со свежим имбирем 275
Блинчики и оладьи
  Блинчики с крабом и маскарпоне 66
  Кокосовые оладьи с ломтиками манго и лаймовым сиропом 44
  Кукурузные оладьи с йогуртовым соусом 212
  Оладьи из черники и рикотты, с йогуртом и медом 224
  Пикантные блинчики 116–117
Блонди 197
Бобовые 205
Бок-чой
  Мисо-суп с лососем 33
Боллито мисто на скорую руку 101
Брокколи
  Ароматный жареный рис на скорую руку 155
  Курица в воке с жареной лапшой 149
  Мисо-суп с лососем 33
Брускетта 215
  С чесноком, помидорами, каперсами и пекорино 206
Бульоны
  Ароматный кокосовый бульон 180–181
  Куриный бульон 290–291
  Фрикадельки из свинины с креветками в ароматном бульоне 167

В

Ваниль в стручках 205
Винегрет (уксусный соус) 291
  Из печеного красного лука 302
  Испанский 64–65

Г

Гвоздика 113
Говядина
  Багет с говядиной во вьетнамском стиле 126
  Говядина «Веллингтон» 36–37
  Говядина с чили в салатных листьях 132
  Говяжья грудинка с пикантным салатом из молодого картофеля 106
  Как жарить стейк 87
  Как покупать 83
  Острый салат с говядиной 125
  Острый суп с фрикадельками 177
  Ростбиф 246

Сэндвич с фрикадельками из говядины, тающей моцареллой и томатной сальсой 182
Сэндвичи с говядиной 96–97
Такос с говядиной и майонезом с васаби 220
Томленые говяжьи ребрышки 194
Тушеная говядина с апельсиновой гремолатой 193
Фрикадельки в ароматном кокосовом бульоне 180
Фрикадельки из говядины с орекьетте, листовой капустой и кедровыми орешками 179
Хот-доги с чили 219
Эмпанады с говядиной 271
Голландский соус 292
    Лимонно-эстрагоновый 306
Горчица в зернах 113
Гребешки
    Гребешки, жаренные на сковороде, с хрустящим яблочным салатом 58
    Рыбный пирог-запеканка 74–75
Гремолата, апельсиновая 193
Грибы
    Говядина «Веллингтон» 36–37
    Лазанья с грибами и луком-пореем 215
    Мисо-суп с лососем 33
    Несложные аранчини 159–160
    Суп-лапша с яйцом-пашот 294
    Томленые говяжьи ребрышки 194
Груши
    Сабайон с пошированными зимними фруктами 247

Д

Джем клубничный 277
Домашние ньокки 150
Домашние пышки 277
Дорадо с сальсой из помидоров с зеленью 69
Дыня
    Шарантская дыня с крем-фреш 169

Ж

Жареная кукуруза в мексиканском стиле 118
Жареные утиные грудки под соусом из черной смородины 91
Жарить
    Лук 164

Мясо 87, 162
На сливочном масле 153
Рыбу 55
Желе с «Пиммс» 252
Жюльен, нарезка овощей 58

З

Заварной крем 292
    Заварной крем с лемонграссом 309
Запеченная скумбрия с чесноком и паприкой 64–65
Запеченная треска в панировке из грецких орехов с лимоном и пармезаном 57
Запеченная цесарка с яблоками 107
Заправки
    Анчоусная 161–162
    В тайском стиле 125
    Горчичная 237
    Из тахини 168
    Как смешивать 237
    Салатная 236
    С петрушкой 95
Зелень
    Как резать 69
    Как сохранить свежей 301
    Сушеная 102
Зеленый горошек
    Домашние ньокки 150
    Паэлья 245
    Фриттата с беконом, зеленым горошком и козьим сыром 28
    Фарфалле с рикоттой, панчеттой и зеленым горошком 209

И

Инжир
    Карамелизованный инжир с рикоттой 198
    Сабайон с пошированными зимними фруктами 247
Имбирь
    Бисквит со свежим имбирем 275
    Как чистить 90
    Курица с кинзой, имбирем и чили 190
    Лапша с чили, имбирем и лемонграссом 122
    Свиные ребрышки 240

Й

Йогуртовый соус 212

К

Кабачки
  Острый суп с фрикадельками 177
  Салат с печеным красным перцем, чечевицей и травами 235
  Фритто мисто с чесночно-шафрановым майонезом 305
Кале (листовая капуста)
  Фрикадельки из говядины с орекьетте, листовой капустой и кедровыми орешками 179
Кальмары
  Морепродукты на гриле с соусом из красного перца 62
  Паэлья 245
Каперсы
  Брускетта с чесноком, помидорами, каперсами и пекорино 206
  Сибас с фенхелем, лимоном и каперсами 70
  Соус из петрушки с каперсами 57
Капуста
  Маринованная капуста на скорую руку 220
  Острая куриная шаурма в лепешках 131
Карамелизованный инжир с рикоттой 198
Кардамон 113
Карри
  Карри из свиной шейки с манговой сальсой 134
  Суп-карри со сладкой кукурузой 115
Картофель
  Домашние ньокки 150
  Пикантные блинчики 116–117
  Пикантный салат из молодого картофеля 106
  Рёшти с луком-пореем, грюйером и яичницей-глазуньей 153
  Рыбный пирог-запеканка 74–75
Каштаны
  Кеджери, фирменный Гордона 67
  Курица, фаршированная чесноком и каштанами 95
Кедровые орешки
  Курица, фаршированная чесноком и каштанами 95
  Фрикадельки из говядины с орекьетте, листовой капустой и кедровыми орешками 179

Ягнятина, фаршированная шпинатом и кедровыми орешками 243
Кексы
  Бисквит со свежим имбирем 275
  Лимонный кекс из поленты 278
Киш с луком-пореем и панчеттой 269
Клубника
  Желе с «Пиммс» 252
  Джем клубничный 277
Клюква
  Блонди 197
  Яблочный крамбл 43
Кокос
  Карри из свиной шейки с манговой сальсой 134
  Кокосовые оладьи с ломтиками манго и лаймовым сиропом 44
  Острый чатни 185
  Пикантный рисовый пудинг 136
  Фрикадельки в ароматном кокосовом бульоне 180–181
  Кокосовые оладьи с ломтиками манго и лаймовым сиропом 44
Колбаски
  Боллито мисто на скорую руку 101
  Пикантный рис с колбасками 164
  Тальятелле под соусом болоньезе из колбасного фарша 216
  Хот-доги с чили 219
Копченые свиные котлетки под соусом барбекю 92
Кориандр 113
Корица 113
Краб
  Блинчики с крабом и маскарпоне 66
  Как готовить 56
Крамбл, яблочный 43
Креветки
  Как подготовить 167
  Морепродукты на гриле с соусом из сладкого перца 62
  Омлет с креветками и фетой 298
  Паэлья 245
  Рыбный пирог-запеканка 74–75
  Свежие спринг-роллы с креветками 239
  Фрикадельки из свинины с креветками в ароматном бульоне 167

Кростини с белой фасолью, анчоусами и оливками 208
Кукуруза
    Жареная кукуруза в мексиканском стиле 118
    Кукурузные оладьи с йогуртовым соусом 212
    Острый суп с фрикадельками 177
    Суп-карри со сладкой кукурузой 115
Кукурузные оладьи с йогуртовым соусом 212
Кумин 113
Курица
    Как покупать 82
    Куриные бедрышки по-сычуаньски 90
    Куриный бульон 290–291
    Куриный пирог-запеканка с осенними овощами 39
    Курица по-ямайски 128
    Курица с кинзой, имбирем и чили 190
    Курица с эндивием под соусом из марсалы 105
    Курица, фаршированная чесноком и каштанами 95
    Марокканская бастия с курицей 272
    Острая куриная шаурма в лепешках 131
    Паэлья 245
    Разделка и извлечение костей 84–85
    Фаршированная курица, запеченная в духовке 31
Куркума 113
Кюфта
    Кюфта из нута с кумином и шпинатом, с заправкой из тахини 168

Л

Лазанья с грибами и луком-пореем 215
Лайм
    Лаймовый сироп 44
    Пикантный рисовый пудинг 136
    Свежие спринг-роллы с креветками 239
Лапша
    Курица в воке с жареной лапшой 149
    Лапша с чили, имбирем и лемонграссом 122
    Лапша дан-дан по-сычуаньски 127
    Свежие спринг-роллы с креветками 239
    Суп-лапша с яйцом-пашот 294
Лемонграсс
    Заварной крем с лемонграссом 309
    Лапша с чили, имбирем и лемонграссом 122
    Фрикадельки в ароматном кокосовом бульоне 180–181

Лепешки
    С лимонно-тимьяновой рикоттой 274
    С фенхелем и фетой 210–211
Лимонный кекс из поленты 278
Лимоны
    Лимонный кекс из поленты 278
    Тарт с лимонным кремом и патокой 41
    Суфле «Сент-Клементс» 293
    Цедра 47
Лосось
    Мисо-суп с лососем 33
    Рыбный пирог-запеканка 74–75
Лук-порей
    Киш с луком-пореем и панчеттой 269
    Лазанья с грибами и луком-пореем 215
    Рёшти с луком-пореем, грюйером и яичницей-глазуньей 153
Лук репчатый
    Салат из зеленых бобовых стручков с соусом винегрет из печеного красного лука 302
    Как жарить 164
    Как резать 15
    Карамелизованный 219
    Салатный лук 125
Лук-шалот
    Тушеная говядина с апельсиновой гремолатой 193

М

Майонез
    С васаби 220
    Чесночно-шафрановый 305
Макаронная запеканка с цветной капустой и тремя видами сыра 297
Малина
    Мильфей с малиной 248
    Печеный чизкейк 47
Манго
    Манговая сальса 134
    Шоколадный мусс с чили и манго 135
Манчего
    Свинина, фаршированная сыром манчего и айвовой пастилой мембрийо 98
Марокканская бастия с курицей 272
Маскарпоне

Блинчики с крабом и маскарпоне 66
Желе с «Пиммс» 252
Пикантный рисовый пудинг 136
Ризотто с помидорами 30
Мед 44
Мелкая рыба с чили и приправами 61
Мидии
    Мидии с сельдереем и чили 77
    Паэлья 245
Мильфей с малиной 248
Миндаль
    Карамелизованный инжир с рикоттой 198
    Лимонный кекс из поленты 278
    Марокканская бастийя с курицей 272
    Салат из стручковой фасоли с горчичной заправкой 237
    Тарт с абрикосами и миндальным кремом 251
Мисо-суп с лососем 33
Морепродукты
    Блинчики с крабом и маскарпоне 66
    Гребешки, жаренные на сковороде, с хрустящим яблочным салатом 58
    Как покупать 53
    Мидии с сельдереем и чили 77
    Морепродукты на гриле с соусом из сладкого перца 62
    Омлет с креветками и фетой 298
    Рыбный пирог-запеканка 74–75
Мускатный орех 113
Мусс
    Шоколадный мусс с чили и манго 135
Мясо
    Как готовить 86, 162
    Как покупать 82–83
    Подготовка 84–85
    Фарширование 243
    Хранение 84
    См. также говядина, курица, ягнятина и баранина, свинина

Н

Несложные аранчини 159–160
Ньокки, домашние 150
Нут

Кюфта из нута с кумином и шпинатом, с заправкой из тахини 168
Овощной салат с сыром и салями 236
Хумус из печеной тыквы 121

О

Оборудование 14–19
Овощи, как варить 231
    См. также отдельные виды овощей
Овощной салат с сыром и салями 236
Огурец
    Острый салат с говядиной 125
Окорок
    Как хранить 40
    Окорок, глазированный патокой 40
Оладьи из черники и рикотты, с йогуртом и медом 224
Оливки
    Кростини с белой фасолью, анчоусами и оливками 208
    Сальса из помидоров и зелени 69
    Тушеная фаршированная ягнятина 102
    Фокачча с оливками, помидорами и розмарином 263
    Эмпанады с говядиной 271
Омлеты 289
    С креветками и фетой 298
Острая куриная шаурма в лепешках 131
Острая тушеная баранина 34
Острые котлетки из тунца 218
Острый салат с говядиной 125
Острый суп с фрикадельками 177
Острый суп с чечевицей 301
Острый чатни 184

П

Пажитник 113
Панчетта
    Киш с луком-пореем и панчеттой 269
    Пирог с курицей и осенними овощами 39
    Томленые говяжьи ребрышки 194
    Фарфалле с рикоттой, панчеттой и зеленым горошком 209
Папайя
    Подготовка 232

Паприка 113
Пармская ветчина
   Говядина «Веллингтон» 36–37
Паста
   Как варить 27
   Запеканка из макарон с цветной капустой и тремя видами сыра 297
   Лазанья с грибами и луком-пореем 215
   Нежный соус к пасте, как приготовить 209
   Паста с помидорами, анчоусами и чили 27
   Спагетти с чили, сардинами и орегано 154
   Тальятелле под соусом болоньезе из колбасного фарша 216
   Фарфалле с рикоттой, панчеттой и зеленым горошком 209
   Фрикадельки с орекьетте 179
Паэлья 245
Перец (пряность) 111, 112
   Перец (овощ)
   Овощной салат с салями и сыром 236
   Паэлья 245
   Пикантный рис с колбасками 164
   Салат с печеным красным перцем, чечевицей и травами 235
   Свинина со сладким перцем 88–89
   Североафриканская яичница 146
   Соус ромеско 62
Песочное печенье с тимьяном 279
Печенье 261
Печеный чизкейк 47
   Пикантная черная фасоль с фетой и авокадо 145
Пикантные блинчики 116
Пикантный рис с колбасками 164
Пикантный рисовый пудинг 136
Пицца с моцареллой и розмарином 266
Пончики, солодово-шоколадные 282–283
Пышки, домашние 277
Пошировение
   Рыбы 56
   Яиц 288
Полента
   Лимонный кекс из поленты 278
Помидоры, томатная паста
   Брускетта с чесноком, помидорами, каперсами и пекорино 206
   Овощной салат с сыром и салями 236
   Острый салат с говядиной 125
   Острый суп с фрикадельками 177
   Паста с помидорами, анчоусами и чили 27
   Паэлья 245
   Пикантный томатный релиш 96–97
   Пицца с моцареллой и розмарином 266–268
   Ризотто с помидорами 30
   Салат с печеным красным перцем, чечевицей и травами 235
   Сальса из помидоров и зелени 69
   Сальса томатная 182
   Североафриканская яичница 146
   Тальятелле под соусом болоньезе из колбасного фарша 216
   Тушеная фаршированная ягнятина 102
   Тушеные баклажаны 186
   Фаршированная курица, запеченная в духовке 31
   Фокачча с оливками, помидорами и розмарином 263
   Чили кон карне на скорую руку 219

Р

Радиккьо
   Фритто мисто с чесночно-шафрановым майонезом 305
Разделочные доски 236
Растительное масло 205
Рас-эль-ханут 121
Редис
   Острый салат с говядиной 125
Релиш пикантный томатный 96–97
   Рёшти с луком-пореем и грюйером, с яичницей-глазуньей 152
Ризотто с помидорами 30
Рикотта
   Домашние ньокки 150
   Карамелизованный инжир с рикоттой 198
   Оладьи из черники и рикотты, с йогуртом и медом 224
   Фарфалле с рикоттой, панчеттой и зеленым горошком 209
Рис 205
   Ароматный жареный рис на скорую руку 155

Как готовить 155
Керджери, фирменный Гордона 67
Курица, фаршированная чесноком и каштанами 95
Несложные аранчини 159–160
Паэлья 245
Пикантный рисовый пудинг 136
Пикантный рис с колбасками 164
Ризотто с помидорами 30
Ромеско, соус 62
Роскошные шоколадные мини-тарты с арахисовым грильяжем 280
Ростбиф 246
Ру и бешамель 289
Рыбный пирог-запеканка 74–75
Рыба
  Как готовить 55–56
  Как покупать 52–53
  Мелкая рыба с чили и приправами 61
  На гриле 56
  Подготовка 54, 55
  Рыбный пирог-запеканка 74–75
  См. также: разные виды рыбы

С

Сабайон с пошированными зимними фруктами 247
Салат с зеленой папайей 232–233
Салаты
  Из зеленых бобовых стручков с соусом винегрет из печеного красного лука 302
  Из молодого картофеля, пикантный 106
  Из стручковой фасоли с горчичной заправкой 237
  Овощной с сыром и салями 236
  Острый с говядиной 125
  С зеленой папайей 232–233
  С печеным красным перцем, чечевицей и травами 235
  Хрустящий яблочный 58
Салями
  Овощной салат с салями и сыром 236
  Пицца с салями и чили 266–268
Сальса
  Из помидоров и зелени 69
  Манговая 134
  Томатная 182

Сардины
  Спагетти с чили, сардинами и орегано 154
Свежие спринг-роллы с креветками 239
Свинина
  Боллито мисто на скорую руку 101
  Говядина с чили в салатных листьях 132
  Как покупать 82
  Карри из свиной шейки с манговой сальсой 134
  Копченые свиные котлетки под соусом барбекю 92
  Лапша дан-дан по-сычуаньски 127
  Окорок, глазированный патокой 40
  Свинина со сладким перцем 88
  Свинина, фаршированная сыром манчего и айвовой пастилой мембрийо 98
  Свиные ребрышки 240
  Томленая свинина с фенхелем 188
  Фрикадельки из свинины с креветками в ароматном бульоне 167
Североафриканская яичница 146
Сибас с фенхелем, лимоном и каперсами 70
Сироп, сахарный 169
Скумбрия
  Запеченная скумбрия с чесноком и паприкой 64–65
  Как филировать 55
Сливки, взбивать 135
Сливочный хлебный пудинг 170
Сливы
  Сабайон с пошированными зимними фруктами 247
Солодово-шоколадные пончики 282
Соль 25, 111
Соусы
  Барбекю 92
  Голландский 292
  Дип 218, 239
  К пасте 209
  Из черной смородины 91
  Из петрушки с каперсами 57
  Ромеско 62
  Сладкий с чили 73
  С марсалой 105
  Чимичурри 271
Спагетти с чили, сардинами и орегано 154
Спаржа

Спаржа с голландским лимонно-эстрагоновым соусом 306
Фритто мисто с чесночно-шафрановым майонезом 305
Специи и пряности 111–114, 205
    Как обжаривать 136
Сумах 113
Супы
    Острый суп с фрикадельками 177
    Острый суп с чечевицей 301
    Суп-карри со сладкой кукурузой 115
Суфле
    Суфле с тремя видами сыра 156
    Суфле «Сент-Клементс» 293
Сыр
    Брускетта с чесноком, помидорами, каперсами и пекорино 206
    Жареная кукуруза в мексиканском стиле 118
    Запеченная треска в панировке из грецких орехов с лимоном и пармезаном 57
    Лепешки с фенхелем и фетой 210–211
    Макаронная запеканка с цветной капустой и тремя видами сыра 297
    Несложные аранчини 159–160
    Овощной салат с сыром и саламями 236
    Омлет с креветками и фетой 298
    Пицца с розмарином и моцареллой 266–268
    Рёшти с луком-пореем и грюйером, с яичницей-глазуньей 152
    Свинина, фаршированная сыром манчего и айвовой пастилой мембрийо 98
    Сэндвич с фрикадельками из говядины, тающей моцареллой и томатной сальсой 182
    Суфле с тремя видами сыра 156
    Фриттата с беконом, зеленым горошком и козьим сыром 28
    Хот-доги с чили 219
    Ягнятина, фаршированная шпинатом и кедровыми орешками 242
    См. также маскарпоне, рикотта
Сэндвич с фрикадельками из говядины, тающей моцареллой и томатной сальсой 182
Сэндвичи с говядиной 96–97

Т

Такос с говядиной и майонезом с васаби 220
Тамаринд, подготовка 185
Тальятелле под соусом болоньезе из колбасного фарша 216
Тарты
    Роскошные шоколадные мини-тарты с арахисовым грильяжем 280
    Тарт с абрикосами и миндальным кремом 251
    Тарт с лимонным кремом и патокой 41
Тесто
    Для тартов 41, 280
    Песочное 269
Томленая свинина с фенхелем 188
Томленые говяжьи ребрышки 194
Треска
    Запеченная треска в панировке из грецких орехов с лимоном и пармезаном 57
    Рыбный пирог-запеканка 74
    Фирменный кеджери Гордона 67
Тунец
    Острые котлетки из тунца 218
Тушеная говядина с апельсиновой гремолатой 193
Тушеная фаршированная ягнятина 102
Тушеные баклажаны 186
Тыква
    Куриный пирог-запеканка с осенними овощами 39
    Хумус из печеной тыквы 121

У

Уксус 205
Устрицы, подготовка 55
Утка
    Как уменьшить количество жира в утке 91
    Жареные утиные грудки под соусом из черной смородины 91

Ф

Фарширование
    Как фаршировать мясо 243
    Чеснок и каштаны 95
    Чоризо 31
Фарфалле с рикоттой, панчеттой и зеленым горошком 209

Фаршированная курица, запеченная в духовке 31
Фасоль белая
    Кростини с белой фасолью, анчоусами и оливками 208
    Фаршированная курица, запеченная в духовке 31
Фасоль стручковая
    Пикантный салат из молодого картофеля 106
    Салат из зеленых бобовых стручков с соусом винегрет из печеного красного лука 302
    Салат из стручковой фасоли с горчичной заправкой 237
Фасоль черная
    Пикантная черная фасоль с фетой и авокадо 145
Фенхель
    Лепешки с фенхелем и фетой 210–211
    Семена фенхеля 113
    Сибас с фенхелем, лимоном и каперсами 70
    Суп-лапша с яйцом-пашот 294
    Фритто мисто с чесночно-шафрановым майонезом 305
Фета
    Пикантная черная фасоль с фетой и авокадо 145
Фирменный кеджери Гордона 67
Фокачча с оливками, помидорами и розмарином 262
Фрикадельки
    Острый суп с фрикадельками 177
    Сэндвич с фрикадельками из говядины, тающей моцареллой и томатной сальсой 182
    Фрикадельки в ароматном кокосовом бульоне 180
    Фрикадельки из говядины с орекьетте, листовой капустой и кедровыми орешками 179
    Фрикадельки из свинины с креветками в ароматном бульоне 167
    Фриттата с беконом, горошком и козьим сыром 28
    Фритто мисто с чесночно-шафрановым майонезом 305
Фрукты
    Сабайон с пошированными зимними фруктами 247
    См. также отдельные виды фруктов

Х

Хлеб 258
    Содовый хлеб 264
    Сливочный хлебный пудинг 170
    Фокачча с оливками, помидорами и розмарином 262
    Ягненок с крутонами 161

Хот-доги с чили 219
Хумус из печеной тыквы 121

Ц

Цветная капуста
    Макаронная запеканка с цветной капустой и тремя видами сыра 297
    Пикантный салат из молодого картофеля 106
Цитрусовые
    Как выжимать сок 239
    Как использовать оставшиеся фрукты 306

Ч

Чатни, острый 185
Черная смородина
    Жареные утиные грудки под соусом из черной смородины 91
Чеснок
    Брускетта с чесноком 215
    Говяжья грудинка с пикантным салатом из молодого картофеля 106
    Как резать 305
    Свинина, фаршированная сыром манчего и айвовой пастилой мембрийо 98
    Сэндвичи с говядиной 96–97
    Томленые говяжьи ребрышки 194
Чечевица
    Боллито мисто на скорую руку 101
    Острый суп с чечевицей 301
    Салат с печеным красным перцем, чечевицей и травами 235
Чизкейк, печеный 47
Чили 114
    Барабулька со сладким соусом чили 73
    Говядина с чили в салатных листьях 132
    Жареная кукуруза в мексиканском стиле 118
    Как мелко нарезать 212
    Карри из свиной шейки с манговой сальсой 134
    Кукурузные оладьи с йогуртовым соусом 212
    Куриные бедрышки по-сычуаньски 90
    Курица с кинзой, имбирем и чили 190
    Курица по-ямайски 128
    Лапша с чили, имбирем и лемонграссом 122
    Мелкая рыба с чили и приправами 61

Мидии с сельдереем и чили 77
Мисо-суп с лососем 33
Острая тушеная баранина 34
Острые котлетки из тунца 218
Острый суп с фрикадельками 177
Острый чатни 185
Паста с помидорами, анчоусами и чили 27
Пикантная черная фасоль с фетой и авокадо 145
Пикантные блинчики 116–117
Пикантный томатный релиш 96–97
Пицца с салями и чили 266–268
Порошок чили 113
Салат с зеленой папайей 232–233
Свиные ребрышки 240
Североафриканская яичница 146
Спагетти с чили, сардинами и орегано 154
Фрикадельки в ароматном кокосовом бульоне 180–181
Хот-доги с чили 219
Чили кон карне на скорую руку 219
Шоколадный мусс с чили и манго 135
Чимичурри (соус) 271
Чоризо
    Боллито мисто на скорую руку 101
    Паэлья 245
    Фаршированная курица, запеченная в духовке 31

Ш

Шарантская дыня с крем-фреш 169
Шоколад 205
    Бисквит со свежим имбирем 275
    Блонди 197
    Роскошные шоколадные мини-тарты с арахисовым грильяжем 280
    Солодово-шоколадные пончики 282–283
    Суфле «Сент-Клементс» 293
    Шоколадный мусс с чили и манго 135
Шпинат
    Кюфта из нута с кумином и шпинатом, с заправкой из тахини 168
    Суп-лапша с яйцом-пашот 294
    Фрикадельки из свинины с креветками в ароматном бульоне 167
    Ягнятина, фаршированная шпинатом и кедровыми орешками 243

Ц

Цесарка
    Запеченная цесарка с яблоками 107

Э

Эндивий
    Курица с эндивием под соусом из марсалы 105
    Овощной салат с сыром и салями 236
Эмпанады с говядиной 271

Я

Яблоки
    Запеченная цесарка с яблоками 107
    Сабайон с пошированными зимними фруктами 247
    Хрустящий яблочный салат 58
    Яблочный крамбл 43
Ягнятина и баранина
    Как покупать 83
    Острая тушеная баранина 34
    Тушеная фаршированная ягнятина 102
    Ягненок с крутонами 161–162
    Ягнятина по-мароккански со сладким картофелем и изюмом 191
    Ягнятина, фаршированная шпинатом и кедровыми орешками 242
Яйца
    Ароматный жареный рис на скорую руку 155
    Голландский лимонно-эстрагоновый соус 306
    Заварной крем 292
    Заварной крем с лемонграссом 309
    Омлеты 289
    Омлет с креветками и фетой 298
    Рёшти с луком-пореем, грюйером и яичницей-глазуньей 153
    Сабайон 247
    Североафриканская яичница 146
    Суп-лапша с яйцом-пашот 294
    Суфле 288
    Суфле с тремя видами сыра 156
    Суфле «Сент-Клементс» 293
    Фриттата с беконом, зеленым горошком и козьим сыром 28
    Эмпанады с говядиной 271
    Яйца-пашот 288

ОТ АВТОРА

В первую очередь хочу поблагодарить великолепную команду издательства «Hodder»: Ники Росса, Сару Хаммонд, Элени Лоуренс, Аласдера Оливера, Кейт Брант, Сюзан Спратт и Джоанну Ситон – за веру и страсть. Без них эта книга не получилась бы.

Я искренне признателен Тони Тернбуллу за бесценные советы и подсказки при составлении и издании этой книги.

Огромное спасибо Саре Дурдин Робертсон и Лизе Харрисон, с бесконечной энергией и энтузиазмом работавшими со мной над столькими книгами и передачами, включая этот проект. Также благодарю Анну Берджес-Ламсден за прекрасную работу и главного шеф-повара моей группы Саймона Грегори (который помогает мне вот уже много лет) за участие и преданность.

В этой книге собраны замечательные фотографии – благодаря таланту Андерса Шоннеманна и при помощи фотодизайнера Синтии Инионс, которая сделала эту книгу такой стильной.

Я в долгу перед Джеймсом Эдгаром из компании «Post98 Design» за дизайн и художественное руководство (благодаря его идеям и вдохновению эта книга стала такой красивой и соблазнительной) и перед Мирен Лопатеги с ее зорким глазом, которая редактировала мои рецепты.

Огромное спасибо всему коллективу компании «One Potato Two Potato» за создание очередной роскошной передачи, особенно Пэт Лливеллин, Бену Адлеру, Сью Мерфи, Полу Рэтклиффу, Кимберли Сангстер, Карен Келли, Колину Стилу, Тому Кларку и Анне Хорсбург – команде, чьи умения и знания гарантировали успешную и увлекательную работу. Также спасибо Чарльзу Уокеру из «United Agents».

Еще хочу поблагодарить Дженифер Эйвс-Эллиот, мою неустанную помощницу, – благодаря ей все становится возможным: Дженнифер достался тяжелый и незавидный труд организовывать мое рабочее расписание.

Наконец, большое спасибо моей прекрасной жене Тане за неизменную поддержку и нашим замечательным детям Меган, Джеку, Холли и Тилли за то, что они – самая лучшая команда, о которой только может мечтать отец.